Jean-Claude Pressac

# Die Krematorien
# von Auschwitz

## Die Technik des Massenmordes

Aus dem Französischen von
Eliane Hagedorn und Barbara Reitz

Mit einem Einführungstext:

*Von der Entfernung zur Vernichtung*
*oder*
*Wir standen in der Pflicht,*
*gegenüber der SS, der Firma Topf*
*und dem NS-Staat*

von Ernst Piper

Piper
München Zürich

Die Originalausgabe erschien unter dem Titel »Les Crématoires
d'Auschwitz« bei CNRS Éditions, Paris 1993

Die Übersetzerinnen sind Mitglied im ›Kollektiv Druckreif‹

ISBN 3-492-03689-9
© CNRS Éditions, Paris 1993
Deutsche Ausgabe:
© R. Piper GmbH & Co. KG, München 1994
Gesetzt aus der Times-Antiqua
Gesamtherstellung: Kösel, Kempten
Printed in Germany

Dieses Buch ist dem Andenken an *Tadeusz Iwaszko* (1935–1988), Konservator des Archivs des staatlichen Museums in Auschwitz, meiner Frau *Monique* und meinen Kindern *Joffrey, Joëlle* und *Diane* gewidmet.

# Inhaltsverzeichnis

Ernst Piper:
*Von der Entfernung zur Vernichtung*
*oder*
*Wir standen in der Pflicht, gegenüber der SS, der*
*Firma Topf und dem NS-Staat* . . . . . . . . . . . . . .  IX

Einleitung . . . . . . . . . . . . . . . . . . . . . . . . . . .  1

   I  Die Vorgeschichte der Einäscherung in den Konzentra-
     tionslagern . . . . . . . . . . . . . . . . . . . . . . . . . .  3
  II  Der »Drang nach Osten« und das Wirtschaftsduell zwi-
     schen Topf und Kori . . . . . . . . . . . . . . . . . . . .  10
 III  Die ursprüngliche Gestaltung des Krematoriums I von
     Auschwitz . . . . . . . . . . . . . . . . . . . . . . . . . . .  19
 IV  Die »Siedlung« Auschwitz und ihre Folgen . . . . . . .  25
  V  Das neue Krematorium im Stammlager Auschwitz . . .  31
 VI  Der Mogilew-Vertrag und die ersten Tötungen durch
     Giftgas in Auschwitz . . . . . . . . . . . . . . . . . . . .  38
 VII  Der Beginn des Massenmordes an den Juden und die
     Fleckfieber-Epidemie . . . . . . . . . . . . . . . . . . . .  51
VIII  Das Geschäft des Jahrhunderts:
     Die Krematorien II, III, IV und V . . . . . . . . . . . .  56
 IX  Die Einrichtung von Gaskammern in den Krematorien  69
  X  Anlieferung und Umwandlung der Krematorien von
     Birkenau . . . . . . . . . . . . . . . . . . . . . . . . . . .  97
 XI  Grauen, Bürokratismus und Spurenvernichtung . . . .  112
 XII  Epilog . . . . . . . . . . . . . . . . . . . . . . . . . . . . .  122

# Anhang

Anmerkungen . . . . . . . . . . . . . . . . . . . . . . . 127
Chronologischer Überblick . . . . . . . . . . . . . . . 147
Die Namen der wichtigsten erwähnten Personen,
   SS-Organisationen und Zivilfirmen . . . . . . . . . 171
Liste der Abkürzungen . . . . . . . . . . . . . . . . . . 189
Dienstgrade in Waffen-SS und Heer . . . . . . . . . . 190
Appendix 1 . . . . . . . . . . . . . . . . . . . . . . . . . 191
Appendix 2 . . . . . . . . . . . . . . . . . . . . . . . . . 192
Liste der Pläne . . . . . . . . . . . . . . . . . . . . . . . 203
Danksagungen . . . . . . . . . . . . . . . . . . . . . . . 204
Register . . . . . . . . . . . . . . . . . . . . . . . . . . . 206
Bildnachweis . . . . . . . . . . . . . . . . . . . . . . . . 210

# Ernst Piper

## *Von der Entfernung zur Vernichtung oder Wir standen in der Pflicht, gegenüber der SS, der Firma Topf und dem NS-Staat*

> »Von euch werden die meisten wissen,
> was es heißt, wenn 100 Leichen beisam-
> menliegen, wenn 500 daliegen oder wenn
> 1000 daliegen. Dies durchgehalten zu ha-
> ben, und dabei – abgesehen von Ausnah-
> men menschlicher Schwächen – anständig
> geblieben zu sein, das hat uns hart ge-
> macht. Dies ist ein niemals geschriebenes
> und nie zu schreibendes Ruhmesblatt un-
> serer Geschichte.«[1]

Mächtig gewachsen sind mit den Jahren die Schatten, die die
Leichenberge der jüngsten Vergangenheit über dieses Land wer-
fen. Die »Unfähigkeit zu trauern« ist selbst geschichtsmächtig
geworden und die »Wiederkehr des Verdrängten« ist täglich blu-
tige Realität. Schon werden in dem Land, das die hundertjährigen
Eichen liebt, wieder die Messer geschärft.

Manchmal werden historische Kontinuitäten in bedrückender
Weise noch durch personale Identitäten überhöht. So sagt der Alt-
und Neonazi Thies Christophersen von sich selbst, daß er beruflich
in Auschwitz war, in der Abteilung Pflanzenzucht, von Vergasungen allerdings nichts bemerkt habe. Heute betreibt er seine schmu-
tzigen Geschäfte aus Dänemark, wo er vor Strafverfolgung wegen
Verbreitung der Auschwitzlüge sicher ist. (Sein Briefkopf weist
allerdings keine dänische Bankverbindung aus, dafür Konten in
Hamburg, Brüssel, Wien, Amsterdam, Südafrika und Kalifornien.) Menschen, die unter größten seelischen Qualen ihre Erleb-
nisse in den Vernichtungslagern schildern, bekommen von Christophersen einen Fragebogen zugesandt, wo es unter Punkt 6 heißt:

»Konnten Sie Kantine, Lagerkino und Gottesdienste besuchen?« und unter Punkt 8: »Wo waren nach Ihrer Meinung die Vergasungsanlagen?«[2] Da, wo sie noch heute zu sehen sind, könnte man antworten. Doch Menschen, die ihre ganze Familie dort verloren haben, haben nicht immer die Kraft dazu.

Schon in der Frühgeschichte der Bundesrepublik gab es eine Fülle von Stimmen, die glaubten, die Verleugnung des Geschehenen sei der beste Weg, den Herausforderungen einer neuen Realität zu begegnen. Und auch 1965, bei der ersten Verjährungsdebatte des Bundestages, hatten nicht wenige den Eindruck, die Entscheidung, die eben erst recht begonnene Verfolgung der NS-Verbrechen nicht schon wieder der Verjährung anheim fallen zu lassen, sei nur im Hinblick auf die andernfalls zu erwartenden Reaktionen aus dem Ausland, auf die zum Beispiel der deutsche Botschafter in Washington in einer Fülle immer dringlicherer Telegramme hingewiesen hatte, zu erreichen gewesen. Damals war der erste Auschwitzprozeß, der einen Blick in die bis dahin verleugnete Hölle ermöglicht hatte, gerade abgeschlossen. Die andere Seite hatte mit der Gründung der NPD geantwortet.

Im Frühjahr 1966 erschien Karl Jaspers' Schrift »Wohin treibt die Bundesrepublik?«, in der der Philosoph seine tiefe Sorge über den Zustand der Bundesrepublik Deutschland äußerte, womit er eine weitreichende Debatte auslöste. Jaspers analysierte die politisch-moralische Haltlosigkeit der Regierung und sagte mit seiner Feststellung, daß der SPD das Schielen auf Ministersessel wichtiger geworden sei als der Widerstand gegen die Notstandsgesetze, zutreffend die Bildung der Großen Koalition voraus. Denen, die sich vor der Konfrontation mit den Abgründen der deutschen Seele zu schützen suchten, gerann der Ruf »Bonn ist nicht Weimar« zur Beschwörungsformel. Inzwischen wissen wir: Bonn ist auch nicht Berlin.

Wenn heute jemand die These aufstellen würde, der Zweite Weltkrieg habe nie stattgefunden oder, besser noch, die DDR habe nie existiert, wir hätten wenig Grund, uns mit ihm auseinanderzusetzen. Doch wenn das Faktum der Ermordung der europäischen Juden bestritten wird, hat diese Herausforderung eine andere Qualität. Der Verweis auf die Möglichkeiten der Psychotherapie ge-

X

nügt hier nicht mehr, denn hinter der Leugnung des größten, grausigsten und bestdokumentierten Tötungsgeschehens der bisherigen Menschheitsgeschichte steht ein Kalkül, das nicht nur gegen die Seelen der Ermordeten sich richtet, sondern auch die der Lebenden im Visier hat. Angesichts der im wahrsten Sinne des Wortes erdrückenden Evidenz ist die hier zu leistende Verleugnungsarbeit fast so einzigartig wie das ihr zugrunde liegende Geschehen, dessen singuläre Dimension zum Ausweis seiner Unwirklichkeit pervertiert werden soll, obgleich es in einer Unzahl von Einsatzbefehlen, Berichten, Fotos, Zeugenaussagen, Verhörprotokollen und anderen Hinterlassenschaften dokumentiert ist, bis hin zu den Bauten der Vernichtungslager, von den unüberschaubaren Bergen von Propagandamaterial, in dem die Vernichtung der Juden täglich propagiert wurde, ganz zu schweigen.

Angesichts des verlorenen Krieges hatte all dies niemand gewußt; diejenigen, die nachweislich beteiligt waren, hatten es nicht gewollt. So war es nur konsequent, die schreckliche Realität, wo sie nun einmal Vergangenheit war, zu leugnen. Hier versuchte ein Volk, sich von der eigenen Geschichte abzuspalten, die zum Betriebsunfall degeneriert. So verhängnisvoll und notwendig erfolglos ein solcher Versuch auch ist, von noch anderer Qualität ist das, was sich heute unter dem Stichwort »Revisionismus« international abspielt. Da gibt es Leute, nicht alle von deutscher Abstammung, die sich unter dem Deckmantel wissenschaftlicher Ernsthaftigkeit zu Konferenzen treffen, durch gegenseitiges Zitieren den Eindruck erwecken, es handle sich um eine ernstzunehmende »Schule«, und sich sogar eine Zeitschrift halten, das in Kalifornien erscheinende »Journal of Historical Review«. Zu diesen Revisionisten, »die die Möglichkeit zur technischen Durchführung der Massenvernichtung bestritten« (S. 2), gehört auch der Literaturwissenschaftler Robert Faurisson, der deshalb immer wieder vor Gericht stand. Jean-Claude Pressac, der Faurisson damals nahestand, nahm sich der Akten der Verteidigung an und kam zu der Erkenntnis, daß die Argumentation nicht haltbar war. Mehr als zehn Jahre hat Pressac sich mit der »Vernichtungsmaschinerie im Konzentrationslager Auschwitz-Birkenau« (S. 1) beschäftigt. Doch erst nach dem Ende der Ost-West-Konfrontation wurden ihm die Unterlagen der

Bauleitung, die sich heute in Moskau befinden, zugänglich.[3] Pressacs Arbeit stellt einen entscheidenden Mosaikstein dar, durch den das Bild des Grauens nun noch schärfere Konturen gewonnen hat. Sie bildet damit einen wichtigen Ausgangspunkt für die weitere Holocaust-Forschung. Auch diejenigen, die seine anfänglichen Zweifel nicht nachvollziehen konnten, erkennen dies an.

Auch wenn seine Intentionalität bis heute Gegenstand eines wissenschaftlichen Meinungsstreites ist, so ist unbestreitbar, daß das von den Nationalsozialisten inszenierte Vernichtungsgeschehen sich entfaltete vor dem Hintergrund einer breit fundierten und in langjähriger Propagandaarbeit implementierten Ideologie, in deren Zentrum von Anfang an der Antisemitismus gestanden hatte. War Adolf Hitlers Antisemitismus bis zum Ende des Ersten Weltkrieges noch »konventionell«[4] gewesen, so wurde er 1919/20 »überhöht in der Theorie von der internationalen jüdischen ›Weltverschwörung‹«, wie sie etwa in dem antisemitischen Pamphlet »Protokolle der Weisen von Zion« propagiert wurde.[5] Am 16. September 1919 schrieb Hitler an seinen Führungsoffizier bei der Reichswehr:

»Der Antisemitismus aus rein gefühlsmäßigen Gründen wird seinen letzten Ausdruck finden in der Form von Progromen [sic]. Der Antisemitismus der Vernunft jedoch muß führen zur planmäßigen gesetzlichen Bekämpfung und Beseitigung der Vorrechte des Juden, die er nur zum Unterschied der anderen zwischen uns lebenden Fremden besitzt (Fremdengesetzgebung). Sein letztes Ziel aber muß unverrückbar die Entfernung der Juden überhaupt sein.«[6]

Deshalb heißt es auch in dem von Hitler am 24. Februar 1920 im Festsaal des Hofbräuhauses verkündeten Programms der NSDAP:

»Staatsbürger kann nur sein, wer Volksgenosse ist. Volksgenosse kann nur sein, wer deutschen Blutes ist, ohne Rücksicht auf Konfession. Kein Jude kann daher Volksgenosse sein.«[7]

Hier wird den Juden das Existenzrecht bereits abgesprochen, zunächst als Bürger des Deutschen Reiches, die weiteren Konsequenzen werden noch nicht benannt. Doch schon am 13. August 1920 ist von der Tötung des »Parasiten-Volkes« der Juden die

Rede.[8] In dem Kapitel »Volk und Rasse« von »Mein Kampf« zeigt sich Hitlers Antisemitismus weiter systematisiert und radikalisiert. Hitler sieht sich bei dem Ringen mit dem internationalen Judentum um die Weltherrschaft in göttlichem Auftrag. Schärfste Kampfmittel seien anzuwenden: »Denn Juda ist die Weltpest«.[9] Die Juden trügen die Schuld an der deutschen Niederlage im Ersten Weltkrieg:

»Hätte man zu Kriegsbeginn und während des Krieges einmal zwölf- oder fünfzehntausend dieser hebräischen Volksverderber so unter Giftgas gehalten, wie Hunderttausende unserer allerbesten deutschen Arbeiter aus allen Schichten und Berufen es im Felde erdulden mußten, dann wäre das Millionenopfer der Front nicht vergeblich gewesen.«[10]

Die »Entfernung« der Juden war ständiges Programm des seit 1933 über die Staatsmacht verfügenden Nationalsozialismus.

Dem »Gesetz über die Wiederherstellung des deutschen Berufsbeamtentums« folgten 1935 die Nürnberger Gesetze, die sogenannte rassische Mischehen verboten. Und am 27. Juli 1938 wurde verfügt, daß »sämtliche nach Juden und jüdischen Mischlingen I. Grades benannten Straßen oder Straßenteile unverzüglich umzubenennen« seien.

Eine ganz neue Qualität erreichten die Judenverfolgungen in der »Reichskristallnacht« vom 8. zum 9. November 1938. Die gesamte Prominenz der NSDAP war zur Erinnerung an den Marsch auf die Feldherrnhalle im Münchner Alten Rathaussaal versammelt, als bekannt gegeben wurde, daß ein deutscher Diplomat in Paris seinen bei einem Attentat erlittenen Verletzungen erlegen war. Das war das Signal zu einem großangelegten und gut organisierten Pogrom im ganzen Land, das an Brutalität alle bisherigen antisemitischen Ausschreitungen weit übertraf und die Phase des offenen Terrors einleitete. In ganz Deutschland wurden jüdische Wohnungen geplündert, etwa 7500 Geschäfte zerstört, 171 Synagogen niedergebrannt, mindestens 100 Juden wurden ermordet und mehrere zehntausend verhaftet, von denen viele in den Konzentrationslagern verschwanden. Nach der »Reichskristallnacht« hagelte es Erlasse, die die gesellschaftliche Diskriminierung der Juden weiter vorantrieben und ihre Existenz in Deutschland immer mehr unmöglich machten. Der Besuch kultureller Veranstaltungen wurde ihnen verboten, ihre Kinder durften keine öffentlichen Schulen mehr besuchen, nach und nach wurde ihnen die Benutzung von öffenlichen Verkehrsmitteln, Grünanlagen, Parkbänken, aber auch das Halten von Brieftauben, der Besitz von Radios, das Fahren von Kraftfahrzeugen und vieles andere verboten. Hatte die »Entjudung des deutschen Kulturlebens« schon 1933 massiv eingesetzt[11], wurden die Juden nun auch aus dem Wirtschaftsleben konsequent verdrängt. An die Stelle »freiwilliger« Verkäufe jüdischer Betriebe traten nach der »Reichskristallnacht« durch die »Verordnung zur Ausschaltung der Juden aus dem deutschen Wirtschaftsleben« vom 12. November 1938 gesteuerte Zwangsarisierungen, bei denen der Verkaufserlös in der Regel nur einen Bruchteil des realen Wertes ausmachte. Gleichzeitig wurden die Juden vielerorts von der öffentlichen Fürsorge ausgeschlossen. Da andererseits eine berufliche Tätigkeit kaum noch möglich war, war ihnen die wirtschaftliche Grundlage ihrer Existenz in Deutschland entzogen. Viele Juden entschlossen sich jetzt zur Emigration, wobei durch die »Reichsfluchtsteuer« ihr Vermögen weiter dezimiert wurde. Göring errichtete eine »Reichszentrale für Jüdische Auswanderung«. Der physische Exodus war nun die offizielle Interpretation der »Entfernung« der Juden.

Am 30. Januar 1939, zum sechsten Jahrestag der »Machtergreifung«, hielt Hitler eine programmatische Rede, die an Deutlichkeit im Hinblick auf seine weiteren Pläne nicht mehr zu überbieten war. Der zentrale Satz lautet:

»Wenn es dem internationalen Finanzjudentum in und außerhalb Europas gelingen sollte, die Völker noch einmal in einen Weltkrieg zu stürzen, dann wird das Ergebnis nicht die Bolschewisierung der Erde und damit der Sieg des Judentums sein, sondern die Vernichtung der jüdischen Rasse in Europa.«[12]

Das Protokoll vermeldet anhaltenden stürmischen Beifall bei den Mitgliedern des Großdeutschen Reichstags.[13] Hitler, der damals nur etwa 3 Prozent der europäischen Juden in seiner Gewalt hatte, benannte hier ganz klar sein Ziel: die Ermordung der Juden in Europa. Der Überfall auf das Nachbarland Polen brachte weitere zwei Millionen Juden in Hitlers Verfügungsmacht und ihn so seinem Ziel einen gewaltigen Schritt näher. In Warschau lebte mit über 350 000 Menschen die größte jüdische Gemeinde Europas.

Kaum war Polen erobert, wurde am 27. September 1939 das Reichssicherheitshauptamt (RSHA) unter Leitung von Reinhard Heydrich geschaffen. Das RSHA vereinte die Geheime Staatspolizei, die Kriminalpolizei und den Sicherheitsdienst der Partei und wurde zum zentralen Instrument der nationalsozialistischen Ausrottungspolitik. Hier wurden die Gaswagen entwickelt, von hier wurde das Personal der Einsatzgruppen ausgewählt und gesteuert.[14]

Polen war nach seiner Eroberung Schauplatz zahlloser Grausamkeiten, die sich besonders gegen den jüdischen Teil der Zivilbevölkerung richteten.[15] Doch zu systematischen Vernichtungsaktivitäten kam es zunächst nicht. Die obengenannte Voraussetzung, der Weltkrieg, war noch nicht gegeben. Nach den Richtlinien, die Heydrich am 21. September 1939 bekanntgab, waren die Juden »als erste Vorausnahme« in Hinblick auf ein streng geheimes »Endziel« in Ghettos zusammenzuführen[16], während man »Volksdeutsche« in den eroberten Gebieten ansiedeln wollte, ganz im Sinne des auch rhetorisch stets präsenten Ideologems vom für das Überleben der Deutschen notwendigen »Lebensraum im Osten«.[17] Aus den eingegliederten Gebieten wurden Juden, Zigeuner u. a. deportiert in das »Generalgouvernement«, das aus dem nicht vom Deutschen Reich, der Sowjetunion und Litauen annektierten Teil Polens gebildet worden war, wo auch die Transporte aus Wien und anderen Orten ihr Ziel hatten.

Die systematische Vernichtung von Menschen wurde zunächst an einer besonders wehrlosen Gruppe erprobt, an den Insassen von Heil- und Pflegeanstalten. Im Oktober 1939 wurden in einer großangelegten Aktion 10 000 Menschen in als Duschräume getarnten Gaskammern ermordet. Leiter dieser »Aktion T4« war Hitlers Leibarzt Karl Brandt, der später zum »Reichskommissar für das Sanitäts- und Gesundheitswesen« aufstieg. Bis September 1941 ermordete seine Mannschaft 70 000 Menschen, dann wurden die Euthanasieaktionen wegen zunehmender öffentlicher Diskussionen offiziell eingestellt. (Tatsächlich wurde jedoch die Ermordung von kranken Anstaltsinsassen unter anderem Namen und auf andere

Weise bis zum Kriegsende fortgesetzt.) Das freigewordene Personal wurde von der späteren »Aktion Reinhard« übernommen. Einschließlich der Opfer in den später besetzten Gebieten sind allein im Zuge der Euthanasieaktionen etwa 275 000 Menschen umgekommen. Ihr Schicksal wurde den Schergen der Nazis zum Vorbild für ihr weiteres Tun.

Zunächst aber entstanden neue Fronten im Norden und Westen. Die deutschen Armeen überwanden den mehr oder weniger erkennbaren Widerstand von sechs feindlichen Staaten, in denen weitere 420 000 Juden lebten, die jedoch zunächst weitgehend unbehelligt blieben. Denn während der Osten als Raum für eine gigantomanische »Umvolkung« ausersehen war, schonte man den Westen. Hier erhofften sich die Nazi-Strategen »kollaborierende Nationen, die ihrer Nationalität entsagten und sich der Führungsmacht rassistisch beigesellten«[18], eine Hoffnung, der vor allem das Frankreich Pétains entsprach. In dieser Zeit entstand – eine neue Stufe der »Entfernung« – der Plan, die europäischen Juden auf der französischen Kolonialinsel Madagaskar unterzubringen, der auf ein Memorandum Himmlers vom Mai 1940 zurückging. Doch die Vorstellung, im Windschatten des Krieges Millionen von Menschen über eine solche Entfernung zu transportieren, war dann doch zu abwegig, als daß die Realisierung dieses Planes eingehender geprüft worden wäre.[19] Auf der anderen Seite war an eine »Lösung der Judenfrage« durch weitere Emigration in der bestehenden Situation ebenfalls nicht zu denken.

Am 22. Juni 1941 überschritten die deutschen Truppen die Grenze zur Sowjetunion. Einen Tag zuvor hatte Himmler den »Generalplan Ost« in Auftrag gegeben. Schon in den Monaten vorher hatten eifrige Experten für Raum- und Agrarplanung errechnet, daß in Polen keinesfalls genügend Siedlungsraum für die »bäuerlichen Familien aus dem Altreich« vorhanden sei.[20] Himmler war nicht nur als »Reichsführer SS« oberster Dienstherr der Mörder in den Konzentrationslagern, er war auch als »Reichskommissar für die Festigung deutschen Volkstums« für die Siedlungspolitik verantwortlich. Die praktische Durchführung aller An- und Aussiedlungen lag beim Referat IV B 4, dem sogenannten Judenreferat. Auf allen hierarischen Ebenen enthüllte sich also der

Charakter des rassistischen Raub- und Vernichtungskrieges, den das Deutsche Reich im Osten Europas führte. Im »Wirtschaftsstab Ost« berieten Offiziere und Wirtschaftsexperten gemeinsam über die optimale Ausbeutung des europäischen Teils der eroberten Gebiete.[21]

Die noch im Frühjahr 1941 ventilierten territorialen Lösungen für die »Judenfrage« traten zunehmend in den Hintergrund, die physische Vernichtung als konsequenteste Form der »Entfernung« gewann immer mehr an Plausibilität. Schon im Mai waren vier Einsatzgruppen der SS gebildet worden, die nun in den neu eroberten Gebieten wüteten, wo mehr als 2,7 Millionen Juden lebten. Die Entscheidung, sie, gedeckt durch die rasch vorrückenden deutschen Truppen, ihr Mordwerk verrichten zu lassen, war sogar schon im März gefallen.[22] Hier haben wir es erstmals mit speziell auf die Massentötung von Zivilisten gedrillten Truppenverbänden zu tun, ähnlich den Heereseinheiten der SS.[23] Dabei darf aber keinesfalls übersehen werden, daß eine entscheidende Voraussetzung für den Erfolg ihres Wirkens die Kooperation der Wehrmachtsverbände war.[24] Die Armee stellte die Lastwagen zum Abtransport der Juden, einschließlich Kraftfahrer und Benzin, sowie die Feldgendarmerie zum Absperren.

Die Einsatzgruppen mühten sich nach Kräften, ihrem Mordauftrag gerecht zu werden. Und tatsächlich fielen den Massenerschießungen mehrere hunderttausend Juden zum Opfer. Doch schon im ersten Tätigkeitsbericht wurde über »seelische Höchstanstrengungen« geklagt.[25] Die Tötung jedes einzelnen durch einen gezielten Kopf- oder Genickschuß war mühevoll und aufwendig. Die Schädel der Opfer wurden oft aufgerissen, Blut und Hirnmasse spritzten in großen Mengen heraus, die Nachfolgenden sahen, was sie erwartete. Viele weinten und schrien oder versuchten zu fliehen. Etliche fielen in die Gruben und waren nur angeschossen. In den Worten eines Schutzpolizisten: »Man kann sich ja vorstellen, daß diese Erschießungen nicht in der Ruhe vor sich gingen, wie man sie heute erörtern kann.«[26]

Es legt sich der Schluß nahe, daß die Einsatzgruppen lediglich ausersehen waren zur Liquidation besonderer »Feindgruppen« wie aller Juden in Partei- und Staatspositionen, der Intelligenz usw.,[27] im Lauf des Feldzuges aber der Feindbegriff um immer neue Zielgruppen erweitert wurde, bis er in die Ermordung aller Juden im besetzten Territorium mündete. Damit kommen wir zu der entscheidenden Frage. Wann wurde der letzte Schritt, von der Entfernung zur vollständigen und planmäßigen Vernichtung, vollzogen? Es gibt heute starke Indizien, daß die Entschlußbildung hierfür im September 1941 erfolgt ist.[28] Zumindest war der September 1941 ein entscheidendes Datum: Die bis dahin geförderte Auswanderung deutscher Juden wurde nun untersagt. Alle Juden, die älter als sechs Jahre waren, mußten einen gelben Stern tragen. Es begannen die Deportationen aus dem Deutschen Reich nach Osten.[29]

In Hitler wuchs die Erkenntnis, daß der Krieg gegen die Sowjetunion, der so erfolgreich begonnen hatte, keineswegs in wenigen Wochen zu gewinnen war. Die Truppen waren aber weder auf einen Stellungskrieg noch auf den russischen Winter ausreichend vorbereitet. Die Führung dieses Krieges, je länger er dauerte, mußte um so mehr die Vernichtung großer Menschenmassen einkalkulieren, v. a. auch in Hinblick auf die Ernährungslage. Die Ausrottung der jüdisch-bolschewistischen Untermenschen wurde immer mehr, wie es in Tagesbefehlen für die Truppe hieß, zu einem »Gebot der Selbsterhaltung«.[30]

Selbst partielle Dysfunktionalitäten wurden um des Vernichtungswerkes willen in Kauf genommen. So wurden dem Sommerfeldzug 1942 nach Stalingrad dringend benötigte Transportkapazitäten entzogen, um den Nachschub für die Vernichtungslager nicht zu gefährden.[31] Es war vielmehr so, daß in dem Maße, in dem der Sieg in die Ferne rückte, die Ausrottung der Juden mehr und mehr zum überhaupt wichtigsten Kriegsziel wurde, zum Geschenk des Nationalsozialismus an die Welt.

Doch wie dieses Ziel erreichen? Mit Schießgruben, Genickschußanlagen und Mehrfachgalgen würde es nicht möglich sein, auch nicht durch »Vernichtung durch Arbeit«. Alle diese Methoden waren zu zeitraubend, kosten- und personalintensiv und vor allem auch zu auffällig.

Die Stunde des SS-Obersturmbannführers Rudolf Höß war gekommen. Seit April 1940 war er mit der Leitung des damals noch zu errichtenden Konzentrationslagers Auschwitz betraut. Höß (1900–1947) entsprach genau dem nationalsozialistischen Ideal. Er war ein perfekter Agent der Massenvernichtung, kein Exzeßtäter, der durch seine Sadismen den Betrieb aufhielt. Er war eifrig, pflichtbewußt und ordnungsliebend. Seine Aufzeichnungen sind, obwohl in der Haft entstanden, geprägt vom Stolz auf das Geleistete; immer wieder betont er die Schwere seiner Arbeit. Einmal wurde Höß zu Himmler nach Berlin befohlen:

»Entgegen seiner sonstigen Gepflogenheit eröffnete er mir, ohne Beisein eines Adjutanten, dem Sinne nach folgendes: Der Führer hat die Endlösung der Judenfrage befohlen, wir – die SS – haben diesen Befehl durchzuführen. Die bestehenden Vernichtungsstellen im Osten sind nicht in der Lage, die beabsichtigten großen Aktionen durchzuführen. Ich habe daher Auschwitz dafür bestimmt, einmal wegen der günstigen verkehrstechnischen Lage und zweitens läßt sich das dafür dort zu bestimmende Gebiet leicht absperren und tarnen. (...) Es ist eine harte und schwere Arbeit, die den Einsatz der ganzen Person erfordert, ohne Rücksicht auf etwa entstehende Schwierigkeiten. Nähere Einzelheiten erfahren Sie durch Sturmbannführer Eichmann vom RSHA, der in nächster Zeit zu Ihnen kommt. Die beteiligten Dienststellen werden von mir zu gegebener Zeit benachrichtigt. Sie haben über diesen Befehl strengstes Stillschweigen, selbst Ihren Vorgesetzten gegenüber, zu bewahren. Nach der Unterredung mit Eichmann schicken Sie mir sofort die Pläne der beabsichtigten Anlage zu. – Die Juden sind die ewigen Feinde des deutschen Volkes und müssen ausgerottet werden. Alle für uns erreichbaren Juden sind jetzt während des Krieges ohne Ausnahme zu vernichten. Gelingt es uns jetzt nicht, die biologischen Grundlagen des Judentums zu zerstören, so werden einst die Juden das deutsche Volk vernichten.

Nach Erhalt dieses schwerwiegenden Befehls fuhr ich sofort nach Auschwitz zurück, ohne mich bei meiner vorgesetzten Dienststelle in Oranienburg gemeldet zu haben. Kurze Zeit danach kam Eichmann zu mir nach Auschwitz. Er weihte mich in die Pläne der Aktion in den einzelnen Ländern ein.«[32]

Höß war klar, was von ihm erwartet wurde:

»Nach dem Willen des RFSS wurde Auschwitz die größte Menschen-Vernichtungs-Anlage aller Zeiten.«[33]

Noch fehlte es an den Voraussetzungen. Auschwitz verfügte nicht über die erforderlichen Vernichtungskapazitäten.

Im Oktober 1941 erreichte die Diskussion über effektive Vernichtungsmethoden den SS- und Polizeiapparat.[34] Wenig später wurden erstmals Gaswagen eingesetzt, was die Täter als enormen Fortschritt empfanden, da sie den qualvollen Tod ihrer Opfer nun bequem durch ein Glasfenster beobachten konnten, ohne sich selbst die Hände beschmutzen zu müssen.[35] Das Kohlenmonoxid der LKW-Motoren wurde in den abgeschlossenen Kastenaufbau der Gaswagen geleitet. Um möglichst wenig Gas einsetzen zu müssen, preßte man eine Höchstzahl von Menschen in diese Todeskammern:

»Die Beschickung der Wagen beträgt normalerweise 9–10 pro m².«[36]

So ließen sich stolz referierte Leistungen erzielen:

»Seit Dezember 1941 wurden 97 000 verarbeitet, ohne daß Mängel an den Fahrzeugen auftraten.«[37]

Die über 40 eingepferchten Menschen versuchten in ihrer Verzweiflung, die Tür von innen aufzudrücken, so daß »das Ladegut beim Betrieb in dem Streben nach der hinteren Tür immer vorwiegend dort liegt.«[38] Erfreut registrierten die »Fachleue in der Vergasung«[39], daß sich dadurch eine gleichmäßige Belastung der Achsen ergab. Zu den ersten massenhaften Vergasungen kam es im Dezember 1941 in Chelmno, einem Vernichtungslager im »Reichsgau Wartheland«. Die als Duschen deklarierten Gaswagen standen im Schloßhof. Nach getaner Tat fuhren sie in einen Wald, wo die Leichen verbrannt und die Asche anschließend mit einer Knochenmühle zu Staub zermahlen wurde, um alle Spuren zu verwischen.

Die ersten stationären Gaskammern kamen ab März 1942 in Belzec zum Einsatz, wohin, ebenso wie nach Sobibor und Treblinka, die Opfer der »Aktion Reinhard« gebracht wurden. Die »Freimachung« des »Generalgouvernements« hatte man so genannt im Andenken an Reinhard Heydrich, der bei einem Attentat umgekommen war. Sie kostete etwa 1,75 Millionen Menschen das Leben.

XX

Noch immer wurde Kohlenmonoxid eingesetzt. Doch Höß war damit nicht zufrieden. Der Aufwand war ihm zu hoch, das Ergebnis nicht präzise genug. Ende November 1941 gab es deshalb eine »Dienstbesprechung des gesamten Judenreferates«.[40] Doch: »Auch Eichmann (hatte) noch kein geeignetes Gas aufgetrieben.«[41] Höß entschied sich schließlich für Zyklon B, das bis dahin (in Auschwitz seit Juli 1940) nur für die Entlausung verwendet worden war. Zyklon B, eine kristalline Form von Zyanwasserstoff (Blausäure), wird durch den Kontakt mit Sauerstoff zu einem hochwirksamen Tötungsmittel. Um mehr Menschen gleichzeitig ermorden zu können, zwang man sie, mit erhobenen Armen in die Gaskammer zu gehen. Auf diese Weise brauchten sie weniger Platz. Säuglinge und Kleinkinder wurden auf die Menschenmasse geworfen. Sobald die Türen geschlossen waren, warfen mit einem Roten Kreuz getarnte SS-Leute das Zyklon B durch die Decke der als Duschen getarnten Gaskammern:

»Das Sterben von Gas dauerte etwa
von zehn bis fünfzehn Minuten.
Das Schrecklichste in dem allen war,
als man die Gaskammer aufgemacht hat,
die grausame Szenerie sich anschauen.
Wie die Menschen da angepreßt wie Basalt,
wie Steine standen.
Wie sie herausfielen von den Gaskammern!
Einige Male hab ich das gesehen.
Und das war das Schwerste überhaupt,
aber auf das konnte man sich nie gewöhnen.
Das war unmöglich.
Unmöglich.
Ja. Man muß es so sehen, daß der Gas,
wenn er eingeworfen hat,
da hat er gewirkt doch so,
daß er sich . . . von unten nach oben stieg der.
Und jetzt, in diesem schrecklichen Kampf, der da entstand
– das war ein Kampf, der da entstand –,
in . . . in . . . in . . .

die Lichter waren weg, also ausgeschaltet
in den Gaskammern,
es war dunkel da, man hat nicht gesehen,
und daß die Stärkeren wollten immer mehr nach oben.
Weil sie haben wahrscheinlich gespürt,
daß, wie mehr sie nach oben kommen, daß um so mehr,
um so mehr kriegen sie Luft.
Um so mehr also könnten sie atmen. Ja?
Und da entstand ein Kampf.
Und zweitens, die meisten haben sich gedrängt
zu der Tür.
Ja, psychologisch also, daß sie gewußt haben,
die Tür ist da, vielleicht ausbrechen durch die Tür.
Also ein Instinkt in dem ... in dem Le..
also in dem ... in dem Todeskampf, der da durchgeführt war.
Und dafür hat man auch gesehen, daß gerade
Kinder und schwächere Menschen,
ältere Menschen, die lagen unten.
Und die Kräftigsten, die waren oben.
Weil in dem Leben ... weil in dem Leben ...
also in dem Todeskampf erkannte schon nicht,
meines Achtens, der Vater, daß sein Kind
hinter ihm liegt, unter ihm.
Und wenn man die Tür
geöffnet hat ...
... sind die Menschen herausgefallen.
Wobei ... herausgefallen wie ein Stück Stein,
große Steine, sagen wir, von einem Lastwagen,
wie ein Ballast.
Und dort, wo der Zyklon wieder war, war leer.
Wo die Kristallen vom Zyklon eingeschüttet waren,
war leer.
Ja. Da war eine ganz leere Stelle.
Wahrscheinlich haben die Opfer gespürt,
daß hier ... am stärksten der Zyklon wirkt.
Ja. Die Leute also waren ... die Leute waren verletzt,
weil sie durcheinander in der Dunkelheit

aufeinandergeraten sind,
der eine auf'n andern angeprallt,
verschmutzt, verkotet,
Blut
von den Ohren, von der Nase.
Man konnte auch sehen, in einigen Fällen,
daß die auf die Erde liegende Menschen so,
würde ich sagen, durch den Preß von den anderen
zu unkenntlich . . . sie waren nicht einmal . . .
man könnte sie . . .
sagen wir mal, die Kinder haben
den Schädel auch zerbrochen.«[42]

Im Januar 1942 wurde die erste ›reguläre‹ Gaskammer in Auschwitz in Betrieb genommen, zunächst noch im Stammlager. Im Mai
1942 wurde sie ins Außenlager Birkenau verlegt, wo auch die
Krematorien II bis V mit jeweils mehreren unterirdischen Gaskammern errichtet wurden. Diese Kombination von Gaskammern mit
Krematorien beschleunigte die Massenvernichtung erheblich, denn
das Problem der Beseitigung der Leichen war bisher nicht befriedi-
gend gelöst gewesen. Zunächst hatte man sie vergraben, dann
wieder ausgegraben und verbrannt, was aufwendig war und zudem
unliebsames Aufsehen erregte. Der vom Wiederschein des Feuers
rotgefärbte Himmel war auch von Orten, die weit von den Vernichtungslagern entfernt waren, noch gut zu sehen. Hier versprachen
leistungsfähige Krematorien einen entscheidenden Fortschritt. Es
bestand die begründete Hoffnung, die Einäscherungskapazität auf
das Leistungsniveau der Gaskammern zu bringen. Zwei Firmen
standen in erbittertem Konkurrenzkampf um die Belieferung der
SS: Kori in Berlin und Topf in Erfurt. Kori hatte einen Standortvor-
teil. Doch als nach dem Frankreichfeldzug die ohnehin rationierten
Flüssigbrennstoffe immer knapper wurden, machte Topf das Rennen, der frühzeitig auf einen Betrieb mit Koks umgestellt hatte. Als
besonders tüchtig erwies sich der Ingenieur Kurt Prüfer, der mit
2 % am Gewinn beteiligt war. Vor Gericht sagte er später: »Ich . . .
wußte, daß meine Arbeit für den nationalsozialistischen Staat von
großer Bedeutung war.«[43] Sein Kollege Karl Schultze blieb einmal

fast eine Woche in Auschwitz, bis genügend Menschen zusammen-
gekommen waren, um die Funktionstüchtigkeit der Krematorien
im Einsatz kontrollieren zu können. Zur Begründung sagte er
später: »Wir standen in der Pflicht, gegenüber der SS, der Firma
Topf und dem NS-Staat.«[44]

Ab März 1942 kamen fast täglich Züge am Bahnhof Auschwitz
an, zunächst vor allem aus Oberschlesien, dann auch aus der
Slowakei, Frankreich, den Niederlanden, Jugoslawien usw. Bis
Ende 1942 waren die Bewohner fast aller Ghettos in Auschwitz
und den anderen Vernichtungslagern ermordet. Im Januar 1943
kam der erste Transport aus Berlin. Bis zum Februar dauerten die
großen Vernichtungsaktionen, denen drei Viertel aller von den
Nazis ermordeten Juden Europas zum Opfer fielen. Im Mai 1944,
nach der Besetzung Ungarns durch das Deutsche Reich, begann die
letzte »Aktion« dieser Größenordnung, die Ermordung von mehr
als 400000 ungarischer Juden.

Am 26. Januar 1944 sprach Himmler in Posen vor etwa 300
Generälen, Admirälen und Generalstabsoffizieren. Er berichtete,
die SS habe trotz aller seelischer Belastungen den Befehl zur
totalen Lösung der Judenfrage ausgeführt. Ein Teilnehmer be-
schreibt die Reaktion des Auditoriums: »Mit wenigen Ausnahmen
sprangen die Generale und Admirale auf und brachen in brausen-
den Beifall aus.«[45]

Am 2. April 1945 schloß Hitler sein letztes aufgezeichnetes
Gespräch mit den Worten:

»... wird man dem Nationalsozialismus ewig dafür dankbar
sein, daß ich die Juden aus Deutschland und Mitteleuropa ausgerottet habe.«[46]

Ob in Auschwitz 700000 (Pressac) oder eine Million (Sofsky)
oder 1,15 Millionen Menschen (Höß) ermordet worden sind, ist
dabei ohne Bedeutung.

Im November 1944 ließ Himmler angesichts der herannahenden
sowjetischen Truppen die Massentötungen in Auschwitz einstellen.
Am 20. und 22. Januar 1945 wurden die Krematorien gesprengt,
am 27. Januar befreien sowjetische Soldaten die letzten Überleben-
den. In den Magazinen präsentiert sich ihnen die Hinterlassen-
schaft deutscher Gründlichkeit: 348820 Herrenanzüge, 836255

Damenkleider und -mäntel, 5525 Paar Damenschuhe, sieben Tonnen Frauenhaare, Berge von Kinderkleidern, Brillen und Zahnprothesen.[47]

## Anmerkungen

1. Der Prozeß gegen die Hauptkriegsverbrecher vor dem Internationalen Militärgerichtshof, Bd. 3, Nürnberg 1947, S. 559.

2. Archiv des Verfassers.

3. Ein weiterer Teil der Akten befindet sich im Militärhistorischen Archiv in Prag. Vgl. Florian Freund/Bertrand Perz/Karl Stuhlpfarrer, Der Bau des Vernichtungslagers Auschwitz-Birkenau, Zeitgeschichte, 20. Jg., Heft 5/6, 1993, S. 187–214.

4. Andreas Hillgruber, Die »Endlösung« und das deutsche Ostimperium als Kernstück des rassenideologischen Programms des Nationalsozialismus, Vierteljahreshefte für Zeitgeschichte, 1972, S. 135.

5. Ebd., S. 136.

6. Ernst Deuerlein, Hitlers Eintritt in die Politik und die Reichswehr, Vierteljahreshefte für Zeitgeschichte, 1959, S. 204 (= Dokument 12).

7. Der Aufstieg der NSDAP in Augenzeugenberichten, hg. und eingeleitet von Ernst Deuerlein, München 1974, S. 108.

8. Zit. Hellmut Auerbach, Hitlers politische Lehrjahre und die Münchner Gesellschaft 1919–1923, Vierteljahreshefte für Zeitgeschichte, 1977, S. 15 f.

9. Zit. Eberhard Jäckel, Hitlers Weltanschauung. Entwurf einer Herrschaft, Stuttgart [4]1991, S. 68.

10. Adolf Hitler, Mein Kampf, [181]1936, S. 772.

11. Vgl. Ernst Piper, Nationalsozialistische Kulturpolitik und ihre Profiteure, in: »Niemand war dabei und keiner hat's gewußt«. Die deutsche Öffentlichkeit und die Judenverfolgung 1933–1945, hg. v. Jörg Wollenberg, München [2]1989, S. 131 ff.

12. Max Domarus, Hitler. Reden und Proklamationen 1932–1945, Bd. II 1, Wiesbaden 1973, S. 1052.

13. Jäckel (Anm. 9), S. 72.

14. Topographie des Terrors, hg. v. Reinhard Rürup, [9]1993, S. 70 ff.

15. Martin Gilbert, Endlösung. Die Vertreibung und Vernichtung der Juden, Reinbek 1982, S. 33.

16. Schnellbrief des Chefs der Sicherheitspolizei Heydrich an die Chefs der Einsatzgruppen in Polen betr. Judenfrage im besetzten Gebiet, in: Die Ermordung der europäischen Juden, hg. v. Peter Longerich, München 1989, S. 48.

17. Vgl. Norbert Frei, Wie modern war der Nationalsozialismus?, Geschichte und Gesellschaft, 19. Jg., Heft 3, 1793, S. 371, Anm. 13.

18. Jörg Friedrich, Das Gesetz des Krieges, München 1993, S. 170.

19. Endgültig ad acta gelegt wurde der Plan Ende 1941; Uwe Dietrich Adam, Judenpolitik im Dritten Reich, Königstein 1979, S. 313. Vgl. ebd., S. 307.

20. Götz Aly/Susanne Heim, Deutsche Herrschaft »im Osten«: Bevölkerungspolitik und Völkermord, in: Erobern und Vernichten. Der Krieg gegen die Sowjetunion 1941–1945, hg. v. Peter Jahn u. Reinhard Rürup, Berlin 1991, S. 88.

21. Rolf-Dieter Müller, Hitlers Ostkrieg und die deutsche Siedlungspolitik. Die Zusammenarbeit von Wehrmacht, Wirtschaft und SS, Frankfurt/M. 1991, S. 41. Vgl. auch Johannes Ludwig, Boykott Enteignung Mord. Die »Entjudung« der deutschen Wirtschaft, München 1992, S. 340 ff.

22. Longerich (Anm. 16), S. 67.

23. Adam (Anm. 19), S. 305.

24. Philippe Burrin, Hitler und die Juden. Die Entscheidung für den Völkermord, Frankfurt/M. 1993, S. 176; Hillgruber (Anm. 4), S. 138; Longerich (Anm. 16), S. 72 und 106; v. a. aber allg. Friedrich (Anm. 18).

25. Ernst Klee/Willi Dreßen/Volker Rieß, »Schöne Zeiten«, Judenmord aus der Sicht der Täter und Gaffer, Frankfurt/M. 1988, S. 65.

26. Ebd.

27. So z. B. Christopher Browning, The Path to Genocide. Essays on Launching the Final Solution, Cambridge/Mass. 1992, S. 101. Vgl. Saul Friedländer, Die Genese der »Endlösung«. Zu Philippe Burrins Thesen, Jahrbuch für Antisemitismusforschung, Band 1, hg. v. Wolfgang Benz, Frankfurt/M. 1992, S. 170.

28. Friedländer (Anm. 27), S. 174, referiert die entsprechenden Positionen. L. J. Hartog, Als Hitler den Massenmord prophezeite. Zur Rede vom 30. Januar 1939, Die Zeit v. 27. 1. 1989, sieht den Vernichtungsbefehl erst im Dezember 1941, im Zusammenhang mit dem Kriegseintritt der USA.

29. Nach bisher vorherrschender Meinung fällt in diese Zeit auch der erste Versuch mit Zyklon B in Auschwitz, doch Pressac datiert ihn erst auf Dezember.

30. Zit. Müller (Anm. 21), S. 42. Vgl. Aly/Heim (Anm. 20), S. 101 f.

31. Hillgruber (Anm. 4), S. 151.

32. Höß (Anm. 1), S. 23 f. Vgl. ebd, S. 245. Höß datiert diesen Vorgang auf den Sommer 1941. Es ist aber Pressac zuzustimmen, daß er sich im Jahr 1942 zugetragen haben muß.

33. Ebd., S. 186.

34. Longerich (Anm. 16), S. 68.

35. z. B. Klee/Dreßen/Rieß (Anm. 25), S. 71.

36. Schreiben des Gruppenleiters II D SS-Obersturmbannführer Walter Rauff vom 5. 6. 1942; Claude Lanzmann, Shoah, München 1988, S. 141.

Rauff floh nach dem Krieg mit Hilfe katholischer Geistlicher aus amerikanischer Kriegsgefangenschaft. Ein Auslieferungsbegehren der Bundesrepublik von 1963 wurde abgelehnt mit der Begründung, nach chilenischem Recht seien die ihm zur Last gelegten Verbrechen verjährt. Seine Beerdigung wurde zu einer großen antisemitischen Kundgebung.

37. Ebd.
38. Ebd., S. 142.
39. Wie Anm. 35.
40. Höß (Anm. 1), S. 239.
41. Ebd.
42. Filip Müller, Überlebender der fünf Liquidationen des Sonderkommandos von Auschwitz, in: Lanzmann (Anm. 36), S. 169 ff.
43. Der Spiegel, Nr. 40, 1993, S. 160.
44. Ebd., S. 162.
45. Rudolf-Christoph Freiherr von Gerstorff; zit. FAZ v. 21. 7. 1993.
46. Jäckel (Anm. 9), S. 77.
47. Wolfgang Sofsky, Die Ordnung des Terrors: Das Konzentrationslager, Frankfurt/M. ²1993, S. 314.

Für anregende Gespräche und wertvolle Hinweise danke ich sehr Jörg Friedrich. Prof. Eberhard Jäckel und Dr. Peter Longerich danke ich für wichtige Korrekturen. Für ihre ebenso unentbehrliche wie unermüdliche Hilfe bei der Erstellung des Manuskripts danke ich Ksenija von Malm.

# Einleitung

Mehr als zehn Jahre waren erforderlich, um die genaue Geschichte der Vernichtungsmaschinerie im Konzentrationslager Auschwitz-Birkenau zusammenzutragen. Diese Erkenntnisse beruhen auf der intensiven Auswertung der Archive der ehemaligen »SS-Bauleitung« von Auschwitz, die jetzt zugänglich sind. Im Gegensatz zu den anderen Abteilungen des Lagers – etwa der Politischen Abteilung, die praktisch ihre gesamten Archive vor der Evakuierung des Konzentrationslagers im Januar 1945 verbrannte – blieben die Unterlagen der Bauleitung erhalten. Der Grund für dieses Versäumnis könnte mit der Person des zweiten und letzten Chefs der Bauleitung von Auschwitz, SS-Obersturmführer Werner Jothann, zusammenhängen. Der Hochbauingenieur war nicht persönlich für die Umwandlung der Krematorien in »Todesfabriken« verantwortlich. Diese hatte nämlich der erste Chef der Bauleitung, SS-Hauptsturmführer Karl Bischoff, im Zeitraum von Ende 1942 bis Anfang 1943 vornehmen lassen. Da Jothann den ›brisanten‹ Inhalt der Akten, die mit dieser Umgestaltung in Zusammenhang stehen, nicht kannte, ergriff er die Flucht, ohne sich deshalb Gedanken zu machen, und unternahm auch nichts, um die Papiere zu vernichten.

Aber während schon im Jahre 1945 die Auswertung dieses umfassenden Dokumentationsmaterials es ermöglicht hätte, ganz klare technische Aufschlüsse über die Maschinerie des Massenmordes zu gewinnen, wurden diese Bestände aufgeteilt. Die Sowjets, die das Lager befreit hatten, sicherten sich als eine Art Kriegstrophäe zwei Drittel dieser Dokumente, die nach Moskau gebracht wurden. Der Rest wurde Bestandteil des Archivs des Museums von Oświęcim.

Der kalte Krieg führte dazu, daß die in Moskau befindlichen Akten der Bauleitung von Auschwitz den Geschichtswissenschaft-

1

lern aus dem Westen nicht zugänglich waren. Das war im übrigen für die Historiker aus dem Osten nicht anders, denn die Aufbewahrung der gesamten Papiere war dem MWD (Ministerstwo Wnutrennich Del: Ministerium für Innere Angelegenheiten) und später dem KGB (Komitee für Staatssicherheit) übertragen worden. Die Bauleitungsakten aus dem polnischen Archiv gaben nur teilweise Aufschluß über die Fakten. Dieses Wissen reichte jedoch nicht aus, um gegen diejenigen anzutreten, die die Möglichkeit zur technischen Durchführung der Massenvernichtung bestritten. Erst durch den Fall der Berliner Mauer – eine Folge der Politik von Perestroika und Glasnost – wurde es möglich, diese »Sonderarchive« ausfindig zu machen, sie für Ausländer zu öffnen und somit die fehlenden Dokumente der Bauleitung auszuwerten.

Die außergewöhnliche Reichhaltigkeit des Materials, das die sowjetische Armee mitgenommen hatte, erlaubt eine fast lückenlose Rekonstruktion des verbrecherischen Einfallsreichtums. Anhand der Chronologie, die sich aus der Zusammenstellung des Briefwechsels zwischen den direkt oder indirekt mit dem Bau der Vernichtungsanlagen befaßten SS-Organen und den daran beteiligten Zivilunternehmen ergibt, kann man feststellen, daß das gemeinhin für den Beginn der ›industriellen Phase‹ der »Endlösung« angenommene Datum später anzusetzen ist. Diese letzte Stufe wurde von den SS-Befehlshabern in Berlin nicht vor Mai/Juni 1942 beschlossen und in der Folge von der SS-Bauleitung Auschwitz und den Ingenieuren der Firma J. A. Topf und Söhne aus Erfurt technisch umgesetzt.

Die Zusammenführung und Auswertung aller Dokumente – die hauptsächlich aus dem Archiv des staatlichen Museums von Oświęcim (Polen), dem Moskauer Zentralarchiv, dem Archiv der Gedenkstätte Dachau, dem Bundesarchiv in Koblenz, dem Weimarer Staatsarchiv und dem Archiv von Yad Vashem (Israel) stammen – ermöglicht eine historische Rekonstruktion, die ohne mündliche oder schriftliche Augenzeugenberichte auskommt, die letztlich doch fehlbar sind und mit der Zeit immer ungenauer werden.

2

# I

# Die Vorgeschichte der Einäscherungen in den Konzentrationslagern

Die »Notverordnung zum Schutz von Volk und Staat«, die Reichspräsident Hindenburg am 28. Februar 1933 nach dem Reichstagsbrand unterzeichnete, hatte zur Folge, daß zahlreiche politische Gegner, zum Großteil Kommunisten, in »Schutzhaft« genommen und ins Gefängnis oder in »Konzentrationslager« gebracht wurden. Das erste dieser Lager, die von den neuen Machthabern als Lager zur Umerziehung durch Arbeit bezeichnet wurden, entstand auf Anordnung der SS in Bayern im März 1933, und zwar in Dachau bei München *(Dokument 1)*. Es stand unter dem Motto »Arbeit macht frei«. Zahlreiche kleine »wilde« Lager, die von der SA eingerichtet worden waren und inzwischen Aufmerksamkeit erregt hatten, wurden ab Mai 1934 geschlossen. Nach dem »Röhm-Putsch« am 30. Juni 1934 spielte die SA nur noch eine unbedeutende Rolle, und von jetzt an übernahm die SS die Leitung des neuen Sektors der ›Umerziehung‹. Das zweite Lager der SS entstand im Juli 1936 in Sachsenhausen, im Norden Berlins, und auch dort machte »Arbeit frei«. Ein Jahr später wurde Buchenwald in der Nähe von Weimar zur dritten Anlage dieser Art, doch hier verhieß die Inschrift im Eingangsportal »Jedem das Seine«. Das vierte Lager wurde im Mai 1938 östlich von Bayreuth, in Flossenbürg, eingerichtet. Der »Anschluß« ermöglichte es, dieses Inhaftierungsverfahren auch auf Österreich auszudehnen, was zur Errichtung des Lagers Mauthausen bei Linz führte.

Von Anfang an waren die KZ ein Synonym für Terror. Die ›bedauerlichen‹ Ausschreitungen, zu denen sich die SA in den »wilden« Lagern und nun auch hier hatte hinreißen lassen, waren bekannt. Die demokratischen Staaten erfuhren davon und prangerten die Gewalttätigkeiten an.[1] Man hätte ebensogut Öl ins Feuer gießen können. Im Gegenzug machten die SS-Wachen – oftmals junge Arbeitslose, denen das neue Regime zum erstenmal eine richtige ›Arbeit‹ verschafft hatte – den politischen Gefangenen auf brutale Art klar, daß die versprochene Gesellschaft mit Ordnung und Vollbeschäftigung besser war als das frühere laxe Hungerleider-System. Um die Kritik von außen zu entschärfen, wurden Broschüren herausgegeben, in denen das Leben in den Lagern als Umerziehung bzw. als ›Kurmaßnahme‹ dargestellt wurde (das Gewicht der Inhaftierten vor und nach ihrer Festnahme wurde als Beweis angeführt!). Außerdem wurden einige ›geführte‹ Besuche für politische Freunde aus dem Ausland und akkreditierte Journalisten organisiert.

Aber trotz aller Beschwichtigungsversuche stellte sich heraus, daß die Sterblichkeitsrate höher war als in herkömmlichen Gefängnissen. Die Todesfälle wurden im Rathaus der Gemeinde gemeldet, zu der das jeweilige Lager gehörte, und die sterblichen Überreste in dem Krematorium der nächstgelegenen Stadt eingeäschert. In dem Maße, in dem die Zahl der Lager stieg, stiegen auch die Sterblichkeitsziffern. Da die SS diesbezüglich jedes Aufsehen vermeiden wollte und die Kapazitäten der örtlichen Krematorien begrenzt waren, wurde 1937 eine Einäscherung *in situ* (in den Lagern) erwogen.

In den dreißiger Jahren bestand der normale Einäscherungsofen aus einer Kammer oder Muffel für den Sarg, einem Generator, der, mit Koks oder einem Öl- oder Gasbrenner beheizt, die für die Verbrennung notwendige Wärme lieferte, und einem Rekuperator, durch den der Brennstoffverbrauch gesenkt wurde. Der Rekuperator bestand aus zwei verschiedenen Kreisläufen, die ineinandergriffen. Der eine sorgte für die Ableitung der Brenngase aus der Muffel in den Rauchkanal und für die Beheizung der Anlage. Der andere versorgte die Muffel mit kalter Frischluft, die sich auf dem Weg zum Rekuperator allmählich erwärmte. Diese Konstruktion gestattete es, die Heizquelle im Verlauf der exothermen Reaktion der Einäscherung abzustellen und diese ohne neue Brennstoffzufuhr fortzusetzen. Im Oktober des Jahres 1928 meldeten zwei Ingenieure aus Hamburg, Hans Volckmann und Karl Ludwig, ein Patent[2] *(Dokument 2)* für einen Verbrennungsofen ohne Rekuperator an. Statt dessen wurde bei diesem Modell während der Ein-

4

äscherung Druckluft in die Muffel geleitet. Da die Konstruktion eines Rekuperators sehr komplex war – manchmal nahm er bis zu zwei Drittel des gesamten Ofens in Anspruch – und die Herstellungskosten erheblich steigerte, senkte dieses revolutionäre Patent nachhaltig die bisherigen Preise. Es kam zu einem kommerziellen Wettbewerb zwischen ähnlichen Patentanmeldungen, und Ende 1934 verloren Volckmann und Ludwig, merkwürdigerweise und vermutlich aus politischen Gründen, das Rennen. Der Ofen, den sie entwickelt hatten, verschwand vom deutschen Markt. Ein unmittelbarer Konkurrent, die Firma Topf und Söhne aus Erfurt, setzte sich durch: 1935 installierte das Unternehmen in verschiedenen deutschen Krematorien sieben Öfen ihres Modells 1934, das ohne Rekuperator, aber mit warmer Druckluft arbeitete und mit Gas beheizt wurde.[3] Der Erfinder dieses Modells, der Ingenieur Kurt Prüfer *(Dokument 3),* war Mitglied der NSDAP, und die Direktoren Ludwig und Ernst-Wolfgang Topf, beide Eigentümer des Unternehmens und ebenfalls Parteimitglieder, konnten der Zukunft gelassen entgegensehen.

Im Mai 1937 holte die Reichsleitung der NSDAP in München Angebote für einen Verbrennungsofen für das Lager Dachau ein. Ein ortsansässiges Unternehmen, die Firma Walter Müller aus Allach – bei der SS bereits bestens eingeführt, da sie schon das SS-Übungslager in Dachau und die SS-Unterkünfte in München mit einem Fernheizwerk ausgestattet und für die SS-Führerschule in Bad Tölz gearbeitet hatte –, unterbreitete im Juni einen Kostenvoranschlag in Höhe von 9250 Reichsmark (RM) für einen Einmuffelofen *(Dokument 4)* mit Druckluftanlage. Seine Gesamtmasse war beträchtlich und über zwei Ebenen verteilt. Er wurde mit Koks beheizt, und der Verbrauch hing davon ab, ob er ununterbrochen in Betrieb war oder nur im Bedarfsfall angefeuert wurde. War der Ofen kalt, benötigte man 175 kg Koks, um die erste Einäscherung vornehmen zu können, doch wenn er bereits am Vortag benutzt worden war, genügten schon 100 kg. Der Konstrukteur wies darauf hin – und dadurch schloß er indirekt die Möglichkeit einer Daueranwendung des Ofens ein –, daß für die zweite und dritte Verbrennung kein zusätzlicher Brennstoff mehr erforderlich war und daß die weiteren Einäscherungen praktisch ohne Brennstoff, einzig und

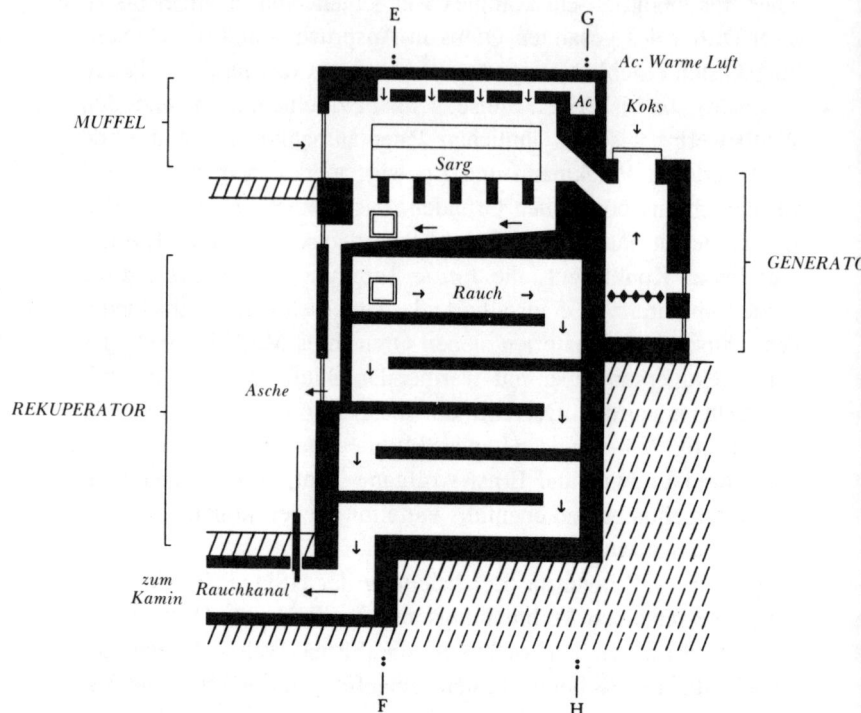

Längsschnitt durch das Modell eines Einäscherungsofens mit Koksfeuerung und Rekuperator, wie es in den Jahren 1930 bis 1935 üblich war (siehe z. B. das Krematorium in Zürich, Schweiz).

Siehe im Anhang (Appendix 1) dazu die kompletten Pläne dieses Ofenmodells, dessen komplexe Konstruktion die wirtschaftlichen Vorteile klar zutage treten läßt, die sich durch die Einfachheit des Patents der Ingenieure Hans Volckmann und Karl Ludwig ergeben.

allein durch Zufuhr von Luft in die Muffel, abliefen. Er schätzte die Einäscherungsdauer für eine 70 kg schwere Leiche in einem Holzsarg von 35 kg auf etwa anderthalb Stunden.[4] Aus diesen Angaben folgerte die SS, daß man durch die Verbrennung ohne Sarg eine halbe Stunde gewinnen würde und daß 100 kg Koks ausreichten, um im Laufe eines Tages etwa zwanzig Leichen einzuäschern. Müllers Angebot wurde nicht angenommen, vermutlich weil zu dieser Zeit die Zahl der Sterbefälle unter den Lagerinsassen im KL Dachau (dort befanden sich 2500 bis 3000 Häftlinge der insgesamt ungefähr 10000 in allen Lagern Internierten[5]) noch nicht die Verwendung eines Einäscherungsofens rechtfertigte und weil das Netz der Lager gerade neu organisiert wurde.

Die Häftlinge ›durch Arbeit zu erziehen‹ war zwar ein löbliches Vorhaben, aber seine Umsetzung führte zu Praktiken und Resultaten, auf die das weit weniger zutraf. Die Häftlinge dadurch auszuzehren, daß man sie Tag für Tag den gleichen Steinhaufen von einem Ende des Lagers zum anderen schleppen ließ, war unproduktiv und auf lange Sicht tödlich. Die Häftlinge im Gemüseanbau und in den Werkstätten einzusetzen schien hingegen eine interessante und vor allem lukrative Methode zu sein. In Dachau erprobt, wurde diese neue Form der Sklaverei auf die Produktion von Baumaterialien ausgedehnt, die unabdingbar waren, um Hitlers architektonische Vorhaben – Umgestaltung der Städte, Bau von Autobahnen, Verteidigungsanlagen – in die Tat umzusetzen. Diese Projekte hatten den Zweck, das ›erwachte Deutschland‹ zu glorifizieren und die Arbeitslosigkeit zu beseitigen. Je mehr Steine und Ziegelsteine die SS-Unternehmen und die Lager lieferten, desto wohlhabender wurde die SS und konnte dadurch ihre Machtposition stärken. Um dieses neue Wirtschaftspotential zu verwalten, warb Himmler in Kiel einen Oberzahlmeister namens Oswald Pohl[6] an, ein ehemaliges Mitglied des Freikorps Löwenfeld. Von Februar 1934 an leitete Pohl, zum Standartenführer befördert, alle Wirtschaftsunternehmen der SS, mit Ausnahme der KL, deren Leitung zum damaligen Zeitpunkt noch unabhängig war. Angesichts des stetig wachsenden Einsatzes von Lagerarbeitskräften in zivilen Unternehmen wurde Pohl im April 1939 an die Spitze zweier Behörden gesetzt: des SS-Hauptamtes Haushalt und Bauten oder kurz SS-HHB, zuständig für die Waffen-SS und die Lager, und des SS-Hauptamtes Verwaltung und Wirtschaft oder kurz SS-HVW, des übergeordneten Organs der SS-Unternehmen.

Die Abteilung »Bauten« des SS-HHB, die von Pohl persönlich geleitet wurde, hatte die Aufgabe, sich um die beabsichtigten

Bauvorhaben auf den Lagergeländen zu kümmern, bis in jedem Lager eine eigenständige »Bauleitung« eingerichtet worden war. Das SS-HHB verfügte über die finanziellen Mittel und die entsprechenden Abteilungen, um das zu verwirklichen, was 1937 bereits in Erwägung gezogen worden war: die Errichtung von Krematorien in den Lagern. Zu diesem Zweck holte man bei Firmen, die auf solche Anlagen spezialisiert waren, Angebote ein.

Von den deutschen Unternehmen, die sich für das Geschäft mit Leichen interessierten, setzten sich zwei beim SS-HHB durch: die Firma Topf und Söhne aus Erfurt und die Firma Heinrich Kori aus Berlin. Die Einäscherung sterblicher Überreste machte nur einen geringen Teil der Aktivitäten der Firma Topf aus, die vor allem auf industrielle Feuerungen spezialisiert war. Ihre Abteilung »Krematoriumsbau« trug durchschnittlich um die drei Prozent zum Gesamtumsatz des Unternehmens bei.[7] Die Firma Kori hatte sich eher auf die Beseitigung von Müll und brennbaren Abfällen verlegt. Es läßt sich nicht mehr zurückverfolgen, ob es auf Grund von Beziehungen oder infolge einer Ausschreibung dazu kam, daß diese beiden Firmen ausgewählt wurden.

Für Dachau erhielt die Firma Topf den Zuschlag, ohne daß man weiß, warum. Doch Ingenieur Prüfer war klug genug zu begreifen, daß in einem Konzentrationslager kein normaler Bestattungsofen mit neugriechischen Verzierungen aus Marmor gefragt war – wie es die Firma Müller in ihrem Entwurf vorgeschlagen hatte. Es mußte vielmehr ein einfaches und leistungsstarkes Modell zu einem günstigen Preis sein, das sich leicht zerlegen ließ (häufige Reparaturen). Er entwarf also einen mobilen ölbeheizten Ofen (innen ohne Isolierung und mit Eisenplatten ausgekleidet) mit zwei Einäscherungsmuffeln, Druckluft und Saugzug. Dieses Modell, das vom SS-HHB zum Preis von 8750 RM[8] den Zuschlag bekam, wurde Ende 1939 in Dachau installiert. Seine Einäscherungskapazität wurde auf zwei Leichen pro Stunde geschätzt.[9]

Dann kam Buchenwald an die Reihe, das schon Juni 1938, als dort beinahe 8000 Häftlinge inhaftiert waren, die Installation eines Krematoriums gefordert hatte.[10] Das Lager, zwischen Weimar und Erfurt (Sitz der Firma Topf) gelegen, wurde zu Prüfers ›persönlichem Jagdrevier‹ und zum Prüfstein für zwei seiner Ofenmodelle.

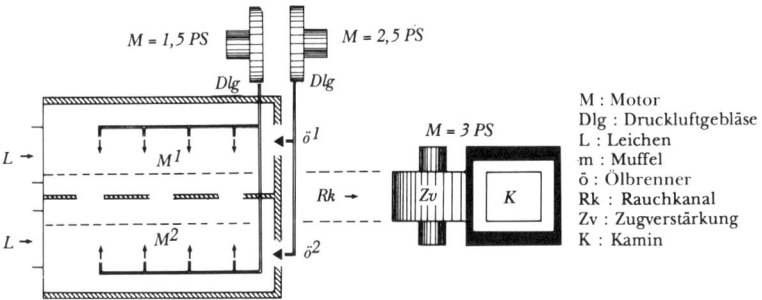

M : Motor
Dlg : Druckluftgebläse
L : Leichen
m : Muffel
ö : Ölbrenner
Rk : Rauchkanal
Zv : Zugverstärkung
K : Kamin

Stationärer Topf-Doppelmuffelofen mit Ölfeuerung, in Buchenwald installiert.

Ende 1939 schlug der Ingenieur der Bauleitung von Buchenwald einen stationären Ofen (ziegelisoliert) vor, der mit zwei Muffeln und Druckluft ausgestattet war und mit Öl oder Koks beheizt wurde – zum Preis von 7753 RM. Die Zugverstärkung für den Kamin kostete zusätzlich 1250 RM, der Ofen also insgesamt 9003 RM.[11] Man entschied sich für die Ölfeuerung, und der Ofen wurde im Januar 1940 mit Genehmigung des SS-HHB so gebaut. Der Preis für diesen Ofen lag unter dem von Dachau, obwohl er wesentlich größer war. Letzterer war vor der Auslieferung in der Fabrik montiert und dann aufgestellt worden, während der für Buchenwald von einem Vorarbeiter der Firma Topf vor Ort gebaut worden war, wobei ihm drei Häftlinge halfen, die die SS gestellt hatte und für die das Unternehmen nichts zahlen mußte.

Prüfer hatte die Möglichkeiten, die das Geschäft mit den Krematorien in den Konzentrationslagern bot, schnell erfaßt und beschlossen, es zu seinem Vorteil zu nutzen. (Vom erzielten Gewinn bekam er eine Prämie von zwei Prozent.[12]) Außerdem hatte er frühzeitig die Rolle der Konzentrationslager bei der Bereitstellung von Arbeitskräften erkannt und konnte sowohl die Hilfskräfte als auch einen Teil des erforderlichen Baumaterials, wie Zement, Kalk, Sand und Ziegel, kostenlos bekommen. Das ermöglichte ihm, die Preise für seine Öfen kontinuierlich zu senken. Anfang 1940 kontrollierte Prüfer bereits den Markt für Krematoriumsanlagen in Dachau und Buchenwald.

## II
# Der »Drang nach Osten« und das Wirtschaftsduell zwischen Topf und Kori

Der Polen-Feldzug begann am 1. September 1939. Am 27. September kapitulierte Warschau. Das Land wurde zwischen den Deutschen und den Sowjets aufgeteilt. Deutschland erhielt im Osten die Grenze von vor 1914 zurück, annektierte darüber hinaus den Rest des Warthelandes und gliederte Schlesien wieder in den preußischen Staat ein. Das verbleibende polnische Territorium wurde als »Generalgouvernement« bezeichnet und stand unter der Verwaltung von Hans Frank. In Ost-Oberschlesien, am Schnittpunkt der Eisenbahnlinien von Kattowitz, Krakau, Skawina und Oderberg (Bogumin)[13] lag die kleine polnische Stadt Oświęcim, die 12000 Einwohner zählte und unter österreichischer Herrschaft den Namen Auschwitz getragen hatte. Von Oświęcim, jetzt wieder Auschwitz, aus konnte man mit dem Zug bequem Berlin, Warschau, Lemberg (Lwow) und Wien erreichen und natürlich auch umgekehrt. In dem Vorort Zaole lagen Artillerie-Kasernen, die die polnischen Truppen nach Beendigung der Kämpfe geräumt hatten.

Am 21. Februar 1940 wurde die Entscheidung getroffen, in diesen leerstehenden Kasernen – nach Renovierung und Sanierung der zwanzig Gebäude, aus denen der Komplex bestand – ein Quarantänelager für 10000 polnische Häftlinge einzurichten. Auch ein Einäscherungsofen war vorgesehen. Und erneut wandte man sich an die Firma Topf, und zwar gleich mit einem zweifachen Anliegen, denn das SS-HHB benötigte darüber hinaus auch einen Ofen für Flossenbürg. Am 29. legte die Firma Topf einen gemeinsamen Kostenvoranschlag für die Lieferung von zwei mobilen Doppelmuffelöfen mit Ölbefeuerung vor. Sie entsprachen dem Modell, das in Dachau stand, und waren für Auschwitz und Flossenbürg bestimmt. Im März wurde der Auftrag zu einem Preis von 18000 RM (9000 RM pro Ofen) vom SS-HHB Berlin erteilt.[14]

Bald würde Prüfer für die Einrichtung von Krematorien in vier Lagern verantwortlich zeichnen.

Doch Sachsenhausen war ihm entgangen. Dort hatte die Kori im April zwei ihrer mobilen Einmuffelöfen mit Ölbefeuerung installiert *(Dokument 5)*. Diese Öfen waren sehr verbreitet, mindestens fünfzehn von ihnen waren an die verschiedenen Konzentrationslager verkauft worden (heute gibt es noch fünf mehr oder minder gut erhaltene Modelle dieses Typs in Polen). In Sachsenhausen scheiterte Prüfer, da es schwer war, sich gegen einen Konkurrenten durchzusetzen, der sozusagen vor Ort operierte. Die Kori war eine angesehene Berliner Firma, und ihre Vertreter pflegten Umgang mit den »Goldfasanen« des Regimes und mit SS-Persönlichkeiten hohen Ranges, die für die Verwaltung der Lager zuständig waren. Die Topf, eine Firma aus der Provinz, hatte nichts anderes zu bieten als die Willenskraft und das Wissen ihres Krematoriums-Spezialisten Kurt Prüfer. Prüfer war (Vize-)Feldwebel der Reserve und mit den SS-Unteroffizieren aus den Schreibstuben befreundet, die für die Verwaltungsarbeit zuständig waren und ihn über eventuell interessante Projekte oder Märkte informierten. Die Kori hatte durch die Vordertür Einzug gehalten, während Prüfer – der ehemalige Maurer, der es aus eigener Kraft zum Ingenieur gebracht hatte – den Hintereingang nahm.

Der SS-Hauptsturmführer Rudolf Höß, Stellvertreter[15] im KL Sachsenhausen, wurde am 29. April zum Kommandanten des künftigen Quarantänelagers bestimmt, das in den Kasernen von Auschwitz eingerichtet werden sollte. Trotz seines niedrigen Dienstgrades war Höß im System der Nazis nicht ohne Bedeutung. Mit 14 Jahren hatte er sich im Ersten Weltkrieg als Freiwilliger gemeldet, und das Kriegsende erlebte er als einer der jüngsten Unteroffiziere der deutschen Armee in der Türkei. Er wurde mit dem Eisernen Kreuz Erster Klasse und dem Eisernen Halbmond (Stern der Osmanen) ausgezeichnet. Nach seiner Rückkehr nach Deutschland war er arbeitslos, trat in das Freikorps Roßbach ein und war als Freikorpskämpfer im Baltikum, an der Niederschlagung des Spartakus-Aufstandes an der Ruhr und an der Verteidigung Oberschlesiens gegen die Polen beteiligt. In dieser wirren, gewalttätigen Zeit begegnete er dem Oberleutnant Leo Schlageter, der (wie Oswald

Pohl) zum Freikorps Löwenfeld gehörte und als dessen Freund er sich später bezeichnete. Nach der Auflösung der Freikorps arbeitete Höß auf großen landwirtschaftlichen Gütern bei Parchim (Mecklenburg) und trat 1922 in die NSDAP ein. Schlageter begab sich nach München, wurde dort im November 1922 NSDAP-Mitglied und ging im Jahr 1923, gleich nach der Besetzung durch französische Truppen, an die Ruhr. Im April sprengte er eine Eisenbahnbrücke, wurde denunziert, verhaftet und am 26. Mai erschossen. Für die Deutschen, vor allem für die Nazis, wurde Schlageter zum Helden. Auf Anweisung Martin Bormanns, des späteren Hitler-Sekretärs, ermordeten fünf Tage später Höß und fünf andere ehemalige Freikorps-Mitglieder in Parchim den alten Lehrer Walter Kadow, ehemaliges Mitglied des Kommandos Roßbach, der wegen Betrugs ausgeschlossen worden war. Angeblich hatte man ein Mitgliedsbuch der Kommunistischen Jugendorganisation bei ihm gefunden.[16] Einer der Beteiligten zeigte das Verbrechen an, und Höß wurde zu zehn Jahren Gefängnis verurteilt, von denen er fünf absaß, und schließlich im Jahr 1928 freigelassen. Er rechtfertigte sein Verbrechen, indem er Kadow beschuldigte, Schlageter an die Franzosen verraten zu haben, was mehr als zweifelhaft ist. Anschließend betätigte Höß sich wieder als Landwirt und richtete freiwillig einen SS-Reiterzug ein. Diese Initiative fiel Himmler auf. Er schlug Höß, dessen Vergangenheit ihm bekannt war, eine Laufbahn als aktives SS-Mitglied vor, und zwar in einem Bereich, der ihm bestens vertraut war, nämlich im Gefängnis. 1934 kam Höß nach Dachau, wo er rasch befördert wurde. 1936 wurde er zum Offizier ernannt und 1938 nach Sachsenhausen versetzt. Als die KL-Inspektion einen Lagerkommandanten für Auschwitz suchte, wählte man Höß für diesen Posten aus. Am 30. April 1940 kam er mit fünf SS-Leuten in Auschwitz an und machte sich sogleich verbissen an die Arbeit. Nach seinen Erfahrungen in Dachau und Sachsenhausen stellte Höß sein KL unter die allgemeine Devise »Arbeit macht frei«, die er über dem Eingangstor des Lagers anbringen ließ. Um die weitere Entwicklung des Lagers zu planen, wurde in Auschwitz, wie in den anderen KL auch, eine Bauleitung eingerichtet, deren Führung SS-Unterscharführer Schlachter übernahm.[17]

Am 10. Mai griffen die deutschen Streitkräfte im Westen an. Der Frankreichfeldzug begann. In Deutschland wurden flüssige Brennstoffe (Benzin, Erdöl und Heizöl) rationiert. Doch alle Brennöfen in den Lagern arbeiteten mit Heizöl. Entsprechend der jeweiligen örtlichen Versorgungslage war es nur noch eine Frage der Zeit, bis die Vorräte verbraucht gewesen wären. Nur die Kori war auf diese Wendung der Lage vorbereitet. Im April hatte sie im Zuge eines Verkaufs nach Sachsenhausen auch über den Verkauf eines Einmuffelofens nach Mauthausen verhandelt, der jedoch mit Koks befeuert werden sollte. Am 5. Mai konnte er in Betrieb genommen werden und war somit der einzige Ofen in allen Lagern, der noch funktionierte. Infolge dieser Rationierungsmaßnahme bekam die Firma Topf Reklamationen seitens der Bauleitungen Dachau und Buchenwald, in deren Öfen aus Mangel an Heizöl keine Einäscherungen mehr vorgenommen werden konnten.[18] Man machte sich Gedanken um den Auftrag für Flossenbürg und Auschwitz. Die Lösung war, Heizöl durch Koks zu ersetzen. In technischer Hinsicht war dies ein Rückschritt: Durch die Druckluft war es möglich gewesen, auf einen Rekuperator zu verzichten, außerdem machte die Beheizung mit Öl oder Gas die Errichtung eines Koksgenerators überflüssig. Doch es gab keine andere Lösung. Denn Ende Mai hatte die Bauleitung von Auschwitz eine Ölfeuerung für den mobilen Ofen, der ihnen geliefert werden sollte, abgelehnt und statt dessen eine Beheizung mit Koks verlangt.[19] Anfang Juni baute Prüfers Abteilung, ausgehend von den in Buchenwald gesammelten Erfahrungen, einen stationären Doppelmuffelofen und zwei Koksgeneratoren *(Dokument 6)* und bot diesen dem Lager Auschwitz an. Der Entwurf wurde angenommen. Die Bauleitung Buchenwald, die bestens über die geplante Veränderung unterrichtet war, da ihr Ofen als Vorbild gedient hatte, gab ebenfalls ihre Zustimmung.

Im Juni begab sich Prüfer nach Sachsenhausen, um dort ins Geschäft zu kommen. Doch er bekam nur eine armselige Materialbestellung[20] im Wert von 310 RM und verlor jegliche Hoffnung, hier jemals einen Ofen verkaufen zu können. Die Kori hatte das Lager, ebenso wie das dazugehörige Außenlager Ravensbrück, das gerade mit einem mobilen Einmuffelofen beliefert worden war, fest in der Hand, und das sollte auch bis Kriegsende so bleiben.

Ab Juli 1940 liefen die Arbeiten in Buchenwald und Auschwitz parallel. Die Öfen von Buchenwald wurden umgebaut, indem man zwei Koksgeneratoren auf der Rückseite der Muffel anbrachte, und zwar zu beiden Seiten des unterirdischen Rauchkanals, der den Ofen mit dem Kamin verband (1000 RM für die Generatoren und etwa 1000 RM für Arbeitsleistungen).[21]

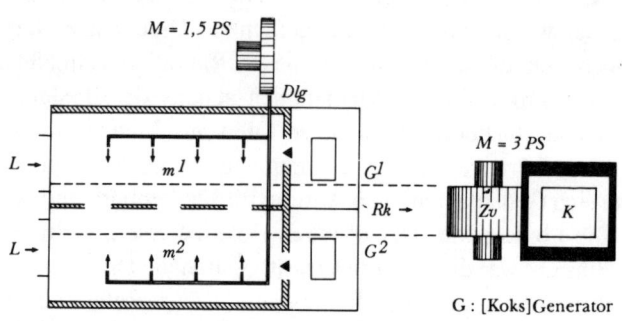

Topf-Doppelmuffelofen in Buchenwald, umgerüstet auf Koksbefeuerung.

In Auschwitz beschloß man, den Doppelmuffelofen (umgerüsteter Typ Buchenwald) im alten Pulvermagazin der Kaserne aufzustellen, das die SS anfangs als »Bunker« bezeichnete. Die Vorbereitungsarbeiten begannen am 28. Juni, und der Aufbau des Ofens wurde am 5. Juli von zwei Monteuren der Topf (einer von ihnen war Wilhelm Koch) in Angriff genommen. Die beiden Mannschaften lösten sich ab, der Bau ging zügig voran, und am 25. stand der Ofen.[22] Während der Trockenzeit errichtete die Bauleitung einen etwa zehn Meter hohen Schornstein[23], der mit einem von einem 3-PS-Motor angetriebenen Saugzug gekoppelt war und somit einen Rauchausstoß von 4000 m[3] pro Stunde sicherte. Jede Muffel des Ofens war mit vier dünnen Zuleitungsrohren ausgestattet, durch die jeweils ein kalter Luftstrahl gepreßt wurde, der aus einem von einem 1,5-PS-Elektromotor angetriebenen Gebläse kam.[24] Die

14

Topf führte später aus, daß diese Vorrichtung eine Verringerung der Einäscherungsdauer ermögliche.[25] Die allererste Verbrennung eines ›auf natürliche Weise‹ Verstorbenen wurde am 15. August 1940 in Auschwitz vorgenommen.[26] Andere folgten, ohne daß es Schwierigkeiten gegeben hätte. Mitte September teilte Schlachter dem SS-HHB mit, daß der Krematoriums-Block keinerlei Mängel aufweise.[27] Dieser Ofen war ein ästhetischer und technischer Erfolg, auf den die Topf und Prüfer so stolz waren, daß sie dieses Modell mit den beiden isolierten Muffeln, Druckluftzufuhr und den zwei Koksgeneratoren Typ »Auschwitz« nannten. Die Einäscherungskapazität wurde von den Ingenieuren Fritz Sander und Paul Erdmann – zwei Handlungsbevollmächtigten, die Prüfer übergeordnet waren – auf 30 bis 36 Körper in zehn Stunden[28] geschätzt. Das bedeutete bei einer Laufzeit des Ofens von rund zwanzig Stunden und bei einer Wartungszeit von drei Stunden etwa 70 Leichen pro Tag. Trotz der einschneidenden Veränderung, die an diesem Modell vorgenommen worden war, und eines Selbstkostenpreises von 10 500 RM verlangte die Topf nur den ursprünglich vereinbarten Preis von 9000 RM[29], die Ende 1940 vom SS-HHB bezahlt wurden. Indem die Topf auf die 1500 RM verzichtete und die Qualität des Ofens für sich selbst sprechen ließ, war der Firma

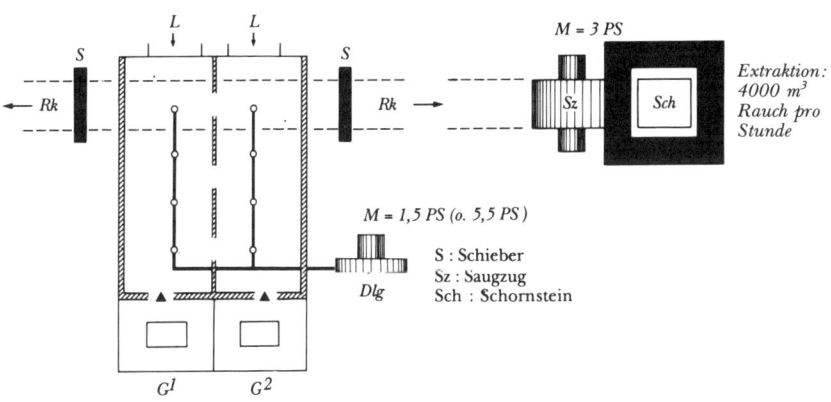

Stationärer Topf-Doppelmuffelofen, Koksfeuerung, Typ Auschwitz.

ein kluger Schachzug gelungen. Prüfer hatte damit einen potentiellen Markt aufgetan, von dem niemand zu träumen gewagt hatte.

Jetzt mußte die Topf noch eine Lösung für Dachau und Flossenbürg finden. Flossenbürg hätte genauso ausgestattet werden können wie Auschwitz, doch diese Lösung war nicht im Sinne der Firma, die in diesem Fall auf einem ungenutzten mobilen Doppelmuffelofen mit Ölbefeuerung sitzengeblieben wäre, der bereits hergestellt worden war. Doch Anfang Juli 1940 informierte die neue Bauleitung von Mauthausen die Topf, daß ihnen für ihr Außenlager Gusen, das dringend einen Ofen benötigte, vom SS-HHB der ursprünglich für Flossenbürg[30] vorgesehene zugeteilt worden war. Diese Änderung und der eilige Auftrag sagten Prüfer sehr zu. Er verlor zwar zeitweilig Flossenbürg – letztlich sogar endgültig, da dort ein stationärer Kori-Einmuffelofen mit Koksbefeuerung aufgebaut wurde –, doch er konnte in Mauthausen, das im Einflußbereich der Kori lag, Fuß fassen. Und vor allem fand er – zwar mit der Auflage, ihn mit Koks zu betreiben – endlich eine Verwendung für den ölbefeuerten Ofen, der wegen der Kontingentierungsmaßnahmen ansonsten nicht mehr einsetzbar gewesen wäre. Da dieser Ofen nicht so breit war wie der von Buchenwald, war es nicht möglich, die beiden Generatoren an der Rückseite anzubauen. Man beschloß also, sie an beide Seiten des Ofens zu setzen und Öffnungen in die Muffeln zu schlagen, was die Breite der Vorderfront verdoppelte.

Das war zwar nicht die optimale Lösung, doch es würde funktionieren. Der umgearbeitete Entwurf wurde auch der Bauleitung von Dachau vorgelegt. Er wurde im September angenommen und kostete die Bauleitung 2004 RM (Arbeitsleistung inbegriffen).[31] Mauthausen stimmte Anfang Oktober der Lieferung des mobilen Doppelmuffelofens und dem Bau zweier Koksgeneratoren zu.[32] Gestärkt durch diesen Erfolg, begab sich Prüfer Ende Oktober nach Mauthausen und traf dort den SS-Oberscharführer Büchner. Prüfer gelang es, Büchner zu überzeugen, und dieser bestellte bei der Topf zwei weitere Öfen: einen neuen für Gusen[33] und einen weiteren für das geplante Gebäude des Häftlingsreviers von Mauthausen[34]. Prüfer wurde für seinen Mißerfolg in Sachsenhausen entschädigt: Der Ofen Typ »Auschwitz« mit Zugverstärkung zum

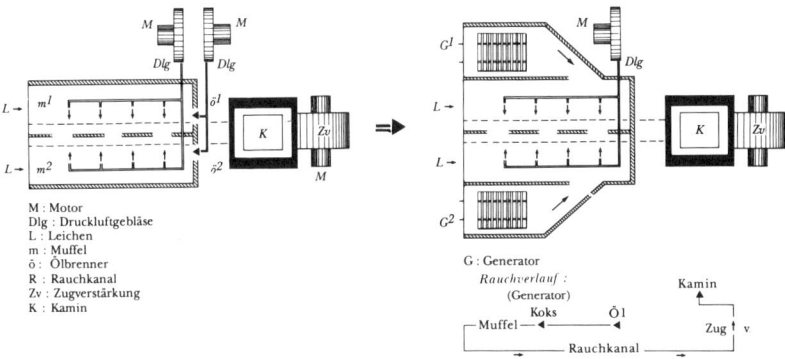

M : Motor
Dlg : Druckluftgebläse
L : Leichen
m : Muffel
ö : Ölbrenner
R : Rauchkanal
Zv : Zugverstärkung
K : Kamin

G : Generator
*Rauchverlauf :*
(Generator)
Koks          Öl
├─ Muffel ── ◄ ─────── ◄     Zug ↑ v
└──────── Rauchkanal ────────┘
Kamin

Topf-Doppelmuffelofen, ölbetrieben; in Dachau aufgestellt und später auf Koksbefeuerung umgerüstet; in Gusen (Mauthausen) direkt mit Koksbefeuerung aufgestellt.

Preis von 9003 RM wurde Büchner wärmstens empfohlen, und das um so mehr, als Anfang November die Bauleitung von Auschwitz auf Betreiben der Kommandantur und der politischen Abteilung des KL bei der Topf um umgehende Errichtung eines zweiten Ofens vom selben Typ wie der erste ersucht hatte.[35] Für Gusen erklärte sich Büchner mit dem mit Doppelmuffel ausgestatteten Typ »Auschwitz« einverstanden, behielt sich jedoch, was das Häftlingsrevier anbetraf, eine Antwort vor, da er noch nicht sicher war, ob er sich für einen Einmuffel- oder einen Doppelmuffelofen entscheiden sollte. Anfang 1941 orderte er ein Modell mit Doppelmuffel.[36] Der Erfolg des Ofens Typ »Auschwitz« machte schnell in der Firma Topf die Runde. Prüfer hatte soeben Verkaufsversprechen für zwei weitere Öfen dieses Modells bekommen, das ursprünglich nur eine Notlösung angesichts der Schwierigkeiten der Kriegszeiten gewesen, schnell geplant und in aller Eile aufgestellt worden war. Der jüngere der Topf-Brüder, Ernst-Wolfgang, bekräftigte sein Interesse für diesen Außenseiter-Markt, indem er selbst die Leitung dieses Bereichs übernahm. Er bedankte sich persönlich bei der Bauleitung von Mauthausen für die Bestellung des zweiten Doppelmuffelofens. Doch sein älterer Bruder Ludwig interessierte sich ebenfalls für diesen Markt, der ihm ab diesem Zeitpunkt bis zum Sommer 1941 unterstand.

Die Heizmittelumstellung in Dachau *(Dokument 7)* wurde im Dezember 1940 von einem Monteur der Topf, August Willing[37], vorgenommen, der sich, sobald seine Arbeit beendet war, nach Gusen begab, wo er am 26. ankam.[38] Der mobile Ofen und die für den Bau der beiden Generatoren notwendigen Materialien, die man am 12. per Bahn von Erfurt aus versandt hatte, waren bereits eingetroffen. Die laufenden Arbeiten wurden nur geringfügig durch das Fehlen von 750 kg hitzebeständiger »Monolit«-Stampfmasse beeinträchtigt, die per Eilgut von Erfurt geschickt wurden. Am 4. Februar 1941 war der Ofen von Gusen fertiggestellt, die Rechnung belief sich auf 11 035,40 RM.[39] Die Einäscherungsleistung, die nach Prüfers Berechnungen bei zwei Leichen pro Stunde[40] lag, wurde *a posteriori* durch Zeugenaussagen der Häftlinge von Gusen bestätigt: Im November 1941 wurden innerhalb von zwölf Tagen bei Dauerbetrieb des Ofens 600 Leichen verbrannt, das bedeutete zwei pro Stunde (der Ofen war zuvor wegen Reparaturarbeiten einen Monat außer Betrieb gewesen, und die zu verbrennenden Leichen hatten sich angehäuft).

# III

# Die ursprüngliche Gestaltung
# des Krematoriums I von Auschwitz

Kommandant Höß beauftragte seinen Bauleiter Schlachter, ab dem 18. Juni 1940 wöchentlich einen Bericht über den Fortgang der Bauarbeiten im Konzentrationslager abzugeben.[41] Dabei ging es ursprünglich um den Aufbau der Trinkwasserversorgung und die Verlegung der dafür erforderlichen Rohrleitungen, die Abwasserkanäle und die Trockenlegung des Bodens durch Drainage (das Gebiet um Auschwitz war sumpfig). In der Woche vom 5. bis 11. Juli wurden die Unterkünfte der SS-Wachmannschaften, in denen es vor Ungeziefer wimmelte, mit Gas ausgeräuchert.[42] Das war das erste Mal, daß in Auschwitz Zyklon B von der Firma Degesch aus Frankfurt am Main zum Einsatz kam. Geliefert hatte es der für den Osten Deutschlands zuständige Repräsentant, die Firma Tesch und Stabenow aus Hamburg. Dieses Produkt, ein Schädlingsbekämpfungsmittel, war in Metalldosen verschiedener Größen erhältlich (200 g, 500 g, 1 kg und 1,5 kg). In ihnen befand sich eine inerte, poröse Trägersubstanz, die flüssigen Cyanwasserstoff (Blausäure) absorbiert hatte und dem ein Produkt beigemengt worden war, das einen Tränen- und Niesreiz auslöste. Damit sollte jeder ungeschützte Benutzer vor dem an sich geruchlosen Cyanwasserstoff gewarnt werden; öffnet man die Dose, verdampft Cyanwasserstoff bei einer Temperatur von 27 °C.[43]

Der Bauleitung von Auschwitz, die bei ihrer Gründung sechs Mitglieder, den Chef eingeschlossen, zählte[44], wurde am 1. September als Stellvertreter von SS-Unterscharführer Schlachter Walter Urbanczyk zugewiesen, ein gebürtiger Ungar und SS-Unterscharführer der Reserve, der aus dem KL Buchenwald kam.[45] Die Tatsache, daß Urbanczyk in Thüringen gelebt hatte, konnte sich nur positiv auf die Beziehungen zwischen ihm und Prüfer auswirken. Es ist auch möglich, daß sich die beiden Männer bereits in der

Bauleitung von Buchenwald kennengelernt hatten. Ab Oktober und für die Dauer eines Jahres oblagen alle Fragen im Zusammenhang mit den Krematorien in Auschwitz Urbanczyk, der damals gerade zum SS-Oberscharführer befördert worden war.

Den zweiten Doppelmuffelofen, den das KL Auschwitz bestellt hatte, bot die Topf zum gleichen Preis wie den ersten an, also für 7753 RM, allerdings ohne Saugzug, da man davon ausging, daß der bereits vorhandene Saugzug für beide Öfen ausreichen würde.[46] Am 19. November war Prüfer vor Ort, um sich den Standort im Bunker genau anzusehen. Die Anlage war folgendermaßen geplant[47]:

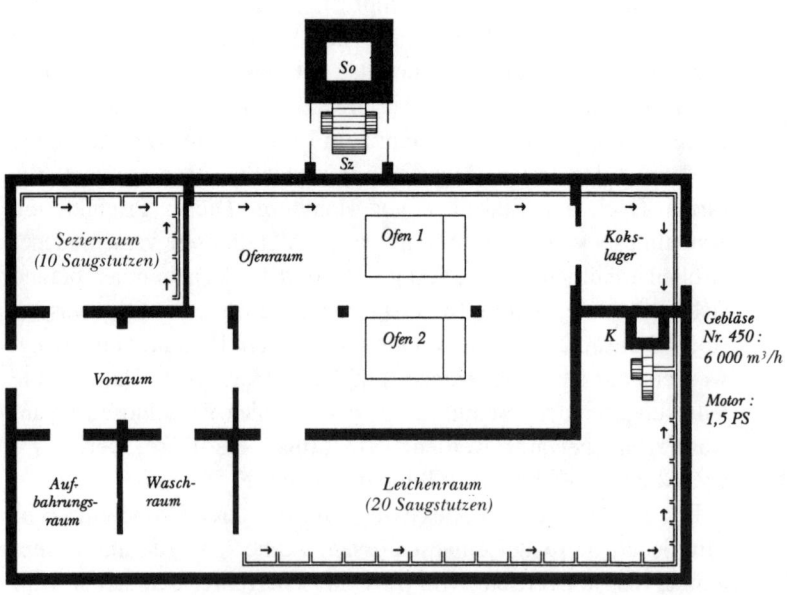

So : Schornstein    Sz : Saugzug    K : Kamin

Anordnung des Krematoriums I und voraussichtliche Anordnung der ersten Entlüftung, ausgearbeitet von Karl Schultze am 9. Dezember 1940 auf der Grundlage des Topf-Plans D. 57999 vom 30. November 1940.

Der zweite Ofen sollte parallel neben den ersten gesetzt werden. Da das Gebäude nicht belüftet war, bot Prüfer Urbanczyk die Dienste eines seiner Kollegen bei der Topf, des Ingenieurs Karl Schultze, an, der Fachmann auf diesem Gebiet war. Anfang Dezember wurde der Bauleitung ein Kostenüberschlag für die Entlüftung des Sezierraums und des Leichenraums zum Preis von 1784 RM unterbreitet. Dabei sollten mittels 10 beziehungsweise 20 Röhren, die mit einem von einem 1,5 PS starken Motor angetriebenen, an dem zehn Meter hohen, gemauerten Kamin angebrachten Gebläse Nr. 450 (Öffnung mit 45 cm Durchmesser) gekoppelt waren, 6000 m³/h abgesaugt werden.[48] Beide Räume hatten ein Volumen von 350 m³, und Schultze errechnete für ihre Entlüftung einen durchschnittlichen Koeffizienten von 17 m³/h pro m³ Raum. Dieser Entwurf wurde von der Bauleitung jedoch abgelehnt, weil sie in der Ecke des Leichenraums, die für das Gebläse und den Motor gedacht war, ein Urnenlager unterbringen wollte. Darüber hinaus sollte auch der Ofenraum entlüftet werden.[49] Es mußten also Änderungen vorgenommen werden.

Anfang Januar 1941 telegraphierte Schlachter der Topf, daß der erste Ofen Schäden aufweise:»Monolit-Rost und Trennwände« – auch Generatorverschluß – »durchgebrannt.«[50] So schnell als möglich sollte der erste Ofen repariert und der zweite aufgestellt werden.[51] Am 17. ging ein Waggon in Erfurt mit dem nötigen Material und der Schamotte für den Bau des zweiten Ofens ab. Bestückt war er mit einem Gebläse, das die Luft zuleiten sollte und das mit einem 5,5 PS starken Elektromotor gekoppelt war, sowie mit den für die Reparatur des ersten Ofens notwendigen Ersatzteilen. Die Arbeiten wurden am 20. Januar aufgenommen und waren am 22. Februar abgeschlossen.[52] Da die Topf noch keinen geänderten Entwurf für die Entlüftung des Krematoriums vorgelegt hatte, wandte sich Schlachter an die Firma Friedrich Boos in Bickendorf bei Köln, damit die für die Übergangszeit bis zum Einbau der endgültigen Anlage durch die Topf eine provisorische Entlüftung installierte. Boos baute gerade eine Sammelheizung in den Unterkünften der SS-Wachmannschaften ein und war zu jener Zeit das einzige zivile Unternehmen, das im Lager arbeitete und über die technologischen Kenntnisse und die für den Einbau erforderlichen

Materialien verfügte.[53] In der Zeit vom 23. Februar bis 1. März wurde die Anlage montiert.[54] Über ihre technischen Daten ist nichts bekannt, aber der SS-Rottenführer Perry Broad von der Politischen Abteilung hat die Außenansicht beschrieben: »[...] das dicke, winkelförmige Metallrohr [...], das aus dem Dach [des Krematoriums] herausragte und monoton brummte. [...], daß das der Exhauster war, der die Luft in der Leichenkammer wenigstens einigermaßen erträglich machen sollte.«[55] Darüber hinaus bestätigte ein Plan der Bauleitung die Aussagen Broads *(Dokument 8)*.

Am 3. Februar schickte Schultze seinen zweiten Entwurf. Der Sezier- und der Leichenraum hatten noch immer eine gemeinsame Entlüftung. In beiden Räumen verliefen in der Decke in Wandnähe Sammelrohre (eins pro Raum), die in ein am Kaminabzug angebrachtes Gebläse mit einem Ausstoß von 6000 m³/h mündeten. Von jedem dieser beiden Sammelrohre gingen mehrere perforierte Ansaugrohre ab *(siehe Skizze folg. Seite)*. Der Gesamtpreis belief sich auf 1727 RM (die Differenz von 54 RM im Vergleich zum ersten Kostenvoranschlag ist darauf zurückzuführen, daß Schultze durch die eingebrachten Veränderungen eine geringere Rohrlänge benötigte). Der Ofenraum (320 m³) wurde getrennt entlüftet, und zwar durch ein unter der Decke entlanggezogenes Rohr mit vier Ansauggittern (zwei pro Ofen), das zu einem Gebläse Nr. 300 mit einem 0,75 PS starken Motor und einer Leistung von 3000 m³/h führte, das ebenfalls mit dem Kaminabzug verbunden war. Der Preis dieser Entlüftung betrug 757 RM. Für die Heißluft legte Schultze lediglich einen Koeffizienten von 10 m³/h pro zu entlüftendem m³ zugrunde. Die Topf begründete diese Trennung der Luftströme damit, daß auf diese Weise »die warme Luft nicht in den Leichenaufbewahrungsraum eintreten kann«.[56] Tatsächlich war aber Schultzes neues Konzept ganz einfach: anstatt seinen Entwurf komplett zu überarbeiten, fügte er lediglich dem ersten einen zweiten hinzu, um auf diese Weise den jüngsten gewünschten Spezifizierungen gerecht zu werden. Es sollte künftig zur Regel werden, daß man sich beim Einbau der Lüftungen in die zukünftigen Krematorien von Birkenau immer wieder auf bereits vorhandene Pläne bezog. Am 15. Februar lehnte die Bauleitung auch diesen Entwurf ab und verlangte, daß die abgesaugte Luft nicht

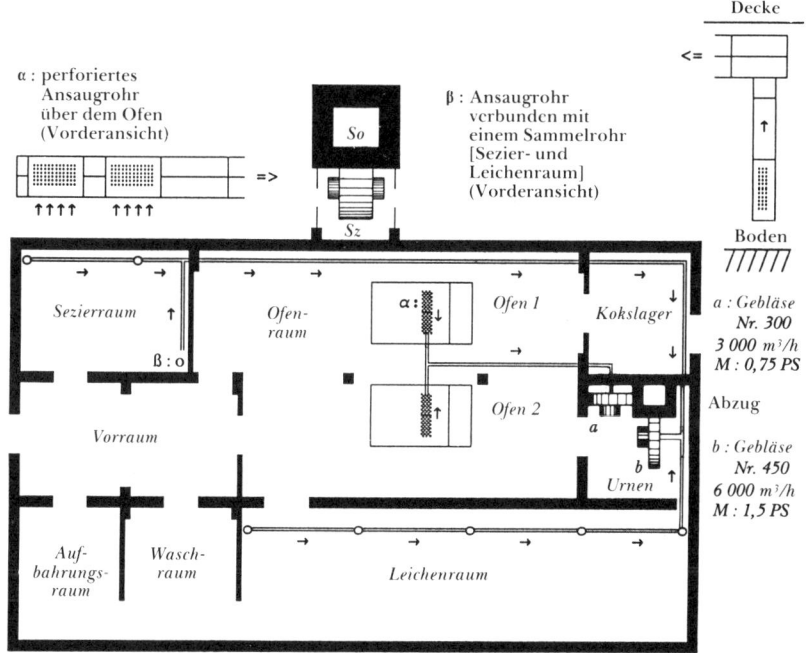

Voraussichtliche Anordnung der Entlüftung des Krematoriums I: Zweiter Entwurf, ausgearbeitet von Schultze am 3. Februar 1941 auf der Grundlage des Topf-Plans D. 57999 vom 30. November 1940.

mehr durch einen separaten Kamin abgeleitet werde, sondern durch den Rauchabzug des Ofenraums.[57]

Am 24. Februar war der dritte Entwurf fertiggestellt.[58] Die Entlüftung des Leichenraums änderte sich nicht; es blieb bei den fünf vertikalen Ansaugrohren, die von einem horizontal verlaufenden Sammelrohr abgingen, das zum Kamin des Ofenraums führte. Die Entlüftung des Sezierraums wurde durch zwei Gitter mit Jalousie-Klappenverschluß ersetzt. Oberhalb der Öfen verlief ein Rohr mit vier Öffnungen. Die drei Sammelrohre mündeten im Ofenraum in ein Gebläse Nr. 550, gekoppelt mit einem 3-PS-Motor und einer Leistung von 8300 m³/h, das die Luftströme in den Schornstein der Öfen pumpte. Die Materialkosten beliefen sich auf 1884 RM und die Montagekosten auf 596 RM. Dieser Entwurf wurde am 15. März von Urbanczyk akzeptiert.[59] Er forderte die Topf auf, diese Anlage in kürzester Zeit herzustellen und zu liefern. Die Topf veranschlagte in diesem Fall sechs Monate, voraussichtlicher Liefertermin war also der 15. August.[60]

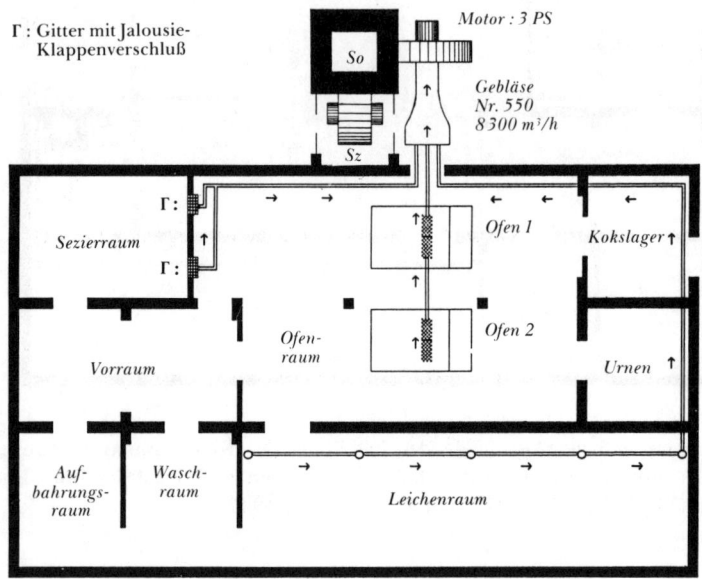

Anordnung der Entlüftung des Krematoriums I: Dritter Entwurf, ausgearbeitet von Schultze am 21. Februar 1941 anhand des Topf-Plans D. 58052.

# IV

# Die »Siedlung« Auschwitz
# und ihre Folgen

Für Sonnabend, den 1. März 1941 hatte der Reichsführer SS
Himmler folgendes Programm vorgesehen: »Start Flughafen Tem-
pelhof 11 Uhr; Ankunft in Gleiwitz um circa 13 Uhr; 13 Uhr bis
14 Uhr, Mittagessen in Gleiwitz; um circa 14 Uhr, Abfahrt mit
Kraftwagen nach Auschwitz; um circa 16 Uhr, Eintreffen in
Auschwitz; anschließend Besichtigung des KL Auschwitz; um
17.30 Uhr, Abfahrt (wiederum im Kraftwagen) nach Breslau; um
21 Uhr, Eintreffen in Breslau; anschließend Abendeinladung bei
SS-Gruppenführer von der Bach anläßlich dessen Geburtstags;
Übernachtung im Hotel Monopol.«[61]

Während dieser ersten eineinhalbstündigen Inspektion des Lagers
Auschwitz beschloß Himmler folgendes: Ausweitung des Lagers
zur Aufnahme von 30 000 Häftlingen; Einrichtung eines Lagers für
100 000 Kriegsgefangene in Birkenau; Bereitstellung von 10 000
Häftlingen für die I. G. Farben zur Errichtung einer Industriezone
in Dwory (Randbezirk von Auschwitz), genannt »die Buna«, wo
Methanol (als Benzinersatz) und künstlicher Kautschuk (Buna)
hergestellt werden sollten; Aufwertung des »Interessen-Gebiets«
des Lagers in landwirtschaftlicher Hinsicht; Ausbau der Lager-
werkstätten (u. a. für die Deutsche Ausrüstungswerke, DAW, die
in Auschwitz eine Schlosserei und eine Schreinerei unterhielten, in
denen rund 600 Häftlinge arbeiteten). Der Reichsführer SS kündigte an, daß in der Nähe des Lagers eine Rüstungsfabrik eingerichtet werden sollte, in der auch die Häftlinge einen Beitrag zu den
Kriegsanstrengungen leisten sollten. Später war die Ansiedlung
einer Fabrik zur Produktion von 3,7-cm-Flugabwehrkanonen in
Auschwitz vorgesehen, in der 6000 Häftlinge beschäftigt werden
sollten.[62] (Letztendlich gelang es Himmler nur, die Firma Friedrich
Krupp AG für dieses Vorhaben zu gewinnen, die dort Flugzeug-

teile und Granatzünder herstellen sollte. Im Oktober 1943, kurz nach Fertigstellung, wurde die Fabrik von den Weichsel-Union-Metallwerken übernommen.)

Bei dem von Himmler vorgelegten (Arbeits-)Plan waren lediglich die 30 000 künftigen Häftlinge vorgesehen. Die 100 000 Kriegsgefangenen sollten aber nicht in Birkenau interniert werden, um dort zu »faulenzen«, sondern als Hilfskräfte für die künftige »Siedlung« Auschwitz eingesetzt werden. Dabei handelte es sich um ein ehrgeiziges Vorhaben zur vollständigen ›Germanisierung‹ der Stadt und ihrer Umgebung, zur Schaffung einer Mustersiedlung und Keimzelle für andere deutsche Siedlungen im Osten. Am 30. März setzte der Breslauer Architekt Hans Stosberg einen Bericht über die künftige Aufteilung des Gebiets Auschwitz auf, das er in vier Zonen aufteilte: die Altstadt mit dem Schloß, die östliche Zone mit dem Industriekomplex der I. G. Farben und der dazugehörigen Arbeitersiedlung, die westliche Zone, zu der der Bahnhof, eine Eisenbahnersiedlung und verschiedene Unternehmen gehörten und im Süden das KL Auschwitz mit seinem »Interessen-Gebiet« und der SS-Siedlung. Stosberg wurde mit der Anlage der drei zivilen Zonen beauftragt, die die Stadt Auschwitz im eigentlichen Sinne ausmachten. Eine Grenze, deren Verlauf erbittert diskutiert wurde, trennte die Zivilisten strikt von den SS-Leuten. Im letzten Quartal des Jahres 1942 zeichnete Stosberg rund zwanzig Pläne und Ansichten der künftigen Musterstadt.[63] Die Bauleitung ihrerseits plante unterdessen unter der Führung von Werkmann, einem Architekten des SS-HHB, der im April 1941 aus Berlin abgestellt worden war, die SS-Siedlung. Doch es wurden nur die Pläne (und die wichtigsten dazugehörigen Kostenvoranschläge) für die imposante neue Kommandantur und die angrenzenden Wohnungen fertiggestellt.[64] Die Niederlage von Stalingrad im Januar 1943 beendete die Arbeit von Stosberg und Werkmann.

Als der zweite Ofen des Krematoriums in Betrieb genommen wurde, stellte man fest, daß er aufgrund mangelnden Zuges sehr schlecht funktionierte. Am 2. April 1941 informierte Schlachter die Topf davon und verlangte einen Monteur, der Abhilfe schaffen sollte.[65] Doch es war niemand abkömmlich. Die Topf riet daher, es mit den Regulierschiebern der unterirdischen Rauchkanäle zu versuchen, die zu jedem der Öfen gehörten. Durch das Schließen der Schieber des ersten Ofens und das Öffnen der des zweiten sollte die Zugstärke verbessert werden.[66] Doch die Bauleitung war nicht zu Versuchen bereit und ließ statt dessen den Kamin des Krematoriums auf 20 Meter aufstocken, wodurch wieder ein guter Abzug gewährleistet war *(siehe Dokument 8: Plan der Bauleitung Nr. 1434 vom 03.08.42)*.

Die Baracke, in der die SS der Politischen Abteilung des Lagers ihre Verhöre durchführte, lag gleich hinter dem Krematorium. Um dorthin zu gelangen, benutzten die SS-Leute die Außentür des Kokslagers. Diese Nähe schuf Bindungen. Der SS-Untersturmführer Maximilian Grabner, Chef der Politischen Abteilung, sah das Krematorium als seinen Arbeitsplatz an. Im Leichenraum erschossen Grabner und seine Leute durch Genickschuß jene Zivilisten, die in den ein- oder zweimal monatlich im Lager Auschwitz stattfindenden Schnellverfahren der Gestapo zum Tode verurteilt worden waren. Doch ab Juni 1941 war die ›Arbeit‹ im Leichenraum nicht mehr so angenehm wie zuvor. Wenn beide Öfen in Betrieb waren – und das war jetzt fast täglich der Fall –, entwickelte sich eine so starke Hitze, daß durch das Einschalten der Entlüftung die heiße Luft vom Ofenraum in den Leichenraum geleitet wurde, was genau das Gegenteil des erwünschten Effekts auslöste. Um dies zu verhindern, mußte man die Entlüftungsklappen des Leichenraums schließen, der somit keine Lüftung mehr hatte. Wenn dann noch die Sommerhitze dazukam, war es fast nicht mehr möglich, sich dort aufzuhalten, da die Luft von gefährlichen Ausdünstungen erfüllt war und Fliegen, und damit Krankheitsüberträger, angezogen wurden. Grabner meldete diesen »Skandal« der Bauleitung und forderte »im Interesse der Allgemeinheit«, Lüftungen mit einem Gebläse (Belüftung) und einem zweiten, das Luft ansaugte (Entlüftung), in den Leichenraum einbauen zu lassen. Der angesaugte Luftstrom sollte dann in den Schornstein der Öfen geleitet werden (eine Lösung, die man bereits ins Auge gefaßt hatte).[67]

Diese düstere Episode ist von größter Bedeutung. Sie beweist, daß Grabner, indem er seinen Dienstgrad als SS-Führer und die Angst, die seine Abteilung bei den SS-Unterführern der Bauleitung auslöste, ausnutzte, in die Belange des Krematoriums I eingriff.

Sie belegt, daß in dem Leichenraum, da er mechanisch entlüftet wurde, Tötungen mittels Giftgas vorgenommen werden konnten. Dies wird hier zum erstenmal deutlich, da man vorhatte, einen Leichenraum nicht nur zu ent-, sondern auch zu belüften.

Da die Einäscherungen, laut Grabners Bericht, immer schneller aufeinanderfolgten, entstanden schon bald Schäden am Schornstein: das Mauerwerk zeigte Risse. Vom 23. bis 28. Juni wurde das Krematorium außer Betrieb gesetzt, denn so lange benötigte man, um die Risse auszubessern – was zumindest eine Verschlimmerung des Zustands verhindern sollte – und den Schornstein mit Eisenbändern zu beringen.[68]

Im August 1941 wurde die sommerliche Ruhe der Ingenieure der Firma Topf gestört. In der Erfurter Fabrik lagen folgende Geschäftsabschlüsse mit den Konzentrationslagern vor: die Entlüftung für das Krematorium Auschwitz war beinahe fertiggestellt; was die beiden zusätzlichen Öfen für Mauthausen betraf, so waren die Schamotte-Materialien für den ersten bereits geliefert und die Eisen-Metallteile lagen zum Versand bereit. Für den zweiten war die »Monolit«-Stampfmasse eingetroffen, die Schamottesteine sollten bald folgen, doch die Eisenteile waren noch nicht verschickt worden, da die Firma soeben erst die Freigabescheine für das erforderliche Eisen (wegen der Rationierung von Metallen) erhalten hatte. Zu diesem Zeitpunkt ging bei der Topf ein Schreiben vom SS-Obersturmführer Naumann ein, der seit Ende Mai neuer Bauleiter von Mauthausen war. Er erklärte, daß seinem Vorgänger ein großer Fehler unterlaufen sei, erkundigte sich nach der genauen Anzahl der bestellten Doppelmuffelöfen *(sic)* und stornierte sogleich die Bestellung für Gusen. Er wollte nur die bereits gelieferten hitzebeständigen Materialien bezahlen. In Erfurt herrschte vollkommene Verwunderung. Prüfer telefonierte mit Naumann. Doch die beiden konnten sich nicht einigen, und der SS-Mann hängte ein. Am 28. bestätigte er noch einmal die Stornierung des Auftrags für Gusen und entschuldigte sich im Namen seiner Abteilung bei der Topf! Naumann war offensichtlich kein ›normaler‹ SS-Mann, denn ein richtiger SS-Mann entschuldigte sich nie, wie auch immer er sich benommen haben mochte. Anfang September akzeptierte die Topf die Stornierung des für Gusen bestellten Ofens und for-

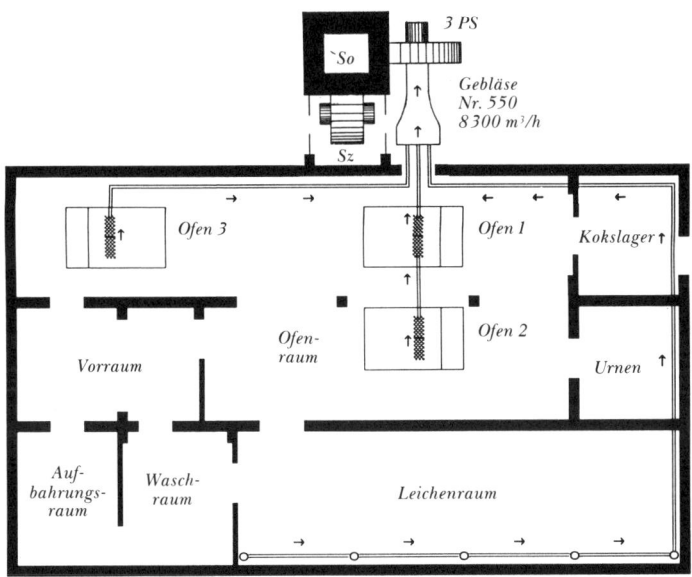

Voraussichtliche Anordnung der endgültigen Entlüftung für das Krematorium I: Vierte Studie von Schultze vom September 1941 anhand der Topf-Pläne D. 58 052 vom 24. Februar und D. 59 042 vom 25. September 1941.

derte bei Naumann drei Eisenbahn-Frachtbriefe für die Lieferung des Ofens nach Mauthausen an.[69]

Am 16. September informierte Urbanczyk Prüfer telefonisch davon, daß die Einrichtung eines dritten Doppelmuffelofens im Krematorium von Auschwitz dringend erforderlich sei. In dem Telegramm, das den Auftrag bestätigte, wurde darauf hingewiesen, daß der Ofen entlüftbar sein müsse, und man bat um Prüfers sofortige Anreise.[70] Dieser Auftrag bereitete dem Ingenieur größte Freude, denn auf diese Weise konnte er seinen in Gusen abgelehnten Ofen nach Auschwitz verkaufen. Sein Kollege Schultze hingegen war alles andere als erfreut. Zum viertenmal mußte er die Belüftungsanlage des Krematoriums abändern, denn der dritte Ofen sollte dort aufgestellt werden, wo früher der Sezierraum gewesen war. Am 24. begab sich Prüfer selbst nach Auschwitz oder nahm telefonisch

Kontakt auf. Urbanczyk erteilte ihm einen festen Auftrag in Höhe von 7332 RM für einen dritten Doppelmuffelofen, der – dies bot die Topf als Neuerung an – mit leistungsfähigeren Koksgeneratoren ausgestattet sein sollte.[71]

Oft kommt eine gute Nachricht nicht allein. Ebenfalls am 24. fragte Naumann höflichst an, ob man ihm einen Polier schicken könne, um den Ofen in Gusen zu reparieren, der nicht mehr funktionierte. August Willing, der den Ofen aufgestellt hatte, setzte ihn vom 11. Oktober bis zum 10. November instand. Doch jetzt beging Prüfer, der sein Glück erzwingen wollte, einen entscheidenden Fehler. Naumanns Stornierung hatte ihn sehr verärgert. Er nutzte seine Beziehungen zum SS-HHB und intrigierte so geschickt, daß Naumann am 16. Oktober einen Anruf von einem gewissen Heider, SS-Oberscharführer aus Berlin, erhielt, der ihm befahl, sofort einen Doppelmuffelofen, Modell »Auschwitz«, bei der Topf zu bestellen. Naumann gehorchte, doch Prüfer war zu weit gegangen. Ab jetzt wurde seitens der Bauleitung von Mauthausen ein unterschwelliger Kampf gegen die Topf geführt, um den aufgezwungenen Geschäftsabschluß zu hintertreiben. Durch die Zusendung wertloser Frachtbriefe (mit Speermarken III)[72], dank einer klugen verwaltungstechnischen Verzögerung und eines Versandirrtums, der zu Lasten der Topf ging, sowie durch die Hilfe eines unvorhergesehenen Brands (wahrscheinlich verursacht durch einen Bombenangriff der Alliierten im August 1942 auf den Eisenbahnwaggon, der das hitzebeständige Material enthielt), gelangten sämtliche für die beiden Öfen notwendigen Teile erst Mitte Januar 1943 nach Gusen, denn Mauthausen hatte es abgelehnt, Materialien der Firma Topf zu lagern. Als die Topf sich nach Daten für die Anreise von ein oder zwei Polieren erkundigte, die den Ofen aufstellen sollten, wurde ihnen am 19. Januar kurz und bündig mitgeteilt, daß eine Montage nicht geplant sei.[73]

# V
# Das neue Krematorium
# im Stammlager Auschwitz

Rudolf Höß, seit 30. Januar 1941 SS-Sturmbannführer, war mit
dem angeordneten Ausbau des Lagers Auschwitz (dem späteren
Stammlager) überlastet und konnte sich deshalb nicht noch zusätzlich mit dem Aufbau des Kriegsgefangenenlagers (KGL) in Birkenau befassen. Im SS-HHB war man sich dessen bewußt. Der
Chef der Abteilung II (Bauten), SS-Oberführer Hans Kammler,
berief einen seiner Schützlinge an die Spitze der Sonderbauleitung
für den Aufbau eines KGL. Der SS-Hauptsturmführer Karl Bischoff trat diesen Posten am 1. Oktober 1941 an. Bischoff war seit
1935 als Zivilist im Hauptamt Verwaltung für Bauten der Luftwaffe tätig. Ende 1940 und während des Jahres 1941 war er im
Norden Frankreichs und in Belgien maßgeblich an der Einrichtung
der Flugplätze beteiligt gewesen, von denen aus die Luftangriffe
gegen England geflogen wurden. Kammler, der von 1936 bis 1941
Bischoffs Vorgesetzter im Ministerium für Luftfahrt gewesen war,
wußte, daß er sich auf ihn verlassen konnte. Als Kammler im Juni
1941 Generalreferatsleiter-SS wurde, holte er seinen ehemaligen
Untergebenen nach und bot ihm eine Blitzkarriere an. Bischoff war
nicht mehr so jung, und seine Berufsaussichten in der zivilen
Wirtschaft schienen recht unsicher. Jetzt sollte er, sozusagen über
Nacht, zum SS-Hauptsturmführer ernannt und noch dazu unabhängig werden. Wer hätte ein solches Angebot ausgeschlagen?[74]
    Der erste Plan für das zukünftige KGL wurde am 7. Oktober
entworfen. Es bestand aus drei Sektoren: einem Quarantänelager
und den Wohnlagern I und II. In den zweiten Plan vom 14. Oktober
war eine Eisenbahnlinie mit zwei Nebengleisen zwischen dem
Quarantänelager und Lager I aufgenommen worden.[75] Schon am
11. hatte man in einem Telegramm an die Topf dringend um
Prüfers Besuch wegen des Baus eines neuen Krematoriums gebe-

ten[76], denn als Himmler im März Auschwitz inspiziert hatte, enthielt das Krematorium, das für eine Lagerbelegung von ungefähr 10 000 Häftlingen vorgesehen war, nur zwei Topf-Doppelmuffelöfen. Nun war nach den letzten Direktiven Himmlers aber die Belegung von KL und KGL von 130 000 (30 000 und 100 000), wie ursprünglich vorgesehen, auf 155 000 gestiegen. Eine weitere Krematoriumsstätte war erforderlich.

Prüfer traf am 21. Oktober um 9 Uhr morgens ein[77], und am gleichen Tag waren in Erfurt die Teile des dritten Ofens als Eilgut (mit einem Frachtbrief und Speermarken 0 versehen) per Bahn verschickt worden (sie trafen am 30. ein).[78] Die Unterredungen zwischen Prüfer und Bischoff dauerten zwei Tage an. Es scheint das erstemal gewesen zu sein, daß der Ingenieur direkt mit einem Verantwortlichen der SS verhandelte und nicht, wie sonst üblich, mit Untergebenen, die als Vermittler fungierten. Urbanczyk nahm wahrscheinlich an den ersten Gesprächen teil, um Prüfer im Bedarfsfall zu helfen. Doch schon bald war seine Anwesenheit nicht mehr erforderlich. Denn es war klar, daß Bischoff und Prüfer gut miteinander auskommen würden. Die Männer, beide ehemalige Soldaten des Ersten Weltkriegs, kamen aus der Baubranche und hatten, da sie tatkräftig und zielstrebig waren, den beruflichen Aufstieg aus eigener Kraft geschafft. Sie verstanden sich auf Anhieb. Dann unterbreitete Bischoff ihm sein Problem: Für wieviele Einäscherungsöfen und für welche Modelle sollte er sich angesichts der 125 000 sowjetischen Gefangenen, die nach Birkenau verlegt werden sollten, entscheiden? Niemals zuvor hatte Prüfer ein derartiges Problem lösen müssen. Dennoch war er brillant und erfinderisch. Er überzeugte Bischoff davon, statt einfach weitere Einmuffelöfen in einem Krematorium nebeneinander aufzustellen – dies hätte ihm die Konkurrenz als Lösung vorgeschlagen und so geschah es später in anderen Lagern –, mehrere Einäscherungsmuffeln in einem einzigen Ofen unterzubringen. Dies schien ihm die ideale Lösung, denn auf diese Art wurde dieselbe Leistung, jedoch zu einem günstigeren Preis als bei den Mitbewerbern erbracht. Außerdem müßte man nicht mehrere Gebäude konzipieren, um alle Öfen unterbringen zu können, oder ein einziges von gigantischen Ausmaßen planen, vielmehr würde für das Modell mit mehreren

Muffeln ein Gebäude von normaler Größe ausreichen. Prüfer, der von einer Kammer pro 8000 Gefangene ausging, kam zu dem Schluß, daß 15 oder 16 genügen müßten. Er entschied sich dafür, sie auf fünf Öfen zu je drei Muffeln zu verteilen, die alle an einen gemeinsamen Kamin angeschlossen werden sollten. Diese Erweiterung schien ihm technisch durchführbar zu sein, zumal es sich um eine einleuchtende Weiterentwicklung seines Doppelmuffelofens handelte.

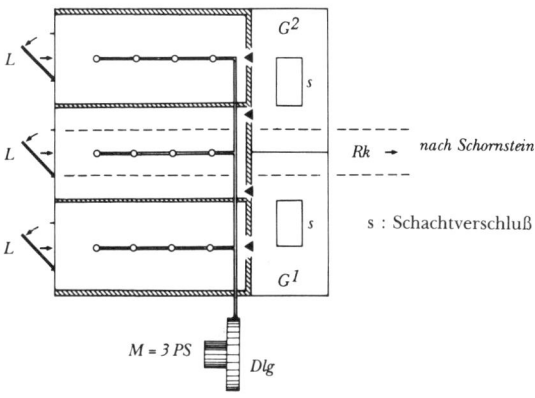

Topf-Dreimuffelofen, in Buchenwald (zwei Einheiten) und in Birkenau (zehn Einheiten) installiert.

Im ersten Augenblick und ohne vorherige Berechnungen wagte er es nicht, einen Ofen mit vier Muffeln vorzuschlagen. Nachdem der Ofenraum festgelegt war, ordnete Prüfer um ihn herum die anderen Bereiche des Krematoriums an: das Kokslager, den Waschraum und den Aufbahrungsraum, den Sezierraum (den der Lagerarzt verlangt hatte, den er aber später wegen des dritten Ofens wieder abtreten mußte); in einem in der Mitte gelegenen Anbau waren schließlich ein Müllverbrennungsofen untergebracht sowie die beiden Saugzüge (einer für drei Öfen), jeweils mit einer Extraktionsleistung von 10 000 m³/h, die an einen Kamin mit zwei Abzügen angeschlossen waren. Im Kellergeschoß befanden sich zwei große Leichenräume (der eine für die Aufbewahrung der Körper der ›frisch‹ Verstorbenen, der andere für die Leichen, die eingeäschert werden sollten), die vom Ofenraum aus mit einem Aufzug zu erreichen waren.[79] Die Entlüftung des Ofenraums, des Sezierraums und der zwei Leichenkeller sollte von Schultze ausgearbeitet werden.[80] Urbanczyk erinnerte an Grabners Wunsch, der die Verurteilten nicht in einem stinkenden Leichenraum niederschießen wollte. Einer der beiden Leichenkeller wurde also zusätzlich zu seiner Entlüftung noch mit einer Belüftung ausgestattet. Schließlich übergab Prüfer Bischoff zwei detaillierte Pläne (Unter- und Erdgeschoß) für eine Anlage, mit der man, seinen Berechnungen zufolge, 60 Leichen pro Stunde einäschern konnte: bei zwei Leichen je Muffel in einer halben Stunde wären das 1440 Leichen in 24 Stunden.[81] Da das Gebäude mit seinen Maßen von 55 bis 60 m auf 12 m nicht allzu groß ausfiel, beschloß Bischoff, es ins Lager Auschwitz zu integrieren, und zwar hinter dem bereits existierenden Krematorium und gegenüber dem SS-Verwaltungsgebäude.[82]

Der 21. und der 22. Oktober 1941 waren zwei entscheidende Tage in der Geschichte von Auschwitz-Birkenau: Prüfer und Bischoff hatten zwar soeben ein Krematorium mit einer außergewöhnlichen Einäscherungsleistung geplant, die sich durch den unmittelbar bevorstehenden Bau des KGL ergeben hatte, aber weder der Zivilist noch der SS-Mann waren sich darüber im klaren, daß sie eine grauenvolle Anlage ersonnen hatten, die täglich mit eintausend Leichen gefüttert werden mußte. Wenn das neue Krematorium Tag und Nacht in Betrieb wäre, könnte man damit theoretisch die gesamte Belegung des KGL innerhalb von drei bis vier Monaten einäschern. Dies war dem SS-HHB bekannt, und dadurch kam Auschwitz eine Sonderstellung bei der Suche nach einem geeigneten Ort für die »Endlösung« der »Judenfrage« zu.

Der SS-Rottenführer Walter Dejaco, ein österreichischer Architekt, der zum SS-HHB gehörte, war bereits in Auschwitz gewesen und mit Bischoff dorthin zurückgekehrt, nachdem man ihm eine rasche Beförderung versprochen hatte. Ihm nun war die Leitung der Planungsabteilung der Bauleitung übertragen worden.[83] Gleich am 24. Oktober hatte er in dieser Funktion auf der Grundlage von

34

Prüfers Rohentwürfen zwei Baupläne für das zukünftige Krematorium erstellt. Der eine zeigte die Fassade vom Lager aus gesehen und der andere das Erdgeschoß. Beide wurden beim SS-HHB eingereicht. Dejaco gab die Maße der Leichenkeller wie folgt an: für den »B. Keller« (B[elüfteter] Keller) waren 7 m auf 30 m vorgesehen und für den »L. Keller« (L[eichen]-Keller) 8 m auf 60 m *(Dokument 9)*. In Berlin wurden im November vom Architekten Werkmann zwei weitere Pläne für das Krematorium angefertigt. Im Vergleich zu Dejaco gestaltete er das Gebäude symmetrischer, verbesserte die Anordnung des Wasch-, Aufbahrungs- und Sezierraums und entwarf eine Leichenrutsche, die den Transport der Leichen vom Erdgeschoß in den Keller erleichterte. Der Schornstein sollte seitlich angebaut werden. Für die Leichenräume, die Werkmann alle beide als »L. Keller« bezeichnete, machte er keine Längenangaben *(Dokumente 10 und 11)*. Werkmanns Entwurf war durchdachter als der von Dejaco. Seine Baupläne, die von Kammler genehmigt und abgezeichnet waren, wurden am 20. November an die Bauleitung von Auschwitz geschickt.

Am 4. November machte die Topf einen Kostenvoranschlag für das neue Krematorium. Im Vergleich zum Doppelmuffelofen waren die Kammern bei dem Dreimuffelofen größer, um »eine größere Leistung« zu erzielen. Aus dem gleichen Grund wurde die Anzahl der Saugzüge von zwei auf drei (einer für zwei Öfen) erhöht und ihre Extraktionsleistung einheitlich auf 40000 m³/h (120000 m³/h insgesamt) gesteigert, um die Menge des Brenngases zu erhöhen und so einen zusätzlichen Brennstoffverbrauch bei der Einäscherung von »gefrorenen« Leichnamen zu vermeiden. Ernst-Wolfgang Topf, der den Kostenvoranschlag unterzeichnete, sicherte der Bauleitung »die Erstellung einer sachgemäßen und gut arbeitenden Anlage« zu.[84] Der Dreimuffelofen kostete 6378 RM, der Müllverbrennungsofen 4474 RM. Der Geschäftsabschluß belief sich insgesamt auf eine Summe von 51237 RM. Der Bau der unterirdischen Rauchkanäle bis hin zum Schornstein war in diesem Preis inbegriffen, aber nicht der Bau des Sammel-Schornsteins für die drei Abzüge.[85]

Für die Lüftung des Krematoriums wurde von der Topf, und zwar von Schultze, ein gesonderter Kostenvoranschlag in Höhe von 7795 RM eingereicht. Schultze sah pro $m^3$ eines zu belüftenden Raumes eine Entlüftungskapazität von 10 $m^3$/h vor. Die Lüftungen (die auf Dejacos Entwurf eingezeichnet waren), verteilten sich wie folgt:

– Belüftung des »B-Kellers« (483 $m^3$): 4800 $m^3$/h durch ein Gebläse Nr. 450 mit einem 2 PS starken Elektromotor (die Nr. des Gebläses gibt in mm den Durchmesser des Zuleitungsrohres an und damit die Luftmenge, die es aufnehmen kann. Folglich gehörte das Gebläse Nr. 450 zu einem Rohr von 450 mm oder 45 cm Durchmesser).

– Entlüftung des »B-Kellers« (483 $m^3$): 4800 $m^3$/h durch ein Gebläse Nr. 450 mit einem 2 PS starken Elektromotor.

– Entlüftung des »L-Kellers« (966 $m^3$): 10000 $m^3$/h durch ein Gebläse Nr. 550 mit einem 5,5 PS starken Elektromotor.

– Entlüftung des Ofenraums (1031 $m^3$): 10000 $m^3$/h durch ein Gebläse Nr. 550 mit einem 3,5 PS starken Elektromotor.

– Entlüftung des Sezier-, des Aufbahrungs- und des Waschraums (300 $m^3$): 3000 $m^3$/h durch ein Gebläse Nr. 375 mit einem 1 PS starken Elektromotor.[86]

Prüfer, der auf die neue Freundschaft baute, bat Bischoff um dessen Unterstützung, da er seinem Chef, der sich in einer schwierigen Lage befand, helfen wollte. Der ältere der beiden Firmeninhaber, der ledige Ludwig Topf, war im Sommer 1941 als »Bausoldat« in ein »Bau-Ersatz-Bataillon« nach Langensalza einberufen worden. Diese Abkommandierung bewies, daß die Brüder Topf Ende April 1933 aus rein formalen Gründen in die NSDAP eingetreten waren, nämlich um damit zu verhindern, daß ihr Unternehmen, das damals vor dem Konkurs stand, den Nazis in die Hände fiel. Und da Ludwig Topf keine guten Beziehungen zur Parteispitze hatte, befand er sich – ein Mann in den Vierzigern und Direktor eines Unternehmens, das kurz vor Kriegsbeginn fast tausend Angestellte zählte – jetzt als einfacher Soldat in einem unbedeutenden Lager-Bataillon in Thüringen. Die Belegschaft der Firma fühlte mit ihm, denn Ludwig war ein liebenswürdiger Mensch, der seine Grenzen kannte. Ganz im Gegensatz zu seinem verheirateten jüngeren Bruder, der aggressiv, eitel und besonders streng war. Prüfer bat Bischoff, bei den zuständigen Behörden einen dreiwöchigen Sonderurlaub für seinen Chef zu erwirken. Er behauptete, Ludwig habe den Dreimuffelofen überarbeitet und der Bau des neuen Krematoriums sei ohne ihn nicht möglich. Das war natürlich eine glatte Lüge, denn der einzige Spezialist war Prüfer. Im Laufe des Monats November veranlaßten Urbanczyk und Bischoff das Notwendige. Ludwig Topf bekam seinen Sonderurlaub im Dezember[87], und es gelang ihm im Anschluß daran, sich von seinen soldatischen Verpflichtungen freistellen zu lassen, wahrscheinlich dank der SS-Männer von Auschwitz. Doch die Tatsache, daß er ihnen zu Dank verpflichtet war, brachte Ludwig in eine Zwangslage und wurde für ihn zu einer tödlichen Falle, wie die kommenden Ereignisse zeigen werden.

# VI

# Der Mogilew-Vertrag und die ersten Tötungen durch Giftgas in Auschwitz

Prüfers Ruf als ›Hexenmeister‹ der Einäscherung kam – dank Bischoff – auch den Verantwortlichen des SS-HHB zu Ohren. Statt nur zu den Amtsstuben bekam Prüfer jetzt endlich auch Zutritt zu den höheren Etagen. Mitte November 1941 wurde er vom SS-Sturmbannführer Wirtz, der für die technischen Aufgaben der Abteilung II verantwortlich war, nach Berlin bestellt. Die beiden hatten eine lange Unterredung. Man beschloß, innerhalb des SS-HHB eine Stelle einzurichten, die ausschließlich für die Krematorien zuständig sein sollte. Diese Aufgabe wurde einem Fachmann, dem SS-Unterscharführer Wittwer anvertraut. Mehr schrieb Prüfer nicht in dem – wahrscheinlich einzigen – privaten Brief an Bischoff.[88] Doch in Wirklichkeit hatte man Prüfer soeben eine unglaubliche Anfrage unterbreitet, die ihn zu den schönsten wirtschaftlichen Hoffnungen berechtigte: es ging um den Bau einer riesigen Einäscherungsanlage in Mogilew in Rußland.[89] Prüfer informierte Bischoff nicht sogleich von diesem Angebot, da man ihm auferlegt hatte, hinsichtlich dieses Projekts Stillschweigen zu wahren. Der SS-Mann Wirtz hatte dem Zivilisten Prüfer eine militärische, also streng vertrauliche Information weitergegeben: eine Fleckfieberepidemie war im Sommer 1941 bei der Wehrmacht in Rußland ausgebrochen und dauerte bis zum nämlichen Tag an. Von den annähernd 10 000 Soldaten der betroffenen Militäreinheiten waren schon über eintausend an dieser Krankheit gestorben.[90] Und das war angesichts der normalen Sterblichkeitsrate, die bei dieser Krankheit um 30% lag, noch ein geringer Prozentsatz, der allein der deutschen Hygiene zu verdanken war. Fleckfieber wird durch eine Rickettsia ausgelöst und durch Kleiderläuse übertragen. Besonders anfällig für diese Krankheit sind erschöpfte und unterernährte Menschen, und sie verbreitet sich vorwiegend in Kriegszeiten. Die trüben Erinnerungen an die Epidemien während des Rückzugs der napoleonischen Armee im Jahr 1812 versetzten den deutschen Generalstab in Angst und Schrecken. Doch die Schwierigkeiten lagen anderswo, nämlich bei den sowjetischen Zivilisten und Kriegsgefangenen. Auch wenn die Deutschen sich schon seit geraumer Zeit von der Läuseplage befreit hatten, so war sie bei den Völkern des Ostens noch sehr verbreitet. Schon nach dem Polenfeldzug war das Fleckfieber Ende 1939 in bestimmten Teilen des Landes wieder ausgebrochen. Die für das Generalgouvernement Verantwortlichen behaupteten, Millionen von Polen gegen Fleckfieber geimpft zu haben. Doch das war reine Propaganda.[91] Das einzige Mittel, das sich sofort als wirksam erwiesen hatte, war die Umsiedlung einer halben Million Menschen aus den betroffenen Gebieten gewesen.[92] Auf lange Sicht sollten Entlausungsanlagen in den Großstädten eingerichtet werden.[93] Dann drangen die deutschen Truppen in die Sowjetunion vor. Wieder Schrecken, Elend, Schmutz und Hungersnot. Im Sommer 1941 traten einhundertfünfzigtausend Typhusfälle auf.[94] Das Sanitätswesen des Reichs war überlastet, die Militärärzte beklagten sich: die Entlausungsaktionen waren zu spät vorgenommen worden, die Impfungen ungenügend. In Berlin wurde man aktiv und setzte sich zusammen. Im Dezember 1941 fanden zwei Konferenzen zum Thema Fleckfieber statt. Das Ziel: die Herstellung eines besseren Impfstoffes zu beschleunigen. Die SS-Ärzte nahmen an den Konferenzen teil, und der Reichsforschungsrat vergab Forschungsaufträge, zum Beispiel an das Institut für Hygiene der Reichsuniversität Straßburg: diesem wurde – als Staatsgeheimnis deklariert und mit der »Sonderstufe SS« versehen – ein mit 8000 RM datierter Auftrag zum Thema Fleckfieber erteilt.[95] Um schneller zu Ergebnissen zu kommen, nahm man Versuche an den Häftlingen in den Lagern vor, ebenso wie es die Amerikaner bei ihren Gefangenen in den Vorkriegs-Straflagern getan hatten und wie sie es auch während des Krieges taten. Andere, weiter vorausblickende SS-Leute dachten seit dem Herbst 1941 an die Millionen von sowjetischen Kriegsgefangenen, die man mit wenig Proviant versehen und ohne sanitäre Vorkehrungen in ungeordneten Trupps auf die Straßen geschickt hatte und von denen schon bald ein großer Teil wie die Fliegen sterben würde, von Hunger und Fleckfieber dahingerafft. Die Katastrophe war absehbar. Sie brach im Winter 1941 aus.[96] Um zu verhindern, daß sich solche und andere Epidemien, die nicht zu kontrollieren waren, ausbreiteten, mußten die Leichen mitsamt den Krankeitserregern zu Asche verbrannt werden. Das war Prüfers Aufgabe.

Der Ingenieur schloß ein Geschäft im Wert von 55 200 RM ab, das die Lieferung von vier Stück doppelten Viermuffelöfen im Wert von 13 800 RM pro Stück umfaßte. Das bedeutete, daß 32 Einäscherungskammern in Mogilew[97] gebaut werden sollten. Man hatte diese weißrussische Stadt ausgewählt, da sich hier die am zentralsten gelegene der drei SS-Bauleitungen niedergelassen hatte, die es im Osten hinter der Front gab. Es war die einzige Bauleitung, die über ein Baustofflager und einen Fuhrpark verfügte[98] und somit in der Lage war, ein so umfassendes und neuartiges Bauvorhaben wie das von Prüfer erfolgreich auszuführen. Dieser hatte sich im Anschluß an seinen Besuch in Auschwitz darangemacht, nach Wegen zu suchen, um die Anzahl der Muffeln pro Ofen zu erhöhen, und Wirtz sein neuestes Ergebnis vorgelegt: ein doppelter Viermuffelofen, der, schematisch dargestellt, folgendermaßen aussah:

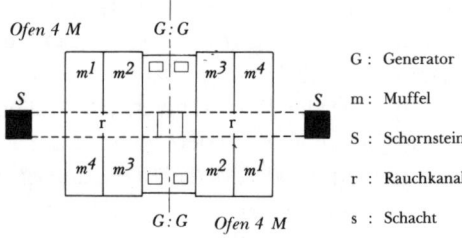

Dieser Ofen war ein Feldtyp, der ganz stark vereinfacht war. Wie von der Bauleitung von Mogilew gewünscht, wurde er mit Holz befeuert, da Koks in dieser Gegend rar war. Die Generatoren hatten keine Türen, und der Ofen war im Innern nicht wärmeisoliert, da diese Teile sehr schwer zu transportieren gewesen wären.[99] Der Kostenvoranschlag für die vier Öfen wurde vom SS-HHB am 4. Dezember genehmigt. Prüfer wurde aufgefordert, sich am 9. mit Dienstreiseausweis für das Generalgouvernement und für Rußland in Berlin einzufinden, um sich in Begleitung des SS-Unterscharführers Wittwer zu einer Vorbesichtigung an Ort und Stelle zu begeben. Später würde dann die Bauleitung von Mogilew zwei oder drei Lastkraftwagen für Prüfer bereithalten, auf die das Schamotte-Material für die Öfen verladen werden sollte.[100] Am 19. bat die Firma Topf um die Begleichung der halben im Vertrag festgelegten Summe, d. h. um 27 600 RM (bezahlt im Mai 1942). Am 30. wurde die Hälfte eines Viermuffelofens nach Mogilew geliefert und anschließend aufgebaut. Der Bau der Krematoriumsstätte wurde nicht fortgesetzt, obgleich die Bauleitung von Mogilew (Rußland-Mitte) eine zweite Vorauszahlung von 15 000 RM an die Topf geleistet hatte.[101]

Das Krematorium Auschwitz benötigte schnellstens den dritten Einäscherungsofen. Die Eisenteile waren als Eilgut abgeschickt worden und am 30. Oktober dort eingetroffen. Am 11. November erkundigte sich die Bauleitung in einem dringlichen Telegramm bei der Firma Topf, wann genau mit dem Beginn und dem Abschluß der Aufbauarbeiten zu rechnen sei.[102] Am 19. traf der Polier Albert Mähr in Auschwitz ein[103] und begann am 20. mit dem Fundament für den Ofen, das am 4. Dezember fertiggestellt war.[104] Dann mußten die Arbeiten unterbrochen werden, da die Schamotte-Materialien fehlten, die von einem Zulieferer der Topf, den Collmener Schamottewerken in Colditz/Sachsen, nicht angeliefert worden waren. Selbst nachdem die Topf am 5. Dezember einen eindringlichen Brief an die Firma nach Colditz geschickt hatte, in dem sie ausführte, die begonnenen Arbeiten seien »so dringlicher Natur« und müßten so bald als möglich abgeschlossen werden, sonst könne der Bautrupp nur untätig herumsitzen oder nach Hause reisen, änderte sich nichts an der Lage, denn Mähr hatte Auschwitz bereits am 5. Dezember[105] verlassen, da ihm Schamotte fehlte.

Heute datiert man die erste Tötung durch Giftgas, die in den Kellern von Block 11 im Lager Auschwitz vorgenommen wurde, auf den Zeitraum zwischen dem 5. Dezember und Ende Dezember[106] (bisher war man von dem Zeitraum zwischen dem 3. und

5. Dezember ausgegangen[107]). Ihr fielen laut Zeugenaussage um 250 als unheilbar eingestufte Kranke und 600 sowjetische Gefangene zum Opfer, von denen die ersten am 7. Oktober im Lager eingetroffen waren. Im November hatte eine Sonderkommission der Gestapo, die aus Kattowitz angereist war, im KL getagt, um dort unter den Häftlingen die »fanatischen Kommunisten« auszumachen, die liquidiert werden sollten. Ende November hatte man 300 ausgewählt. Nachdem die Öffnungen im Untergeschoß des Blocks 11 mit Erde verstopft worden waren, schüttete man Zyklon B hinein und verschloß die Türen. Nach Aussage von Höß (der nicht anwesend war) trat der Tod augenblicklich ein. Andere sprechen davon, daß sich die Tötung durch Gas über zwei Tage hinzog und daß eine zweite Dosis Giftgas nachgeschüttet werden mußte, da die erste nicht alle Opfer getötet hatte. Die Tatsache, daß Cyanwasserstoff, der bei 27 °C verdampft, mitten im schlesischen Winter in einem unbeheizten Kellergeschoß angewandt wurde, sowie mangelnde Kenntnisse hinsichtlich der tödlichen Dosis könnten die ungewöhnlich lange Dauer dieser Vergasung erklären. Die Opfer, deren Zahl zwischen 550 und 850 liegt, wurden in ein bis zwei Wochen intensiver Arbeit in den beiden Doppelmuffelöfen des Krematoriums eingeäschert. Dadurch wurde der zweite Ofen beschädigt.[108] Vergasungen in den Kellern des Blocks 11 vorzunehmen hatte sich aufgrund der fehlenden Lüftung als unpraktisch erwiesen, und so beschloß man, diese Operation an einen geeigneteren Ort, nämlich in den Leichenraum des Krematoriums, zu verlegen. Auf diese Weise mußten die Leichen nicht transportiert werden, und die Ableitung des Giftgases nach Beendigung des Vorgangs wurde erleichtert, da das Krematorium über eine mechanische Ventilation verfügte, die – sofern man sie ausschließlich für die Entlüftung des Leichenraums benutzte – ausreichend wirksam war. In die Decke des Leichenraums wurden drei rechteckige Öffnungen geschlagen und so ausgestattet, daß man das Zyklon B einstreuen konnte.[109] Es wurde direkt in den Raum geschüttet, dessen zwei Türen zuvor gasdicht gemacht worden waren. Das aufheulende Motorgeräusch eines LKWs, der neben dem Krematorium geparkt wurde, übertönte die Schreie der Opfer im Todeskampf. Die SS konnte dort von Januar 1942 bis zur Wiederauf-

nahme der Arbeiten an dem dritten Ofen im Mai Vergasungen vornehmen, das heißt vier Monate lang. Man vermutet heute, daß in diesem Krematorium nur relativ wenige Tötungen durch Giftgas stattfanden, daß jedoch ihre Zahl höher angegeben wurde, weil sie die direkten oder indirekten Zeugen zutiefst beeindruckten. Es war in der Tat das erstemal, daß Hunderte von Menschen auf einmal in einem abgeschlossenen Raum durch Gas getötet wurden, und das Geheimnis, das diesen Vorgang umgab, regte die Vorstellungskraft derer, die nicht dabeigewesen waren, an – sowohl bei der SS als auch bei den Häftlingen, denen es strikt verboten war, den Ablauf zu verfolgen. Da für jede Vergasung die Umgebung des Krematoriums hermetisch abgeriegelt werden mußte, was den Lageralltag beeinträchtigte, und da sie gänzlich unmöglich waren, wenn Zivilarbeiter auf dem Gelände arbeiteten, wurde Ende April beschlossen, die Vergasungen nach Birkenau zu verlegen.

Am 3. Januar 1942 wurde die Ankunft des langerwarteten Waggons mit der Schamotte der Topf telegraphisch[110] von der »Zentralbauleitung der Waffen-SS und Polizei, Auschwitz O/S«, der ZBL *(Dokument 12)*, gemeldet. Diesen Namen trug seit dem 1. Dezember 1941 eine neue Dienststelle, die Bischoff eingerichtet hatte, indem er seine »Sonderbauleitung KGL« mit der ersten Bauleitung des Lagers zusammengelegt und deren Führung übernommen hatte.

In der Zeit von Mitte Januar bis Anfang Februar zeichnete ein neuer Mitarbeiter der Bauleitung, der SS-Unterscharführer Ulmer, acht Pläne für das neue Krematorium (Teil der sogenannten Serie 900), bei denen er sich auf die im November 1941 aus Berlin eingetroffenen Pläne stützte: Untergeschoß, Erdgeschoß, Querschnitt, West-, Nord-, Ost-, Süd-Ansicht und Dach.[111] Dejaco, der zum SS-Untersturmführer und zum Leiter der Planungsabteilung der ZBL ernannt worden war, ließ den Kamin, der in Werkmanns Studie seitlich angebaut war, in die Mitte des Zentralbaus versetzen. Im Untergeschoß richtete er zusätzlich zu den beiden bereits vorgesehenen Leichenräumen einen dritten ein, der als Sterberegistratur diente. Im L-Keller 3 sollten jetzt die Leichen aufgenommen und registriert werden, die dann übergangsweise im L-Keller 2 blieben, bis sie schließlich im L-Keller 1 gelagert wurden, und von dort zur Einäscherung kamen. Die auf dem Plan angegebene Lage des Baus verweist auf seinen Standort im Stammlager.[112]

Am 20. Januar 1942 fand in Berlin die sogenannte Wannsee-Konferenz statt. Wenngleich auch eine Umsiedlung der Juden nach Osten vorgesehen war, bei der es zu einer »natürlichen« Verminderung durch Arbeit kommen sollte, so sprach zu dieser Zeit doch noch niemand von einer *industriellen* Massen-Liquidierung. In den folgenden Tagen und Wochen erhielt die Bauleitung von Auschwitz

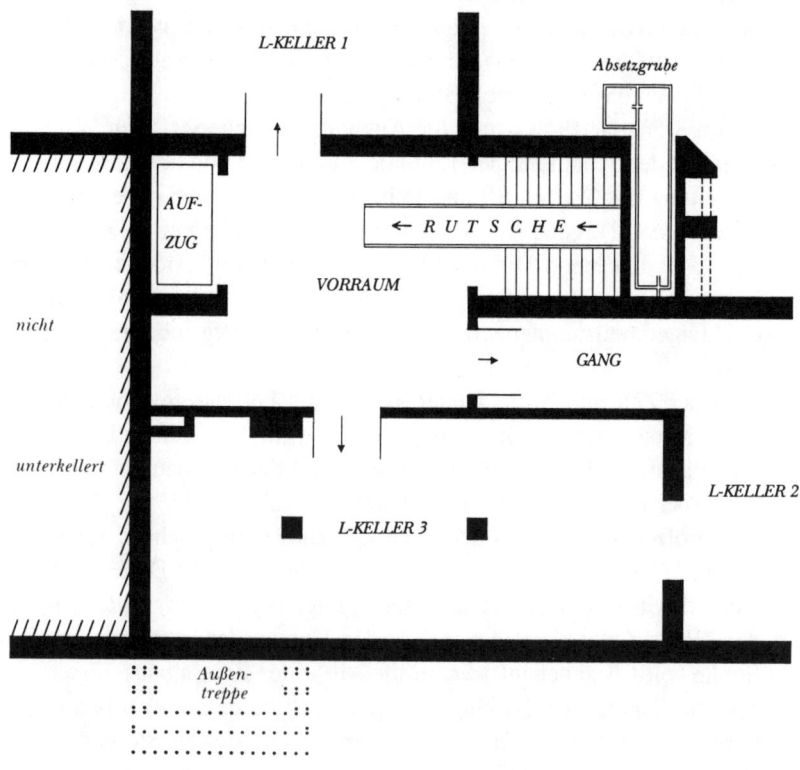

Auszüge aus dem Plan Nr. 932 der Bauleitung vom 23. Januar 1942 (vereinfacht): »Entwurf für ein Krematorium«; »Grundriß des Untergeschosses«.

weder einen Anruf noch ein Telegramm oder einen Brief, in dem ein Entwurf für eine Einrichtung zu diesem Zweck verlangt wurde. Grabner, der immer bestens informiert war und eifersüchtig über sein »Krematorium« wachte, wußte, daß Prüfer sich am 31. Januar im Stammlager befand, und hatte Bischoff aufgefordert, den zweiten Ofen, der beschädigt war, reparieren zu lassen.[113] Prüfer war aus zwei Gründen gekommen: er wollte einen Plan für den Bau des dritten Ofens erstellen und – wahrscheinlich auf Bischoffs Wunsch hin und trotz des Plans für ein neues Krematorium – ein zusätzliches Krematorium im KGL Birkenau errichten.

Der Monteur Wilhelm Koch, der mit der Aufstellung des dritten Ofens betraut war, sollte Anfang Februar eintreffen. Nun konnte aber die SS in Anwesenheit eines Zivilisten das Krematorium nicht mehr dazu nutzen, »fanatische Kommunisten« oder unheilbar Kranke zu vergasen. Nach Rücksprache mit dem SS-HHB wurde beschlossen, Kochs Anreise zu verschieben und den Monteur nur auf Bischoffs ausdrückliche Anordnung hin kommen zu lassen, und zwar erst dann, wenn das Krematorium nicht mehr zu »Sonder«-Zwecken benötigt wurde. Was die Einrichtung eines Einäscherungsofens im KGL für die Russen betraf, so schlug Prüfer ihnen eine stark vereinfachte Version seines Dreimuffelofens vor, ohne Druckluftgebläse und mit möglichst wenig Eisen-Metallteilen. Die Türen der Muffeln sollten durch Absperrschieber mit Winden und Gegengewichten ersetzt und beide Generatoren durch eine einzige Öffnung mit Koks versorgt werden. In Birkenau würde also ein drittes Krematorium, das aus zwei zu beiden Seiten des Schornsteins installierten, vereinfachten Öfen bestand, errichtet werden. Jeder Ofen kostete 7106 RM, und so belief sich der Geschäftsabschluß – das Innenfutter des Schornsteins aus Schamottestein inbegriffen – auf insgesamt 14 652 RM.[114]

Doch Prüfer machte auch diesmal wieder den gleichen Fehler – der ihm schon in Mauthausen Unannehmlichkeiten eingebracht hatte –: er kannte seine Grenzen nicht. Am 27. Februar besuchte Kammler die Bauleitung von Auschwitz, um sich davon zu überzeugen, daß das Vertrauen, das er in Bischoff gesetzt hatte, gerechtfertigt war. Er war generell sehr zufrieden, ausgenommen das Vorhaben, ein Krematorium im KGL einzurichten. Da das neue

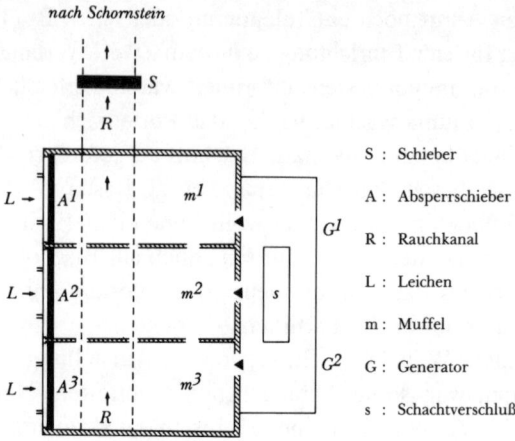

*nach Schornstein*

S : Schieber
A : Absperrschieber
R : Rauchkanal
L : Leichen
m : Muffel
G : Generator
s : Schachtverschluß

Vereinfachter Topf-Dreimuffelofen für die Krematoriums-Einrichtung im KGL.

Krematorium des Stammlagers eigentlich für die Toten aus dem KGL vorgesehen war, war Kammler der Meinung, daß es rationeller wäre, es nach Birkenau zu verlegen, statt dort noch ein weiteres einzurichten. So wurde die Einrichtung eines Krematoriums mit zwei Dreimuffelöfen für überflüssig erklärt und aufgegeben. Am 5. März wurde der Topf diese Entscheidung mitgeteilt.[115] Prüfer tobte, doch vergeblich, denn er hielt es für sinnlos, sich mit Kammler, einem SS-Oberführer und jetzt auch Chef der Amtsgruppe C (Bauten) im SS-Wirtschaftsverwaltungshauptamt (SS-WVHA), anzulegen. Die Amtsgruppe C war eine neue Einrichtung, die unter Oswald Pohls Leitung stand und am 1. Februar 1942 durch eine Zusammenlegung des HHB und des HVW (Hauptamt Verwaltung und Wirtschaft) entstanden war. Dennoch verlangte die Topf eine Entschädigung in Höhe von 1769,36 RM als Ausgleich für die im Zusammenhang mit diesem nun abgebrochenen Projekt vorgelegten Entwürfe. Diese Summe wurde auch gezahlt, doch die Topf sollte es später bereuen, ihre Ansprüche geltend gemacht zu haben.[116]

Mitte März bekam die Zentralbauleitung von der Topf einen

neuen Entwurf für die Lüftungsanlage des künftigen Krematoriums, der am 10. März ausgearbeitet worden war und noch auf Dejacos beiden ersten Plänen basierte. Schultze hatte die Leistungsfähigkeit der Elektromotoren merklich erhöht – das heißt der Be- und Entlüftung –, doch er hatte denselben Gebläsetyp beibehalten. Die neue Leistung verteilte sich folgendermaßen *(Dokumente 13, 14, 15)*:

– Belüftung B-Keller: 3,5 PS, Leistung: 8000 m³/h (statt
(belüfteter Keller) 4800 m³/h)
– Entlüftung B-Keller: 3,5 PS, Absaugleistung: 8000 m³/h
(belüfteter Keller) (statt 4800 m³/h)
– Entlüftung L-Keller: 7,5 PS, Absaugleistung: ca. 13 000
(Leichenkeller) m³/h (statt 10 000 m³/h)
– Entlüftung O-Raum: 4,5 PS, Absaugleistung: ca. 12 000
(Ofenraum) m³/h (statt 10 000 m³/h)
– Entlüftung S-, A- 1,5 PS, Absaugleistung ca. 4000
und W-Räume: m³/h (statt 3000 m³/h)
(Sezier-, Aufbahrungs-
und Waschraum)

Am 2. April erklärte sich die ZBL mit den neuen Leistungsgrößen einverstanden, doch sie verlangte von der Topf, ihren Plan denen der kürzlich neu konzipierten aus der Serie »900« anzupassen und die Be- und Entlüftungskanäle aus Blech durch gemauerte Kamine zu ersetzen.[117] Für die Topf wurde der »B-Keller« zum *»L-Keller 1«* und der »L-Keller« zum *»L-Keller 2«*. Der entsprechend den Wünschen der ZBL veränderte Plan der Topf wurde am 8. Mai abgeschickt.[118]

Am 16. April wurde in Erfurt ein Eisenbahnwaggon mit elf Tonnen Material beladen[119]: er enthielt zwei Drittel der erforderlichen Eisen-Metallteile und alle Druckluftgebläse für die fünf Dreimuffelöfen, die für das neu zu erbauende Krematorium von Birkenau bestimmt waren, ebenso die notwendigen Eisenbeschläge für den dritten Doppelmuffelofen des Krematoriums im Stammlager (bereits Ende Oktober 1941 geliefert!) und seine gesamte Lüftungsanlage, d. h. ein Gebläse Nr. 550 mit 3-PS-Motor und die erforderlichen Anschluß-Rohre. Die Teile für die fünf Dreimuffelöfen und die Ventilationsanlage des Krematoriums im Stammlager wurden nicht sofort verwendet und deshalb eingelagert. Der dritte Doppelmuffelofen wurde im Laufe des Monats Mai zusammengebaut und Ende des Monats geliefert.[120]

Zur gleichen Zeit überwachte Prüfer in Buchenwald den Aufbau seines ersten Dreimuffelofens, mit dem sein Polier Martin Holik Anfang Mai begonnen hatte. Da der Ingenieur genaue Angaben über dieses Ofenmodell benötigte, ehe er die fünf Öfen in Birkenwald aufbauen konnte, hatte er sich mit der Bauleitung von Buchenwald, zu der er ein gutes Verhältnis hatte, auf den Verkauf von zwei Öfen geeinigt. Ende Mai stand der erste Ofen, doch das Druckluftgebläse und der Motor fehlten, da alles verfügbare Material am 16. April mit den Dreimuffelöfen nach Auschwitz verladen worden war. Am 29. Mai fragte die Topf bei der ZBL von Auschwitz an, ob sie für die ZBL Buchenwald ein Gebläse Nr. 275 und einen 3-PS-Motor ausleihen könne, die zur Inbetriebnahme des Ofens notwendig waren.[121] Man weiß nicht, ob Auschwitz der Bitte nachkam oder ob die Topf das fehlende Material anfertigen mußte, doch der erste Ofen konnte erst am 23. August in Betrieb genommen werden. Der zweite folgte am 3. Oktober. Am 15. November kam Prüfer nach einer Laufzeit von zwölf bzw. sechs Wochen zu der Einschätzung, daß die Einäscherungsleistung seiner neuesten Öfen um ein Drittel über der lag, die man auf der Grundlage der mit den Doppelmuffelöfen gesammelten Erfahrungen errechnet hatte.[122] Für die fünf Öfen des Krematoriums Birkenau konnte Prüfer mit Sicherheit eine Einäscherungsrate von 800 Leichen pro 24 Stunden angeben, was deutlich unter den 1440 lag, die er Bischoff Ende Oktober 1941 angekündigt hatte.

Im Laufe des Monats Mai wählte Kommandant Höß in Birkenau ein kleines, am Rande des Birkenwaldes gelegenes Bauerngehöft aus, um dort vorübergehend Tötungen durch Giftgas vorzunehmen. Dieses Gehöft sollte den Leichenraum des Krematoriums im Stammlager ersetzen, in dem Bauarbeiten vorgenommen werden mußten. Das Haus hatte zwei Zimmer und eine Grundfläche von ca. 60 bis 80 m$^2$, auf der man 300 bis 400 Menschen zusammenpferchen konnte. Jedes Zimmer hatte eine Tür, die abgedichtet wurde. Die Fenster wurden zugemauert. In Kopfhöhe wurden abdichtbare Löcher ins Mauerwerk geschlagen, durch die das Zyklon B eingeschüttet werden sollte. Die Lüftung fand auf natürlichem Weg statt, d. h. man ließ eine Nacht lang die Türen offen. Die Vergasungen wurden abends vorgenommen, und am nächsten Morgen konnte man gefahrlos die Körper herausbringen und in die im Birkenwald ausgehobenen Massengräber abtransportieren, wo sie verscharrt wurden. Der gesamte Ablauf spielte sich im geheimen, vor neugierigen Blicken geschützt, ab. Das »rote Haus« bekam nach seiner Umfunktionierung den Namen »Bunker 1« und wurde wahrscheinlich ab Ende Mai 1942 zu diesem Zweck benutzt. Der 20. März, der gemeinhin als Datum der Inbetriebnahme gilt, muß verworfen werden. Es handelt sich dabei um eine Fehlinterpretation der Zeitspanne – Frühjahr 1942, ohne genauere Angaben –, in die Höß sie datierte.[123]

Der Aufbau des dritten Ofens war zugleich eine Gelegenheit, um andere Arbeiten im Krematorium vorzunehmen. Vor der Ankunft des Poliers der Firma Topf hatte man die drei Einwurfluken für das Zyklon B im Leichenraum wieder zubetoniert. Dann, am 14. und 15. Mai, wurden die unterirdischen Rauchkanäle instand gesetzt, und in der Kammer, in der am Fuß des Schornsteins der Saugzug untergebracht war, wurden Decke und Innenwände verputzt.[124] Am 30. Mai löste sich die Umreifung des Schornsteins, die – wahrscheinlich durch eine unsachgemäße Benutzung der Öfen infolge der übereilten Wiederinbetriebnahme des Krematoriums – überhitzt worden war. Es hatten sich breite Risse gebildet. Sie von außen auszuspachteln hätte nichts genutzt, da der Schornstein bei starkem Wind einsturzgefährdet war. Jetzt griffen die SS-Leute der Politischen Abteilung ein; sie fürchteten um ihr ›wertvolles‹ Leben, da in einem solchen Fall ihre Baracken unter dem Gewicht des Schornsteins begraben worden wären. Bischoff beauftragte Pollock, einen SS-Oberscharführer, dem die Baupolizei unterstand, einen Bericht anzufertigen, der an die SS-WVHA weitergeleitet wurde.[125] Am 2. Juni gab Kammler den Befehl zur sofortigen Instandsetzung des Schornsteins.[126] Ein ortsansässiger Schornsteinfachmann, Ingenieur Robert Köhler aus Myslowitz, wurde zu Rate gezogen. Er empfahl einen neuen Schornstein von

25 bis 30 Metern Höhe. Sobald Grabner von dieser Höhe erfuhr, verlangte er angesichts der Vorstellung, unterhalb einer solchen potentiellen Bedrohung zu wohnen, daß der künftige Schornstein zehn Meter Höhe nicht überschreiten dürfe.[127] Köhler beruhigte den SS-Mann, indem er vorübergehend nachgab. Doch der Ingenieur wußte, daß eine solche Lösung nicht möglich war, da nicht genügend Platz vorhanden war, um einen gerade verlaufenden unterirdischen Rauchkanal von zwanzig Meter Länge zwischen Krematorium und Schornstein anzulegen. Die ZBL schloß sich Köhlers Argumentation an und fragte bei der Topf nach, ob eine Höhe von 13 Metern ausreichend sei.[128] Die Topf telegraphierte, daß 15 Meter unabdingbar seien[129], und Prüfer schickte Anfang Juni den Plan für einen neuen Schornstein.[130] Köhler fügte einen Rauchkanal von 12 Metern an, um eine Zuglänge von 27 Metern zu erhalten *(Dokument 8)*. Die Arbeiten begannen am 12. Juni mit dem Abbruch des alten Schornsteins.[131]

# VII
# Der Beginn des Massenmordes
an den Juden und die Fleckfieber-Epidemie

Anfang 1942 wurde Höß zu Himmler nach Berlin bestellt, und dieser teilte ihm mit, daß sein Lager als Zentrum für die Massenvernichtung der Juden ausgewählt worden sei. Der Reichsführer SS hatte Auschwitz ausgesucht, weil es auf dem Schienenweg gut erreichbar war und weil das Lager bald mit einem außergewöhnlich großen Krematorium ausgestattet sein würde, in dem man pro Tag 1440 Leichen einäschern könnte (wie Höß, bei dem er es so gelesen hatte, legte später auch Eichmann diese Begebenheit fälschlicherweise in den Sommer 1941[132]). Die Aktion sollte am 1. Juli beginnen, und bis zu diesem Datum mußte alles für die Durchführung Erforderliche bereit sein. Selbst wenn man zu bedenken gegeben hätte, daß dieses vielzitierte Krematorium noch nicht einmal gebaut und daß lediglich ein Kommando von 100 Häftlingen seit dem 17. Mai eifrig bemüht war, die Baugrube auszuheben[133], und auch der Einwand, daß der Bunker 1 nur schwerlich zu Massenvergasungen verwendet werden könne, weil es dort keine Lüftung gab, sowie die Schlußfolgerung, daß nichts rechtzeitig fertig sein könne, da es an allem mangele, an Material und Zeit – es wäre sinnlos gewesen und hätte in keinster Weise etwas an Himmlers Entscheidung geändert. Höß fuhr also zurück und versuchte, eine Lösung zu finden.

Nicht weit von Bunker 1 entfernt stand ein zweites kleines Bauernhaus. Es war weiß gekalkt und hatte eine Grundfläche von 105 m². Dieses Gebäude zu einer Gaskammer umzufunktionieren war einfach (genauso war man ja bereits bei Bunker 1 verfahren), und man hätte an die fünfhundert Personen dort hineinpferchen können. Aber Höß wollte die Lüftung verbessert haben. Er zog Bischoff zu Rate, der ihm einen Artikel von Dr. G. Peters zeigte[134], dem Direktor der Degesch (ein Unternehmen, das Zyklon B produzierte), in dem eine Entlausungsanlage zur Verwendung von Zyklon B beschrieben war, die aus acht kleinen Zellen à 10 m$^3$ bestand, die nebeneinander angeordnet waren. Jede von ihnen hatte zwei gasdichte Türen (aus Metall oder aus Holz); eine diente dazu, die Sachen von der »unreinen Seite« her hineinzugeben, und die andere, um sie auf der »reinen Seite« wieder herauszunehmen. Ein Heizregister und ein Belüftungskreislauf im Innern sorgten zunächst dafür, daß sich die Blausäure gleichmäßig über die zu entlausenden Gegenstände verteilte, und schließlich am Ende der Behandlung für eine wirksame Entlüftung des Raums *(Dokument 16 und 17)*. Für einen Durchlauf, der eine bis anderthalb Stunden dauerte, wurde eine Menge von 200 Gramm Zyklon B empfohlen; das ergab eine Konzentration von 20 g/m$^3$. Dieser Artikel war auf Empfehlung der Firma Boos hin angefordert worden[135], um sich dadurch Anregungen für den Einbau einer geplanten Blausäure-Entlausungsanlage mit 19 Zellen in die künftige Häftlingsaufnahme des Stammlagers zu holen. Ende Dezember 1941 hatte Dejaco dafür einen Entwurf angefertigt und die Zellen dabei in zwei Reihen angeordnet *(Dokument 18)*.[136] Bischoff hatte für die Bauleitung einen Zivilarbeiter, Heinrich Teichmann, benannt, der die Arbeiten überwachen sollte. Die Degesch schlug darüber hinaus Entlausungszellen von 50 m$^3$ vor (ungefähr eine Fläche von 25 m$^2$). Es war zwar einfach, von den Häftlingen in dem Bauerngehöft eine solche Anlage nachbauen zu lassen, doch es ergab sich eine Komplikation in bezug auf den Belüftungskreislauf, der nur von der Boos[137] installiert werden konnte und aufgrund der langen Lieferfristen schwierig zu bekommen sein würde. Letztendlich wurde das »weiße Haus« in vier kleine Gaskammern von ungefähr 50 m$^3$ aufgeteilt, die parallel zueinander angeordnet waren. Sie verfügten über keine mechanische Lüftung, waren aber zu der Seite ausgerichtet, aus der am häufigsten der Wind kam (Nord-Süd in Birkenau). Die Methode zum Einschütten des Giftes wurde von Bunker 1 übernommen. Ein oder zwei Dosen Zyklon B à 500 g pro Kammer reichten für einen schnellen Tod. Das »weiße Haus«, der Bunker 2, wurde Ende Juni 1942 in Betrieb genommen.

Der Ausbau des Geländes um Auschwitz (Konzentrationslager und Siedlung) hatte Mitte 1942 siebzehn zivile Unternehmen angelockt, die an die eintausend Zivilarbeiter beschäftigten. Deren Unterbringung hing von den jeweiligen Gegebenheiten ab. Wenn die Angestellten und die Bauleiter auch in Häusern und Wohnungen lebten, die in Auschwitz und Umgebung beschlagnahmt worden waren, so war doch das Gros der Zivilisten in Holzbaracken auf dem Lagergelände untergebracht, die extra zu diesem Zweck errichtet worden waren. Zu jener Zeit arbeiteten die Firmen Huta und Lenz & Co. (beide aus Kattowitz) in Birkenau. Die Huta errichtete den Rohbau der Gebäude, und die Lenz sorgte für die Einebnung des Geländes. Die Arbeiter beider Unternehmen waren in einem Gemeinschaftslager untergebracht. Am 1. Juli wurde dort ein erster Fall von Fleckfieber gemeldet. Am 3. wurden drei registriert.[138] In Auschwitz brach die erste Fleckfieber-Epidemie aus, und wenn sie nicht mit drastischen Mitteln bekämpft worden wäre, hätte sie das gesamte Leben in der Region rund um Auschwitz gefährdet.[139]

Die SS-Ärzte wußten, daß die Gegend um Auschwitz ein Moorgebiet war. Sie waren schon mit dem Problem des nicht aufbereiteten Wassers konfrontiert worden, das aufgrund des Eberth-Bazillus zu Fällen von Typhus geführt hatte. Ende Mai 1942 traten bei den Häftlingen bereits zahlreiche Typhuserkrankungen auf, weshalb Anfang Juni den SS-Leuten und den Angestellten der siebzehn zivilen Unternehmen auf dem Lagergelände das Trinken von Leitungswasser untersagt wurde. Zum Ausgleich dafür belieferte man sie umsonst mit reichlich Mineralwasser. Die Ärzte fürchteten, daß im Sommer fast zwangsläufig Fälle von Sumpffieber (oder Malaria) auftreten würden, ausgelöst durch die Mücken, die aus den Sümpfen kamen. Um dieser Gefahr vorzubeugen, sollte in Raïsko ein Hygieneinstitut der Waffen-SS eingerichtet werden, was im Oktober geschah. Doch mit Fleckfieber hatte man nicht gerechnet. Die Ärzte glaubten, daß die prophylaktischen Maßnahmen (Quarantäne und das Scheren der Haare) und die entsprechende Hygiene (lokale Desinfektion der Haare, Duschen) gleich bei der Ankunft der Häftlinge verhindern würden, daß sich diese Plage im Lager ausbreitete, und zwar, weil die Ursache der Krankheit, die Läuse, ausgemerzt worden wären. Das war der Fall, doch die Krankheit wurde von denjenigen übertragen, die einer solchen Behandlung nicht unterzogen worden waren, nämlich von den Zivilisten, die tagtäglich mit den Häftlingen in Berührung kamen. Schon bald steckten sich die Häftlinge an, und da die hygienischen Bedingungen im KL katastrophal waren, stieg die Zahl der Todesfälle rapide an. Man schätzt, daß von Mai bis November 1940 monatlich 220 Menschen an Fleckfieber starben; von Januar bis Juli 1941 verdreifachte sich diese Zahl; von August bis Dezember 1941 waren es bis zu 1000; im Juli 1942 waren es über 4000.[140] Die sanitären Verhältnisse gerieten außer Kontrolle. Man mußte verhindern, daß sich die Fleckfiebererkrankungen auf die nähere Umgebung ausweiteten. Das gesamte Lager wurde abgeschottet, und niemand durfte es mehr verlassen. Am 10. Juli wurde eine Teil-Quarantäne angeordnet.

Die Lagerausgänge waren zwar versperrt, aber die Eingänge waren es nicht. Es trafen weitere Juden-Transporte ein. Doch inzwischen wurden – nach der Trennung in »arbeitsfähige« (Männer und junge Frauen ohne Kinder) und »arbeitsunfähige« (Kinder, Frauen und alte Menschen) Juden – letztere liquidiert. Diese Menschen waren für die SS nutzlos und wurden in den Gastod geschickt. Am 4. Juli wurde ein Transport slowakischer Juden erstmalig »aussortiert«. Von diesem Datum an bis zum Frühjahr 1943 wurden von Höß und seinen Untergebenen die Selektionen der Transporte durchgeführt. Man bildete ein »Sonderkommando« aus jüdischen Häftlingen, das die ›Dreckarbeit‹ im Bunker zu machen hatte: die Toten aus den Gaskammern holen und in Massengräbern verscharren.[141]

Am 17. und 18. Juli stattete Himmler Auschwitz einen Besuch ab, um zu überprüfen, ob die Siedlung und der I. G.-Farben-Komplex sich wie vorgesehen entwickelten und wie der Befehl zur Vernichtung der Juden umgesetzt wurde. Unter seinen Begleitern war Kammler, der am 20. April zum SS-Brigadeführer ernannt worden war. Am ersten Tag wurden Himmler in der Bauleitung anhand von Karten, Bauplänen und Modellen die geplanten oder im Bau befindlichen Projekte erläutert. Anschließend besichtigte er das gesamte Interessen-Gebiet des Lagers und Birkenau *(Dokument 19)*. Dann wohnte er der »Aussonderung« eines holländischen Juden-Transportes bei, ebenso wie der Vergasung der Arbeitsunfähigen in Bunker 2. Anschließend begab er sich zum »Buna-Werk« in Monowitz, das zum damaligen Zeitpunkt eine einzige riesengroße Baustelle war.[142] Ein großer Empfang bildete den Abschluß dieses Tages. Am nächsten Tag inspizierte Himmler das Stammlager. Er sah die drei Topf-Doppelmuffelöfen, die außer Betrieb und kalt waren, sowie den neuen Schornstein des im Bau befindlichen Krematoriums. Nachdem er die Werkstätten der DAW besichtigt hatte, begab er sich in das Frauenlager. Dort sah er bei der Durchführung einer Prügelstrafe zu, was ihn nachhaltig beeindruckte. Etwas betroffen stimmte er dann der Freilassung einer deutschen Gefangenen zu. Nachdem die Inspektion abgeschlossen war, befahl er Höß, die laufenden Arbeiten und Bauvorhaben voranzutreiben, die Anlagen so zu planen, daß die Zahl der Häftlinge des KGL von 125 000 auf 200 000 erhöht werden könne, und die widerwärtigen Massengräber in Birkenau verschwinden zu lassen. Zufrieden mit Höß' Leistungen, beförderte er ihn zum SS-Obersturmbannführer. Was Himmler, als er Höß beglückwünschte, nicht sagte, war, daß ihm die Tötung der Juden durch Giftgas schwer auf den Magen geschlagen war. Es ist leicht, etwas anzuordnen – es hingegen in die Tat umzusetzen ist um vieles schwerer. Himmler setzte nie wieder einen Fuß nach Auschwitz.[143]

# VIII
# Das Geschäft des Jahrhunderts:
# Die Krematorien II, III, IV und V

Himmler hatte die scheußliche und verbrecherische Arbeit einfach auf Höß abgewälzt, der – wenngleich ein abgebrühter Kerkermeister – diese zweifelhafte ›Ehre‹, die ihm da zuteil wurde, in keiner Weise schätzte. Um dieses ›Programm‹ sowie die Ausweitung des Lagers zu finanzieren, wurden erhebliche Mittel bewilligt. Kurz vor dem Besuch des Reichsführers SS hatte Bischoff einen ausführlichen Bericht – der am 15. Juli abgeschlossen war – über die im Stammlager vorzunehmenden Arbeiten verfaßt, demzufolge sich die voraussichtlichen Kosten auf 2 000 000 RM belaufen würden.[144] Himmlers Besuch warf das gesamte Konzept über den Haufen. Bischoff überarbeitete seinen Bericht entsprechend den Wünschen des Reichsführers, der die Dinge in großem, ja sogar sehr großem Maßstab sah. Die Kosten betrugen jetzt 20 000 000 RM, also zehnmal mehr, und diese Summe wurde am 17. September vom SS-WVHA bewilligt.[145] Im Grunde genommen gab Himmler auf der einen Seite wenig, verglichen mit dem, was er auf der anderen kassierte: Die Ausbeutung der Juden-Transporte brachte unendlich viel mehr Geld ein, als deren Vernichtung kostete. Mit den von den Juden »zurückgeholten« Summen finanzierte der Reichsführer SS seine wilde Leidenschaft für seine Division der Waffen-SS. Doch der Reichtum, der dem Lager bald darauf zuteil wurde, korrumpierte alle, die SS ebenso wie die »Prominenten« der Häftlingsführung.

Aufgrund dieses unerwarteten Geldsegens und weil Himmler der Ansicht war, daß das Auskleiden der Juden im Freien unordentlich wirkte, beantragte Bischoff in seinem zweiten Bericht den Bau von vier hölzernen Pferdestall-Baracken in der Nähe der beiden Bunker, die als Auskleideräume für die »Arbeitsunfähigen« dienen sollten. Jede Baracke kostete 15 000 RM. Der Antrag war folgendermaßen formuliert:»4 Stück Baracken für Sonderbehandlung der Häftlinge in Birkenau«.[146] In diesem Zusammenhang tauchte Ende Juli 1942 das Wort»Sonderbehandlung« zum erstenmal auf. Doch die Personengruppe, auf die sich diese Bezeichnung bezog, und ihre Bedeutung waren nur der SS von Berlin und Auschwitz genau bekannt. Außerdem benötigte man für die»Sonderbehandlung«, auch Judenumsiedlung genannt, Zyklon B.[147] Diese vereinbarten Ausdrücke standen für die Liquidierung der»arbeitsunfähigen« Juden durch Gas in Birkenau. Um die»Umsiedlung« der Juden zu vereinfachen, beantragte die SS von Auschwitz Lastwagen. Fünf Wagen, die für»Sonderaktionen« bestimmt waren, wurden ihnen am 14. September vom SS-WVHA Berlin bewilligt. So wurde der eigentliche Akt der Tötung als»Sonderbehandlung« oder»Umsiedlung« deklariert, während der gesamte Vorgang (Selektion, Transport der»Unbrauchbaren« und die Tötung durch Giftgas eingeschlossen) als»Sonderaktion« bezeichnet wurde, ein Ausdruck, der nicht spezifisch auf ein Verbrechen verwies, da er sich auch auf eine nicht verbrecherische Handlung hätte beziehen können. Die Lastwagen dienten tatsächlich dazu, die»arbeitsunfähigen« Juden von der ersten»Rampe« des Güterbahnhofs Auschwitz, wo die Selektion der»Arbeitsfähigen« und»Arbeitsunfähigen« stattfand, zu Bunker 1 und 2 zu bringen.

Anscheinend war es Höß gelungen, die wahren sanitären Zustände im Lager vor Himmler zu verheimlichen. Doch da sich die Fleckfieber-Epidemie weiter ausbreitete und die Lage immer katastrophaler wurde, ordnete man am 23. Juli eine totale Lagersperre an. Um der Krankheit Einhalt zu gebieten, mußte der Überträger, die Laus, ausgemerzt werden. Alles mußte dringendst entlaust werden, die Effekten, die Baracken, die Gebäude, die Werkstätten, und um das Lager zu retten, benötigte man Tonnen von Zyklon B. Jedoch war die Entlausung mittels Gaskammern faktisch seit Juni 1940 infolge der Rationierung von Eisen und Dichtungsmaterialien sowie bestimmter anderer Materialien, die bei diesem Verfahren benötigt wurden, so gut wie verboten.[148] Nur durch das Eingreifen des SS-WVHA konnte man schnell so große Gasmengen beschaffen. Die SS von Auschwitz behauptete einfach, die Epidemie sei gerade erst ausgebrochen, während sie doch in Wirklichkeit bereits seit langem wütete. Am 22. Juli erteilte das SS-WVHA einem Lastwagen die Genehmigung, direkt zum Hersteller des Zyklon B nach Dessau zu fahren, um dort etwa 2 bis 2,5 Tonnen des Mittels »zur Bekämpfung der auftretenden Seuche« abzuholen. Am 29. wurde eine zweite Genehmigung erteilt, um in Dessau noch einmal die gleiche Menge Zyklon B »zur Desinfizierung des Lagers« abzuholen. Am 12. August wurde bei der Ausgasung eines Gebäudes eine Person leicht vergiftet. Aufgrund dieses Zwischenfalls rief Höß den SS-Leuten und den Zivilisten die bei der Verwendung von Zyklon B einzuhaltenden Sicherheitsbestimmungen in Erinnerung. Denn dieses Mittel war, anders als früher, quasi geruchlos und insofern besonders gefährlich.[149] Um den 20. August herum waren die Vorräte an Zyklon B beinahe aufgebraucht, doch die Epidemie war noch nicht eingedämmt. Eine erneute Beantragung des Mittels hätte die SS-Auschwitz gezwungen zuzugeben, daß sie die Lage noch immer nicht unter Kontrolle hatte. Und so verfiel man auf folgenden Trick: der unglaublich hohe Verbrauch an Gas wurde mit dem Mord an den Juden erklärt. Am 26. August wurde eine Transporterlaubnis ausgestellt, auf der als Grund »Sonderbehandlung«[150] angegeben war. Wenngleich den Verantwortlichen des SS-WVHA das Ergebnis der »Behandlung« bekannt war, waren sie nicht mit den Modalitäten vertraut, das heißt, die benötigte Giftmenge war ihnen nicht bekannt. So hatte man die Möglichkeit, sie glauben zu machen, daß der größte Teil des gelieferten Zyklon B für die Vergasungen im Bunker 1 und 2 eingesetzt wurde, während in Wirklichkeit 2 bis 3 Prozent der Menge ausreichten. 97 bis 98 Prozent konnten also für die Entlausung verwendet werden. Dennoch erregte der ungewöhnlich hohe Bedarf das Mißtrauen des Leiters des SS-WVHA, Oswald Pohls.

Inzwischen waren die Vorbereitungen für den Bau des neuen Krematoriums in vollem Gange. Am 18. Juni war aus Erfurt ein Waggon mit fünf Tonnen Material abgegangen, der die fehlenden Teile der fünf Dreimuffelöfen, den Müllverbrennungsofen und die drei Gebläse des Saugzugs, jedoch ohne die dazugehörigen Motoren, enthielt.[151] Am 29. traf der Waggon an seinem Bestimmungsort ein. Die fehlenden 15-PS-Motoren folgten am 6. August.[152] Anfang Juli fragte die Bauleitung bei zwei Hoch- und Tiefbaufirmen, die in Birkenau arbeiteten – Huta und Lenz & Co. –, an, ob sie bereit wären, den Bau des neuen Krematoriums zu übernehmen. Lenz lehnte wegen Personalmangels ab.[153] Die Huta übernahm den Großauftrag am 13. Juli, nachdem sie die Kosten auf 133741,65 RM beziffert hatte.[154] Die Arbeiten sollten am Montag, den 10. August beginnen, nachdem ein Häftlingskommando die Vorbereitung der Örtlichkeiten am 5. August abgeschlossen hatte.[155] Die Bauleitung von Auschwitz führte drei Monate später in einem Bericht an das SS-WVHA aus, daß die durch die »Sonderbehandlungen« entstandene Situation den sofortigen Baubeginn des neuen Krematoriums erforderlich gemacht habe.[156] Diese Aussage belegt eindeutig, welche entscheidende Rolle das neue Krematorium bei der Wahl von Auschwitz als Zentrum für die massive Vernichtung der Juden gespielt hat. Was zunächst als normale sanitäre Maßnahme in einem Kriegsgefangenenlager vorgesehen war, wurde infolge von Prüfers wirtschaftlicher Überzeugung, der Leidenschaft für seinen Beruf, seiner kreativen Fähigkeiten und seiner guten Verbindung zu Bischoff zu einem potentiellen Moloch. Die beeindruckende Einäscherungsanlage mußte den SS-Funktionären in Berlin auffallen und wurde später von ihnen mit der »Endlösung« des Judenproblems in Verbindung gebracht.

Auf Befehl von Himmler und Kammler war die Zahl der Häftlinge des KGL Birkenau auf 200000 festgesetzt worden, was eine erneute Vergrößerung des Lagers und eine Erhöhung seiner Einäscherungskapazitäten erforderlich machte. Das KGL, das ursprünglich aus einem Quarantänelager und zwei Wohnlagern bestanden hatte, war im Januar 1942 umgestaltet worden und bestand nun aus drei Abschnitten: der erste umfaßte 20000 Gefangene, der zweite und dritte je 60000 (insgesamt 140000). Ende Juli wurde südlich von den bereits vorhandenen ein vierter Abschnitt mit 60000 Gefangenen angeschlossen und somit die Aufnahmefähigkeit des Lagers auf 200000 Personen erhöht. Die logische sanitäre Folge dieser Zunahme an Insassen und Personal war, für ein zusätzliches Krematorium zu sorgen, und die einfachste Lösung wiederum war, das berühmte neue Krematorium (das die Topf und die Bauleitung gemeinsam entworfen hatten) einfach doppelt so groß zu planen. Um die architektonische Ausgewogenheit zu wahren, beschloß man, die beiden Bauten einander gegenüberzusetzen, so daß der eine zum Spiegelbild des anderen wurde. Die Anzahl der Einäscherungskammern belief sich auf dreißig, das heißt eine Muffel für 6670 Gefangene. *(Dokument 20. Tatsächlich umfaßte das KGL Birkenau nur drei Bauabschnitte, BI, BII und BIII. Nur die beiden ersten wurden fertiggestellt. Der Komplex BIII, in dem der Krankenbau eingerichtet werden sollte, wurde nur mit einem Drittel der vorgesehenen Baracken bebaut und diente vor allem im Sommer 1944 als Durchgangslager [Ungarn-Aktion].)*

Der Schornstein des Stammlagers wurde am 8. August fertiggestellt.[157] Er arbeitete mit natürlichem Zug, da der mechanische Saugzug, dessen Kapazitäten nicht ausreichten, nicht mehr eingebaut worden war. Köhler legte der Bauleitung eine Rechnung in

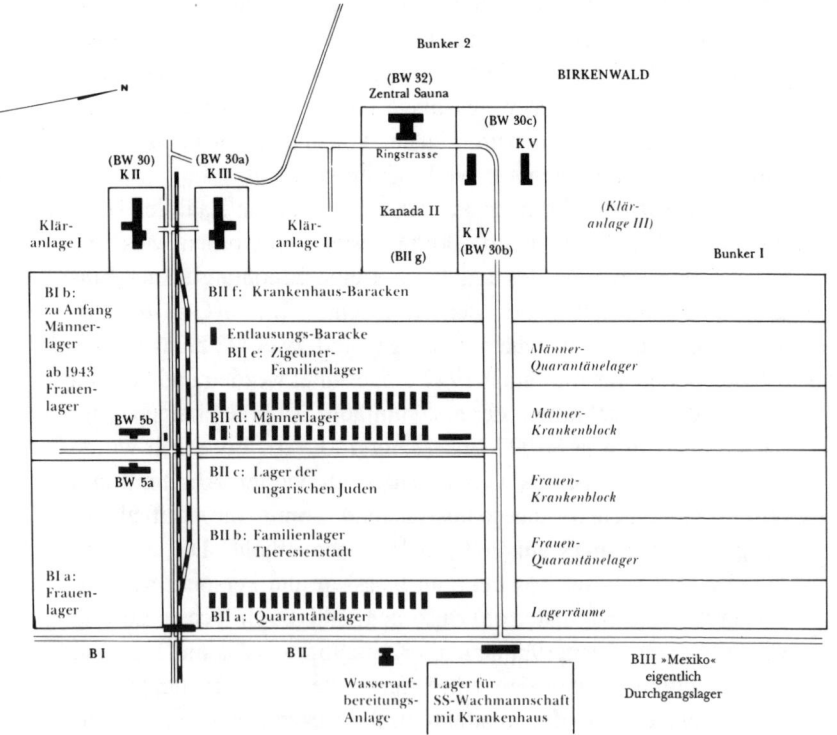

Höhe von 4659,94 RM[158] vor, die beim SS-WVHA für diese Arbeiten um einen Zuschuß in Höhe von 11 500 RM[159] gebeten hatte. Wenn man die Zeit, die für den Aufbau des dritten Ofens und die Errichtung des neuen Schornsteins erforderlich gewesen war, zusammenrechnet, war das Krematorium im ersten Halbjahr 1942 insgesamt drei Monate lang nicht funktionsfähig gewesen. Der Ausfall hatte sich besonders unangenehm bemerkbar gemacht, da durch die Fleckfieber-Epidemie die Zahl der Toten angestiegen war (in seinen Memoiren legt Kommandant Höß diesen Stillstand in den Winter 1941/42[160]). So mußten die Leichen, anstatt eingeäschert zu werden, mit denen der als »arbeitsunfähig« eingestuften und vergasten Juden in den Massengräbern des Birkenwaldes in Birkenau begraben werden. Sobald die Krematorien wieder in Betrieb genommen wurden, konnten die Kapazitäten der drei Doppelmuffelöfen voll ausgeschöpft werden (200 bis 250 Einäscherungen pro Tag). Dies führte zu einer erneuten Beschädigung des Schornsteins, die am 13. August festgestellt wurde. Köhler wurde davon in Kenntnis gesetzt und dringlichst herbeibeordert. Den SS-Leuten wurde bewußt, daß sie nur eine geringe Sicherheitsspanne hinsichtlich der Einäscherungen hatten, die ganz wegfiel, sobald im Krematorium des Stammlagers die geringste Panne auftrat. Angesichts der Judentransporte, die ununterbrochen eintrafen, und Tausender von Fleckfiebertoten beschloß die Bauleitung, den Bereich der Lager und Außenlager mit außerordentlich leistungsstarken Einäscherungsanlagen auszustatten. Zu diesem Zweck wurde Ingenieur Prüfer nach Auschwitz bestellt, wo er am 18. August eintraf.

Am Mittwoch, den 19. und Donnerstag, den 20. August erreichte Prüfers Karriere ihren Höhepunkt. Er handelte Verträge in Höhe von mehr als 80 000 RM aus, wobei die kleineren Posten für Ventilation (diesen hatte er seinem Kollegen Schultze[161] überlassen) und die Rechnungen für die Arbeitsleistung seiner Monteure noch gar nicht mitgerechnet waren. Man kann davon ausgehen, daß die Entscheidung, drei weitere Krematorien in Birkenau zu bauen, am 19. gefällt wurde. Zwei davon standen unmittelbar mit dem Verbrechen der Judenvernichtung im Zusammenhang. Durch Vorarbeiten, die telefonisch abgesprochen worden waren, hatte man bereits im Vorfeld bestimmte Fragen geklärt. Ursprünglich hatte Bischoff einerseits vor, ein zweites Krematorium mit fünfzehn Muffeln neben dem ersten zu errichten, sobald die Belegung des KGL 100000 Gefangene überschreiten würde (dabei handelte es sich um ein sehr langfristiges Projekt, denn Anfang August 1942 belief sich der gesamte Personenbestand des Konzentrationslagerkomplexes Auschwitz nur auf 22000 Personen). Andererseits hatte er in der Nähe der Bunker 1 und 2 ein provisorisches Krematorium geplant, das die ›Produktion‹ der Bunker bewältigen sollte, die auf Befehl Himmlers nicht mehr begraben, sondern verbrannt werden mußte. Zu diesem Zweck dachte er an ein Krematorium mit zwei vereinfachten Dreimuffelöfen, später nahm er dann von diesem Plan auf Kammlers Anordnung hin wieder Abstand. Doch unter dem Druck der Fleckfieber-Epidemie, die täglich 250 bis 300 Todesopfer forderte – und zwar sowohl unter den Häftlingen als auch unter der Zivilbevölkerung und den SS-Leuten, die sie ins Jenseits begleiteten –, und der unaufhörlich eintreffenden Judentransporte drängte Bischoff auf Verlangen von Höß nicht nur auf eine beschleunigte Ausführung des Krematoriumsvorhabens, sondern auch auf eine Verdoppelung der ursprünglich geplanten Anlage. Aus dem Krematorium des Stammlagers wurde Nr. I, und folgende weitere sollten sofort gebaut werden:

– Krematorium II mit fünf Dreimuffel-Einäscherungsöfen (die Bauarbeiten waren bereits vorbereitet);
– Krematorium III, dessen Einäscherungsleistung der von Nr. II entsprechen sollte;
– Krematorium IV, mit zwei vereinfachten Dreimuffel-Einäscherungsöfen, war für Bunker 2 vorgesehen;
– Krematorium V, dessen Einäscherungsleistung der von Nr. IV entsprechen sollte, war für Bunker 1 vorgesehen.

Um in Berlin die Genehmigung für den Bau des Krematoriums III zu bekommen, das aus sanitären Gründen eingerichtet werden sollte, mußte man es in verwaltungstechnischer Hinsicht ›kriminalisieren‹ und behaupten, es stünde in Zusammenhang mit den

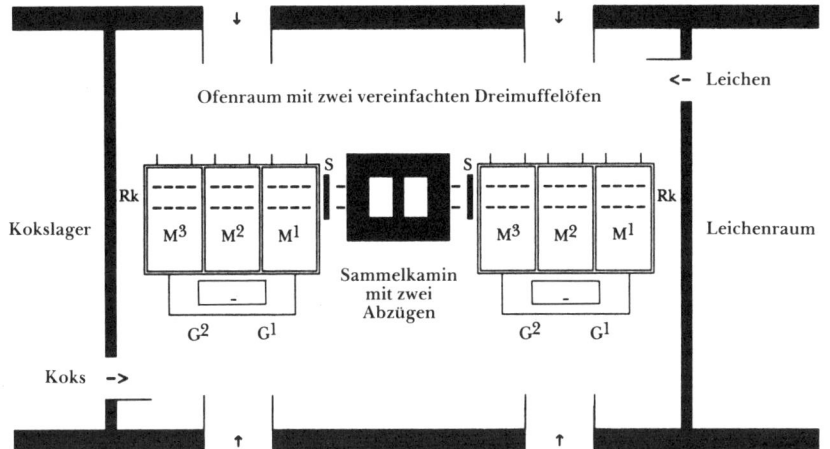

Ofenraum mit zwei vereinfachten Dreimuffelöfen

<- Leichen

Kokslager

Rk

M³ M² M¹

S

S

M³ M² M¹

Rk

Leichenraum

Sammelkamin
mit zwei
Abzügen

G² G¹

G² G¹

Koks ->

Voraussichtliche Anordnung des Krematoriums mit zwei vereinfachten Dreimuffelöfen (die beiden Dreimuffelöfen werden später durch einen Doppelofen mit vier Muffeln ersetzt; Höhe des gemeinsamen Schornsteins ohne Saugzug: 15 Meter).

»Sonderaktionen«, was dann tatsächlich später auch der Fall war. Man wandte sich nicht wie üblich an das SS-WVHA, sondern an das RSHA (Reichssicherheitshauptamt), das für die Deportation der Juden zuständig war, um dort die Freigabe der notwendigen, kontingentierten Materialien zu erwirken. Dieses Vorgehen war um so ungewöhnlicher, als selbst die kontingentierten Materialien für den Bau der Krematorien IV und V – die zu Bunker 1 und 2 gehörten – vom SS-WVHA, und nicht vom SS-RSHA, bewilligt worden waren. Es ist wahrscheinlich, daß es sich um eine verwaltungstechnische Manipulation handelte, die in geheimem Einverständnis mit beiden Ämtern durchgeführt wurde, um sich auf diese Weise schneller Eisen beschaffen zu können. Dennoch wurde das Krematorium III im Rahmen des Bauvorhabens VIII Up a 2[162] vom SS-WVHA finanziert, denn alle Ausgaben, die in Zusammenhang mit der Einrichtung des KGL Birkenau standen, wurden aus dem Haushalt dieses Amtes bestritten. Prüfer hingegen hatte ganz andere Sorgen. Bischoff hatte ihn davon unterrichtet, daß sein Entwurf eines provisorischen Krematoriums für die Bunker 1 und 2 wieder aufgegriffen worden sei, doch die Dringlichkeit dieser Anfrage hatte den Ingenieur völlig überrascht. Sein vereinfachter Dreimuffelofen befand sich noch im Stadium der Planung, und die Herstellung der notwendigen Teile brauchte Zeit. Prüfer entschloß sich, die beiden vereinfachten Dreimuffel- durch einen Doppelofen mit vier Muffeln aus dem Mogilew-Vertrag zu ersetzen. Denn zwei dieser Öfen waren fertig und sollten nach Rußland verschickt werden. Und wenn Bischoff bereit wäre, sich noch etwas zu gedulden, könnte die Erfurter Fabrik rasch weitere Modelle produzieren, da die Öfen bereits in Serie gegangen waren. Er schlug Bischoff diesen Austausch vor, und dieser ließ am 14. August die entsprechenden Pläne zeichnen.[163] Auf ihnen war nur der Doppelofen mit seinen beiden Schornsteinen eingezeichnet, während die Leichenräume lediglich grob skizziert waren.

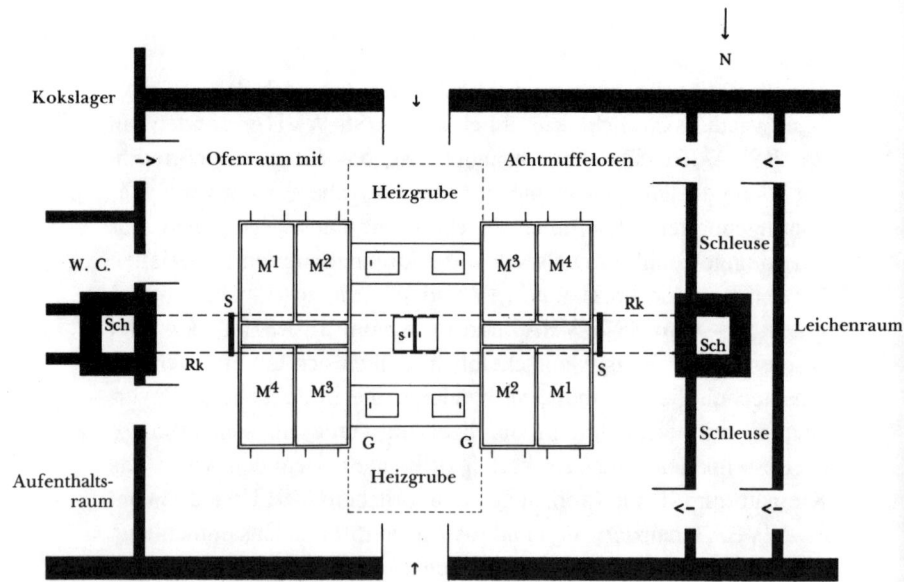

Einäscherungsanlage mit Doppel-Viermuffelofen (späteres Krematorium IV).

Am Morgen des 19. begab sich Prüfer zum Bauhof von Auschwitz, um sich davon zu überzeugen, daß alle Metallteile der fünf Dreimuffelöfen unbeschadet angekommen waren. Bei seiner Überprüfung stellte er fest, daß von den elf Tonnen Material ein großer Teil der Metallteile für den zweiten Doppelmuffelofen von Mauthausen bestimmt war, die wegen der hartnäckigen Verzögerungstaktik des SS-Obersturmführers Naumann[164] in Erfurt gelagert worden waren. Die Teile waren aus Unachtsamkeit mit eingeladen und am 16. April von Erfurt aus verschickt worden. Zwar war er im ersten Augenblick wütend über dieses Versehen, entschloß sich dann aber, die Lage zu seinem Vorteil zu nutzen. Durch die Hygieneempfehlungen, die ihm bei seiner Ankunft mitgeteilt worden waren, hatte er sogleich von der Fleckfieber-Epidemie erfahren. Darüber hinaus hatte er im Gespräch mit SS-Leuten gehört – wenngleich er es nicht hätte erfahren dürfen –, was im Sperrgebiet von Birkenwald vor sich ging *(Dokument 21)*, wo die Bunker 1 und 2 lagen. Um 14 Uhr war eine Versammlung bei der Bauleitung angesetzt. Teilnehmer waren: SS-Untersturmführer Fritz Ertl (Ingenieur-Architekt und Bauleiter) in Vertretung von Bischoff, der nach Berlin hatte reisen müssen, und SS-Unterscharführer Hans Kirschneck für die Bauleitung, Ingenieur Kurt Prüfer für die Firma Topf und Ingenieur Robert Köhler. Es wurde folgendes beschlossen:

Bezüglich Krematorium II: Der Aufbau von fünf Öfen sollte gleich nach der Ankunft von Martin Holik, der die Anfeuerung des ersten Dreimuffelofens in Buchenwald beaufsichtigte, etwa am 26. oder 27. beginnen. Köhler war für die Ofenauskleidung, die unterirdischen Rauchkanäle (deren Ausführung dann eine andere Firma übernahm) und den Sammelschornstein mit zwei Abzügen, gemäß den Plänen und Anweisungen der Topf, zuständig.

Bezüglich der Krematorien IV und V, die für die Bunker 1 und 2 vorgesehen waren: Prüfer schlug vor (wie er es bereits mit Bischoff abgesprochen hatte), sie mit Doppel-Viermuffelöfen auszustatten, die er von der versandbereiten Lieferung für den Mogilew-Vertrag abzweigen würde. Das SS-WVHA war darüber informiert worden und regelte diese Umverteilung mit der Bauleitung Rußland-Mitte. Köhler sollte die vier dafür benötigten Schornsteine bauen. Darüber hinaus wurde ihm das gesamte Dossier des provisorischen Krematoriums mit den vereinfachten Dreimuffelöfen[165] übergeben, damit er einen Kostenvoranschlag ausarbeiten konnte, denn die Bauleitung ging davon aus, daß Prüfer – entgegen seinen Aussagen – nicht die vier Poliere zur Verfügung stellen konnte, die notwendig waren, um die Öfen gleichzeitig in den Krematorien aufbauen zu können. In seinem Bericht über diese Versammlung bezeichnet Ertl Bunker 1 und 2 als »Badeanstalt für Sonderaktionen«. Ab dem 19. August wußten die beiden beteiligten Zivilisten, Prüfer und Köhler, offiziell, daß die Öfen und Schornsteine, mit denen sie die Krematorien IV und V ausstatten würden, mit einer verbrecherischen Handlung in Verbindung standen. Es stand ihnen frei, den Auftrag anzunehmen oder abzulehnen. Indem sie ihn annahmen, machten sie sich zu Komplizen der SS bei der Ermordung der Juden. Köhler trug persönlich die Verantwortung dafür, daß sein Unternehmen in diese »Sonder«-Arbeiten einbezogen wurde, während Prüfer nicht mit allen notwendigen Vollmachten ausgestattet war, um die Firma, in der er arbeitete, in ein solches Geschäft zu verwickeln; er tat es hingegen in seinem eigenen Namen, doch konnte er sich sicher sein, daß seine Chefs ihm Rückendeckung geben würden, da Ludwig Topf der SS nichts mehr abschlagen konnte.

Bezüglich Krematorium III, das Spiegelbild von Krematorium II, das als letztes gebaut werden sollte: Hier hing der Zeitpunkt des Baubeginns nur von den laufenden Verhandlungen mit dem SS-WVHA ab, das eine Freigabe des erforderlichen Eisens erwirken mußte.

Außerdem berichtete Prüfer von dem Irrtum, den er am Morgen entdeckt hatte, und schlug in Anbetracht der Dringlichkeit der Lage vor, den für Mauthausen bestimmten Doppelmuffelofen sogleich in Auschwitz aufzubauen. Dann begaben sich Köhler und SS-Unterscharführer Kirschneck zur Baustelle im Krematorium I, um die Schäden an dem neuen Kamin in Augenschein zu nehmen und geeignete Maßnahmen für einen möglichst schnellen Abschluß der Bauarbeiten festzulegen.[166] Am nächsten Tag begleitete der SS-Sturmmann Josef Janisch Köhler und vielleicht auch Prüfer nach Birkenau zu einer Besichtigung der Baustelle des Krematoriums II.

Selbst wenn sie bei dieser Gelegenheit auch die Standorte für die künftigen Krematorien III, IV und V besucht haben sollten, so ist es dennoch unwahrscheinlich, daß sie die Sperrzone des Bunkers 1 und 2 betreten haben. Vor seiner Rückreise nach Erfurt bat Prüfer um eine handschriftliche Bestätigung der Bestellung von vier vereinfachten Dreimuffelöfen für die Krematorien IV und V oder um eine schnelle Bestätigung für die Einbehaltung der Öfen aus dem Mogilew-Kontingent, sofern man sich für diese Lösung entscheiden sollte.[167]

Nach Rücksprache mit dem SS-WVHA traf Ertl am 24. August seine Entscheidung.[168] Der Ofen mit den Doppelmuffeln würde nach Mauthausen zurückgehen, und zwei doppelte Viermuffelöfen sollten aus dem Mogilew-Kontingent abgezogen werden. Köhlers Kostenvoranschlag für die Dreimuffelöfen[169] wurde also abgelehnt, da dieses Vorhaben nicht ausgeführt wurde. So hatte Prüfer das ›Geschäft des Jahrhunderts‹ auf dem Markt für Einäscherungsöfen abgeschlossen, selbst wenn es ihm nicht gelungen war, den Ofen von Mauthausen, dessen Teile nach Gusen zurückgeschickt wurden, nach Auschwitz zu verkaufen. Eigentlich hatte Prüfer Pech gehabt, denn Ertl wurde von Bischoff nach dessen Rückkehr aus Berlin heftig getadelt, weil er, ohne Bischoff zuvor konsultiert zu haben, die Rücksendung des Ofens nach Mauthausen mit dem SS-WVHA ausgehandelt hatte. Somit war eine gute Gelegenheit verpaßt, im Lager einen weiteren Doppelmuffelofen aufzustellen, was angesichts der damaligen Lage durchaus möglich gewesen wäre.[170]

Die einzelnen Schritte und Gespräche, die zu der endgültigen Entscheidung geführt hatten, in Birkenau vier Krematorien zu errichten, die zu jener Zeit noch ohne Gaskammern geplant waren, lassen sich folgendermaßen zusammenfassen: Obgleich das Krematorium II sozusagen als Katalysator bei der Wahl von Auschwitz als Zentrum für die Vernichtung der Juden wirkte, besteht kein direkter Zusammenhang zu dieser Vernichtung, sondern es ist als zufällig vorhandenes Hilfsmittel anzusehen. Das Krematorium III war lediglich als Ergänzung des Krematoriums II geplant, dessen Bau angesichts der 200 000 Häftlinge vorgenommen und nur aufgrund der Bedürfnisse der SS-Bürokratie ›kriminalisiert‹ wurde.

Die Krematorien IV und V, die gemeinsam geplant wurden, stehen im direkten Zusammenhang mit den Bunkern 1 und 2, und selbst wenn ihre ursprüngliche Ausstattung nicht verbrecherischer Art war (ohne Gaskammern), so war es ihre eigentliche Bestimmung sehr wohl, da sie am Ende eines Tötungsvorgangs standen, dessen Bestandteil sie waren.

# IX

# Die Einrichtung von Gaskammern in den Krematorien

Daß Prüfer außer dem Mogilew-Vertrag auch noch den Vertrag über die Krematorien mit Auschwitz abgeschlossen hatte, verblüffte seine Vorgesetzten. Vor allem Fritz Sander war außerordentlich beeindruckt von dem, was Prüfer bei seiner Rückkehr nach Erfurt berichtete. Dieser gab zwar nur ›allgemeine‹ Informationen, die er vom SS-WVHA und von Bischoff bekommen hatte, weiter, ohne etwas von der Liquidierung der Juden in Birkenau verlauten zu lassen, doch er erzählte, daß der siegreiche Beginn des Rußlandfeldzuges in den Ostgebieten die Einrichtung von Sammellagern für die große Zahl von Gefangenen notwendig gemacht habe, da dort aufgrund der Fleckfieber-Epidemie die Sterblichkeitsrate sehr hoch sei. Da die Bestattung einer solchen Anzahl von Toten, die oft noch dazu Überträger ansteckender Krankheiten seien, mit Sicherheit ein Risiko für die Umgebung darstelle, sei in diesem Fall die beste, sicherste und hygienischste Methode die Masseneinäscherung. Diese Praxis sei in Deutschland natürlich verboten, doch in diesem rückständigen Land sei dieser Weg möglich, ja sogar bestimmt der einzig gangbare. Sander, der diese ›Sanitärkampagne‹ unterstützen wollte, entwarf im Oktober den Plan für einen riesigen Einäscherungsofen, der im Dauerbetrieb eine große Anzahl von Leichen verbrennen konnte. Für dieses Modell meldete er am 4. November ein Patent an.[171] Ein solches Projekt war zwar Irrsinn, ebenso wie Prüfers Krematorium, doch diese beiden hervorragenden Ingenieure der Topf waren sich dessen nicht bewußt, daß sie die Grenze zwischen Normalität und Anormalität überschritten. So wurden sie in der Folge zu Mittätern bei der verbrecherischen Massenvernichtung.

Die Bauleitung von Auschwitz konnte trotz der vielen tausend Häftlinge, die ihr als Hilfskräfte zur Verfügung standen, den Bau der Krematorien von Birkenau nicht allein bewerkstelligen. Die Angehörigen der Bauleitung waren durchaus in der Lage, weniger komplizierte Bauvorhaben zu leiten (etwa den Bau von Holzbarakken und Wohnhäusern), doch benötigten sie für technischere Projekte in folgenden Stadien Hilfe von außen: zum einen bei der vorangehenden Planung, für die sie sich bei Zivil-Ingenieuren spezialisierter Firmen Unterstützung holten, zum anderen bei der Ausführung, für die sie einen oder mehrere Bauleiter benötigten, die von den jeweiligen Firmen geschickt wurden. Bischoff seinerseits stellte einen seiner fachkundigen Untersturmführer (genannt SS-Fachführer, später SS-Sonderführer) für das jeweilige beschlossene Bauvorhaben ab, für das dieser dann voll verantwortlich war. Er verhandelte mit den Zivil-Firmen, überwachte die Durchführung der Arbeiten und achtete auf einen planmäßigen Abschluß der Bauarbeiten. So war der SS-Unterscharführer Kirschneck, ein Hochbautechniker, mit dem Wiederaufbau des Kamins im Krematorium I durch die Firma Köhler betraut worden. Und da er seinen ersten Auftrag rasch und sehr beflissen ausgeführt hatte, wurde er umgehend zum SS-Untersturmführer ernannt.[172]

Für den Bau der Krematorien von Birkenau hatte man zwölf Zivilfirmen hinzugezogen. Die Erfurter Topf, die sie geplant hatte, sollte die Öfen aufstellen und die Lüftungen einbauen. Die Firma Köhler aus Myslowitz war für die Errichtung der Schornsteine zuständig. Die Firma Huta aus Kattowitz, die bereits den Rohbau für das Krematorium II ausgeführt hatte, übernahm auch den für Nr. IV und V und erklärte sich schließlich bereit, die gesamten Maurerarbeiten für die Nr. III durchzuführen. Ein Zulieferer der Huta, die Firma Vedag aus Breslau, sicherte die Keller der Krematorien II und III gegen Wasser. Die Drainage des Krematoriums II, die die Continentale Wasser-Gesellschaft mbH aus Berlin begonnen hatte, wurde von den Firmen Karl Falck aus Gleiwitz und der Triton aus Kattowitz zu Ende geführt, die später auch für die Drainage von Nr. III, IV und V zuständig waren. Die Firma Konrad Segnitz aus Beuthen plante die Dachstühle für alle vier Gebäude und stellte die notwendigen Teile her. Die Ausführung der Dacharbeiten hingegen übernahm die Industrie-Bau-AG aus Bielitz. Die Firma Riedel und Sohn aus Bielitz beendete den von der

Huta begonnenen Rohbau der Krematorien IV und V. Die Firma Josef Kluge aus Gleiwitz half der Topf bei der Aufstellung der Öfen in den Krematorien IV und V.[173] Die Firma Hermann Hirt (Nachfolger) war für die Fertigstellung der Krematorien IV und V verantwortlich. An jedem Bauwerk (BW) waren einhundert bis einhundertfünfzig Personen beteiligt – etwa zwei Drittel Häftlinge und ein Drittel Zivilisten, und die Arbeiten wurden von den Polieren der jeweils zuständigen Firma geleitet. Die Bauleitung versah die vier Baustellen mit folgender Nomenklatur: – Krematorium II : BW 30; – Krematorium III: BW 30a; – Krematorium IV: BW 30b; – Krematorium V: BW 30c.

Ende August hatte die Huta die Böden und Wände der beiden unterirdischen Leichenräume des Krematoriums II fertiggestellt. Jetzt mußten sie noch durch einen Bitumenüberzug gegen Wasser geschützt werden. Damit beauftragte die Firma Huta die auf solche Arbeiten spezialisierte Vedag. Diese nahm den Auftrag an, doch da Bitumen unter die Kontingentierungsregelung fiel, hatte man dort nicht die ausreichende Menge für diese Arbeit auf Lager und mußte erst eine Zuteilung beantragen. Da sich die Vedag offenbar nicht ganz im klaren darüber war, von wem der Auftrag ausging, leitete sie die üblichen Schritte ein, ganz so als handele es sich um einen normalen Privatkunden. Das führte zwangsläufig zu erheblichen Wartezeiten oder konnte gar mit einer Ablehnung enden.[174] Als Bischoff sah, daß die Zeit verging und die Angelegenheit sich gefährlich in die Länge zog, schrieb er direkt an einen seiner Freunde, den SS-Obersturmführer Weber im SS-WVHA, um schnellstens das benötigte Bitumen zugewiesen zu bekommen.[175] Es wurde Ende Oktober geliefert, und die Leichenkeller der Krematorien II und III konnten noch rechtzeitig abgedichtet werden, ehe im Winter der Grundwasserspiegel anstieg. Da es sich bei dem Doppel-Viermuffelofen, auch als Achtmuffelofen bezeichnet, um einen Feldtyp handelte, mußte er zunächst umgebaut werden, ehe er in Birkenau aufgestellt werden konnte. Die Heizung mußte von Holz auf Koks umgerüstet, der Innenraum wärmeisoliert und die beiden Generatoren mit Türen versehen werden. Die Kosten betrugen 3258 RM für beide Öfen.[176] Am 8. September wurden die wesentlichen Teile (Armierung und Schamotte) für zwei Achtmuffelöfen (insgesamt ein Gewicht von zwölf Tonnen) in Erfurt mit der Bahn abgeschickt und kamen am 16. in Auschwitz an.[177] In Empfang genommen wurde das Material von zwei Polieren der Topf, Martin Holik (der als erster eingetroffen war) und Wilhelm Koch (der eine Woche später nachgekommen war), die gerade mit dem Fundament für die fünf Öfen des Krematoriums II begonnen hatten.

Da die Öfen, die Holik und Koch aufstellten, erst einige Monate später funktionstüchtig gewesen wären, konnte man sie noch nicht einplanen, um die Leichen aus den Massengräbern im Birkenwald zu beseitigen. Dies mußte aber dringend geschehen, da die Verwesungsabsonderungen das Grundwasser zu verseuchen begannen. Bei einem Anstieg des Wasserspiegels hätte sich die Lage noch verschlimmert. Es gab also keine andere Lösung, als die Leichen noch vor Einsetzen des Winters auszugraben und unter freiem Himmel zu verbrennen. Die Exhumierung schien den SS-Leuten nicht weiter problematisch, da sie schon im vorhinein jeglichen Gedanken an das Grauen, das die mit dieser entsetzlichen Aufgabe betrauten jüdischen Häftlinge durchstehen mußten, verbannten. Hingegen erforderte die Verbrennung einer so großen Anzahl von Leichen unter freiem Himmel eine gewisse Erfahrung, über die die SS von Auschwitz nicht verfügte. Aus diesem Grund begab sich Kommandant Höß in Begleitung der SS-Untersturmführer Franz Hößler und Walter Dejaco am 16. September frühmorgens nach Litzmannstadt (Lodz), um sich dort eine »Sonderanlage« anzusehen, die dem SS-Standartenführer Paul Blobel unterstand.[178] Der Besuch war furchtbar anstrengend, doch äußerst lehrreich. Dejacos Angaben zufolge ähnelte die Anlage einem großen, runden Kohlenmeiler mit einem Durchmesser von vier bis sechs Metern, um den rundherum Erde aufgeschüttet war.[179] Blobel hob die Anordnung – abwechselnd eine Schicht Leichen und eine Schicht Holz – als äußerst bedeutsam hervor. Dejaco zeichnete eine Skizze des ›Kohlenmeilers‹. Blobel war der Meinung, daß seine Anlage nicht für eine schnelle Einäscherung geeignet war, da der Verbrennungsprozeß nur langsam vonstatten ging. Doch das Prinzip (der abwechselnden Schichtung) war durchaus anwendbar. Schließlich wies sie Blobel freundlicherweise darauf hin, daß die Firma Schriever & Co. in Hannover über Kugelmühlen verfüge, die für die

Zerkleinerung (nichtverbrannter) ›Substanzen‹ geeignet seien. Die drei SS-Männer müssen die Nacht in Lodz verbracht haben, da sie erst am nächsten Mittag nach Auschwitz zurückkehrten. Dejaco schrieb den »Reisebericht« und legte seine Zeichnung bei (diese ist nicht mehr auffindbar).

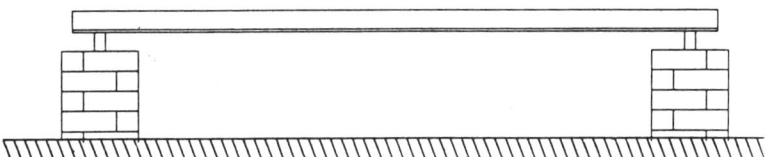

Blobels Anlage wurde in Birkenau nicht nachgebaut, doch man hielt sich an sein Prinzip: zur Verbrennung wurden Holz und Leichen abwechselnd auf einen großen Rost aus Eisenbahnschienen geschichtet, der auf niedrigen Ziegelsteinpfeilern lag. Hößler war für diese ›Arbeit‹ verantwortlich, und mit Hilfe von 20 bis 30 SS-Leuten und 300 jüdischen Häftlingen gelang es ihm dank dieses Systems, vom 21. September bis Ende November 50 000 Leichen von Häftlingen und »arbeitsunfähiger« Juden zu verbrennen, die man aus den Massengräbern geholt hatte.[180] In seinen »Memoiren« spricht Höß fälschlicherweise von 107 000 Leichen und behauptet, daß die Verbrennungen in den Massengräbern selbst vorgenommen wurden, was jedoch in diesem Fall unmöglich ist. Er verwechselt diesen Sachverhalt mit der im Sommer 1944 angewandten Methode, als die Gräber anfänglich noch leer waren.[181] Während der zwei Monate, in denen in der Sperrzone die Massengräber geleert wurden, riß im tiefsten Birkenwald die Hölle Tag und Nacht ihren rotglühenden Schlund auf. Der Polier der Firma Köhler, der auf seinem Gerüst stand und damit beschäftigt war, den Schornstein des Krematoriums II mit einem Holzring zu bereifen, sah die Flammen ebenso wie der Mann von der Industrie-Bau-AG, der auf dem Dach arbeitete. Wenn sie von ihren Aussichtsposten herabstiegen, berichteten sie den Vorarbeitern der anderen Firmen, Holik und Koch, und den anderen Zivilarbeitern in den Krematorien von der Feuersbrunst, die das Grün des Waldes in der Sperrzone gelblich-rot färbte. Doch es war vorübergehend nicht möglich, diese Information nach außen zu tragen, da wegen der Fleckfieber-Epidemie eine Quarantäne über das KL verhängt war und sie das Lager nicht verlassen konnten. So wurden sie, die SS-Leute ausgenommen, unfreiwillig zu den einzigen Zeugen der äußeren Anzeichen eines Massakers an Juden, denn von den Häftlingen, die an dieser ›Reinigung‹ beteiligt gewesen waren, kam keiner mit dem Leben davon.

Am Morgen des 23. Septembers 1942 stattete der Chef des SS-WVHA, der SS-Obergruppenführer Pohl, Auschwitz einen überraschenden Besuch ab, um herauszufinden, was hier eigentlich vor sich ging und was mit den bewilligten Tonnen von Zyklon B geschah.[182] Pohl begab sich zunächst zur Bauleitung und ließ sich den allgemeinen Lageraufbau erklären und die bereits fertiggestellten Gebäude, ebenso wie die im Bau befindlichen (darunter auch die vier Krematorien von Birkenau) und die geplanten Bauvorhaben beschreiben. Als er sich genauer nach dem Verbleib des Zyklon B erkundigte, bekam er zur Antwort, daß man damit zugleich Läuse und Juden vernichte. Pohl, der leicht zu beeindrucken und recht empfindsam war, fragte nicht weiter. Um weiterer Fällen von Typhus und Malaria im »Interessen-Gebiet« des Lagers vorzubeugen, empfahl er den Bau einer Kläranlage bei Broschkowitz (1,5 km nördlich von der Stadt Auschwitz). Gleich nach seiner Rückkehr beauftragte er den SS-Reichsarzt Ernst Grawitz, sich um die Bekämpfung der Fleckfieber-Epidemie zu kümmern, deren Ausmaß ihm nicht entgangen war. Grawitz, ein dummer, eingebildeter und aggressiver Mann, kam am 25. in Auschwitz an, wo seine unqualifizierten Ratschläge die sanitären Verhältnisse im Lager nur noch verschlimmerten.[183]

Nachdem die Bauleitung von Auschwitz vom SS-RSHA grünes Licht für den Bau des Krematoriums III bekommen hatte, bestellte sie am 25. September bei der Topf offiziell fünf Dreimuffelöfen und drei Saugzüge (von denen jeder einen Rauchausstoß von 40 000 m³/h hatte) zu einem Preis von 53 702 RM, sowie die entsprechenden Lüftungen (gleiches Modell und gleiche Leistungsstärke wie beim Krematorium II) zu einem Preis von 7795 RM.[184] Der Bau eines zweiten Müllverbrennungsofens war zu diesem

Zeitpunkt noch nicht vorgesehen. Trotz der Ende August getroffenen Absprache, nämlich Krematorium III als letztes zu bauen, beschloß Bischoff, daß die Ausgaben für sein Bauwerk, Nr. 30a, Vorrang vor denen für 30c (Krematorium V) hatten, dessen Bau jetzt praktisch ganz eingestellt wurde.[185]

Die Entscheidung, die Krematorien IV und V mit Achtmuffelöfen zu bestücken, war derart übereilt gefallen, daß die finanzielle Frage nicht angesprochen worden war. Ende Oktober erkundigte sich die Bauleitung endlich nach dem Preis für die Öfen inklusive Bodenverankerung. Die Topf telegraphierte, daß ein Achtmuffelofen 13 800 RM koste.[186] Die detaillierten Kostenüberschläge, die anschließend an die Bauleitung gesandt wurden, beliefen sich nur auf 12 972 RM[187], da die Verankerungen nicht inbegriffen waren, die bereits in den Schlosserwerkstätten der DAW-Auschwitz hergestellt wurden.[188] Dieser leidige Unterschied von 828 RM, den das Sekretariat der Topf übersehen hatte, führte 1944 zu einem hartnäckigen administrativen Kampf zwischen der Firma und der Bauleitung. Dabei wurde ein – wie man später feststellte, nicht vorsätzlicher und somit entschuldbarer – Betrug um 20 700 RM seitens der Topf beim Geschäftsabschluß über die beiden Achtmuffelöfen (Mogilew und Birkenau) aufgedeckt.

Der nahende oberschlesische Winter machte die Benutzung der Bunker 1 und 2 immer schwieriger. Da die Außentemperatur regelmäßig stark absank, konnte man die Gaskammern, in denen sich der Cyanwasserstoff normalerweise durch die Körperwärme der Opfer verbreitete, kaum mehr durch das Öffnen der Türen lüften, sobald das Wetter kalt und windstill war. Dadurch kam man Ende Oktober 1942 auf die an sich logische Idee, die Vergasungen von Bunker 1 und 2 in einen Raum des Krematoriums zu verlegen, der über eine mechanische Lüftung verfügte, ganz so, wie man im Dezember 1941 im Leichenraum des Krematoriums I verfahren war. Die Bauleitung bat also die Topf dringlichst um die abermalige Zusendung der Pläne aller Ventilationen, über die sie verfügte (die Bauleitung hatte die Pläne bereits archiviert).[189] Eine Woche später traf ein Übersichtsplan der Be- und Entlüftungsinstallationen des Krematoriums II ein, der auch für das Krematorium III galt; außerdem auch der endgültige Entwurf des Krematoriums I. Das

Material war bereits im April geliefert, doch bis jetzt nicht eingebaut worden. Diese eigenartige Anfrage ist Teil der ersten eindeutigen ›kriminellen Fehlleistung‹, die sich am 27. November ereignete. (So wird hier jeglicher Hinweis auf einen unüblichen Gebrauch der Krematorien genannt, der in irgendeinem Dokument [Schriftstück, Plan, Photographie] erscheint und sich nur dadurch erklären läßt, daß hier Tötungen durch Giftgas an Menschen vorgenommen wurden.) Bei den beiden Leichenkellern des BW 30, die jetzt mit Bitumen isoliert worden waren, konnten die Betondecken erst gegossen werden, wenn die Schalung und die Armierung angebracht waren. Da Bischoff keine Bauunterbrechung wünschte, beauftragte er den SS-Untersturmführer Wolter, der Firma Topf mitzuteilen, daß sie bald einen Vorarbeiter für den Einbau der Lüftung in die Leichenkeller schicken solle. Wolter rief am 27. November in Erfurt an und besprach sich mit Prüfer, der ihm mitteilte, daß innerhalb von acht Tagen ein Bauschlosser kommen könne. Nach Rücksprache mit seinem Kollegen Janisch, früherer SS-Untersturmführer und jetzt für die Baustelle verantwortlich, verschob Wolter die Anreise des Monteurs Heinrich Messing auf den 17. Dezember. Doch dieses Datum war angesichts der Ereignisse, die das Lager erschütterten, schlecht gewählt und wurde auf den 5. Januar 1943 verlegt. In dieser Sache schrieb Wolter, zu Bischoffs Information, einen Vermerk unter dem Stichwort »Entlüftung der Krematorien (I und II)«, in dem er den »Leichenkeller 1« von Krematorium II als »Sonderkeller« bezeichnete. Er gab Prüfer auch die Reihenfolge an, in der die Ventilationen eingebaut werden sollten: – zuerst Montage der Entlüftungen in den Kellern des Krematoriums II; – dann Einbau der Saugzuganlage für die fünf Dreimuffelöfen; – und bei dieser Gelegenheit auch Einbau der Entlüftungsanlage von Krematorium I.[190]

Die Montagereihenfolge, die Prüfer vorgegeben wurde, verdeutlicht die Tötungsabsicht, die die SS-Leute zu diesem Zeitpunkt hegten: die Vergasungen sollten, sobald dieser benutzbar war, im »Leichenkeller 1« des Krematoriums II stattfinden. Falls sich aber der Transport des bestellten Materials verzögern sollte, würde man auf den Leichenraum von Krematorium I zurückgreifen können, nachdem dort zuvor die endgültige Entlüftung eingebaut worden war. Sie war bereits geliefert und hatte eine Extraktionsleistung von 8300 m³ Luft pro Stunde für alle Räume zusammen, davon entfielen etwa 3000 m³ pro Stunde auf den Leichenraum. Letztere Tatsache gab den Ausschlag, wenngleich der Nachteil darin bestand, daß die Vergasungen zurück ins Stammlager verlegt werden mußten, wo sie sich vor aller Augen abspielten. Das war das genaue Gegenteil des ursprünglich verfolgten Ziels, nämlich die Vergasungen nach Birkenau zu verlegen, um sie vom Stammlager fernzuhalten. Am 30. November informierte Rudolf Jährling, ein Zivilarbeiter (ZA) der Bauleitung, die Topf darüber, daß die Montageabfolge für die Lüftungen folgendermaßen verändert worden sei: – zuerst sofortige [unterstrichen] Montage der Entlüftung des Krematoriums I; – dann Einbau der Saugzuganlage in den Kamin des Krematoriums II; – und zum Schluß, je nach Materialanlieferung, Einbau der Entlüftungsanlage in das Krematorium II.[191]

Doch diese Umstellung der Prioritäten wurde nicht eingehalten. Da die SS-Leute der Meinung waren, daß die Vergasungen im Stammlager zu viele Probleme mit sich brachten, nahm man Abstand vom Einbau der Topf-Entlüftung im Krematorium I, und das endgültig. Als das Krematorium I Ende Juli 1943 außer Betrieb gesetzt wurde, war die provisorische Entlüftung der Firma Boos noch immer nicht ausgewechselt worden.

Vornehmlich in der Zeit vom 10. bis 18. Dezember legte die Bauleitung das voraussichtlich erforderliche Material (Zement, Kalk, Ziegelsteine, Eisen, nichteisenhaltige Metalle, Holz, Steine, Kies, usw.) für die gesamten laufenden und künftigen Bauvorhaben im KGL von Birkenau fest. Einundvierzig Baustellen gingen in die Bestandsaufnahme ein. Sie waren vollkommen verschiedener Natur, etwa Häftlingsbaracken mit den dazugehörigen sanitären Anlagen, Krankenstationen und Entlausungsanlagen, die vier Krematorien, Stacheldrahtumzäunungen und Wachtürme, Ausstattung des Lagers für die SS-Wachmannschaften, die Kommandantur, die Bäckerei, Wohnbaracken für die Zivilarbeiter, Straßen und Eisenbahnlinien für die Strecke zwischen Birkenau und dem Bahnhof Auschwitz. Alle Baustellen, selbst die Sauna für die SS-Truppe, wurden folgendermaßen katalogisiert:

Betrifft: Kriegsgefangenenlager Auschwitz
(Durchführung der Sonderbehandlung)

Das stellte eine ungeheuerliche ›verwaltungstechnische Fehllei-
stung‹ dar, die noch dazu einhundertundzwanzigmal wiederholt
wurde und ganz klar bestätigt, daß das KGL Birkenau seit Ende
November/Anfang Dezember 1942 kein Kriegsgefangenenlager
mehr war, sondern in seiner Gesamtheit zu einem Ort geworden
war, an dem »Sonderbehandlungen« vorgenommen wurden.[192]
Im Kreis Bielitz, zu dem die Stadt Auschwitz und ihre nähere
Umgebung gehörten, machte man sich Sorgen um eine mögliche
Ausbreitung der Fleckfieber-Epidemie. Ende Juli 1942 hatte der
Landrat vom Kommandanten Höß eine strenge Überwachung der
Zivilarbeiter gefordert, die nur darauf bedacht waren, sich aus dem
Lager zu entfernen, um zu ihren Familien zurückzukehren, selbst
auf die Gefahr hin, diese anzustecken. Im August und September
hatte die Epidemie ihren Höhepunkt erreicht und klang dann zum
Oktober hin langsam ab. Während einer Informationsveranstal-
tung, die am 17. November in Bielitz stattfand, zeigte der Landrat
zwei weitere Fälle von Fleckfieber an. Es handelte sich um zwei
Polinnen: eine von ihnen stammte aus Auschwitz und steckte sich
am 24. Oktober an, weil ihr Sohn, der bei der Firma Karl Falck
arbeitete, sie täglich besuchte. Die zweite kam aus Przecischau,
und ihr Mann arbeitete im KL; sie erkrankte am 31. Oktober und
verstarb am 3. November im Krankenhaus von Wadowitz. Der
Landrat macht die SS für diese beiden Fälle verantwortlich, da die
beiden Zivilarbeiter während ihrer Arbeitszeit mit infizierten Häftlingen in Berührung kamen, und bat inständig darum, die Quarantäne strikt einzuhalten, wenngleich die Familien auf deren Aufhe-
bung drängten.[193] Am 4. Dezember fand eine erneute Vollver-
sammlung in Auschwitz statt; unter den Teilnehmern waren: der
Landrat, der neue Garnisonsarzt des KL, SS-Hauptsturmführer
Eduard Wirths *(Dokument 22)*, der diesen Posten seit September
1942 innehatte, sowie verschiedene andere Vertreter der Bezirks-
und Gemeindeverwaltungen und politische, militärische und Sani-
tätsverantwortliche. Es wurden drei Fälle von Fleckfieber geschil-
dert, die man bei Personen, die aus dem Lager kamen, diagnosti-

ziert hatte. Jetzt verlor Wirths die Geduld. Er kam noch einmal auf die Fälle vom 17. November zurück und lehnte diesbezüglich jegliche Verantwortung der SS ab: der Sohn der Polin aus Auschwitz hatte das Lager einmal ohne Erlaubnis verlassen; was den Ehemann der anderen Polin betraf, so arbeitete er gar nicht im Lager, sondern im Rathaus von Auschwitz. Da die Quarantäne strikt eingehalten wurde, konnten die Infizierungen nicht der SS angelastet werden. Der Oberbürgermeister der Stadt Auschwitz wies darauf hin, daß all dies nur bedingt richtig sei, da er am Bahnhof von Auschwitz SS-Leute und Zivilarbeiter aus dem Lager (zu erkennen an ihrem grünen Ärmelstreifen) gesehen habe, die Kontakt mit der Zivilbevölkerung hatten. Dann kam man zum entscheidenden Punkt der Versammlung: die Beurlaubung der Zivilarbeiter zu den bevorstehenden Festtagen. Man beschloß, daß sie sorgfältig entlaust und vor ihrer Abreise, die für den 25. Dezember vorgesehen war, drei Wochen lang isoliert werden sollten – was recht unvernünftig war.[194] Wirths versuchte, diese unüberlegte Entscheidung abzuschwächen, indem er am 15. Dezember verkündete, daß seit dem 2. November unter den Zivilarbeitern des Lagers kein einziger Fall von Fleckfieber aufgetreten sei, und daß dasselbe seit Mitte November auch auf die Häftlinge zutreffe.[195]

Als die zweiunddreißig Firmen, die im »Interessen-Gebiet« des Lagers arbeiteten, dann erfuhren, daß die Quarantäne dennoch für weitere einundzwanzig Tage verlängert worden sei, erhob sich allgemeiner Protest, der sich zu einer Revolte auswuchs, als Wirths am 16. die Abreise der Zivilarbeiter auf den 31. Dezember verschob. Er hatte gerade erst erfahren, daß man einen neuen Fleckfieberfall vor ihm geheimgehalten hatte, der am 10. Dezember in der Gemeinschaftslager der Huta und der Lenz aufgetreten war. Der Kranke war von den Zivilfirmen unauffällig ins Krankenhaus des Kreises Bielitz gebracht worden, damit die SS-Leute nichts davon erfuhren.[196] Die Aufdeckung dieser Angelegenheit erbitterte die Zivilarbeiter, da sie seit fünf Monaten in Auschwitz festsaßen. Man weiß nicht genau, was dann geschah, doch am 17. und 18. Dezember erschien keiner der Zivilarbeiter auf den Baustellen, und die Arbeit wurde erst am 19. wieder aufgenommen.[197] Am 17. soll ein spontaner Streik stattgefunden haben, was dazu führte, daß die Lager-Gestapo (die Politische Abteilung) eingriff, um die Bewegung unter Kontrolle zu bringen. Dieses Eingreifen wurde als »Sonderaktion aus Sicherheitsgründen« bezeichnet. Die Zivilarbeiter sollen einem Verhör seitens der politischen Abteilung unterzogen worden sein, die den Grund für die Arbeitsverweigerung ausfindig machen wollte. Am Abend des 17. akzeptierten die SS-Leute endlich die Antwort, die mehr als eindeutig war: die Verschiebung des Weihnachtsurlaubs. Am 18. gab die Lagerverwaltung, vermutlich nach Absprache mit den Verantwortlichen der jeweiligen Firmen, nach und gewährte den rund eintausend Zivilarbeitern Urlaub vom 23. Dezember 1942 bis zum 4. Januar 1943.[198] Natürlich erwähnten die SS-Leute in ihren Berichten nichts von diesem Streik, der für sie ein Affront war. Um sich Kammler gegenüber abzusichern, ließ Bischoff von Ertl per Fernschreiben einen Brief übermitteln, in dem er auf seine Art die Abreise der Zivilarbeiter und die Unterbrechung der Bauarbeiten erklärte. Aufgrund dieser Arbeitsunterbrechung ging er von folgenden Daten für die Fertigstellung der Krematorien aus: – 31. Januar 1943 für Nr. II (wurde zwei Monate später übergeben); – 28. Februar 1943 für Nr. IV (wurde einen Monat später übergeben); – 31. März 1943 für Nr. III (wurde drei Monate später übergeben).[199] Für das Krematorium V wurde kein Datum angegeben. Andererseits informierte Bischoff die Topf, daß sie die erforderlichen Materialien so anliefern sollte, daß die Krematorien II und III am 31. Januar 1943 und die Krematorien IV und V am 31. März 1943 fertiggestellt wären. Die angegebenen Daten deckten sich nicht einmal mit den am Kammler übermittelten und zeugten eher von bürokratischem Wahnsinn als von nüchterner Beurteilung der Realität. Man wünschte, daß Prüfer anreiste, um alle Arbeiten entsprechend zu koordinieren.[200]

Auf dem Papier schien es zwar einfach zu sein, die Vergasungen in die Krematorien II und III zu verlegen, doch in der Realität gestaltete es sich weitaus schwieriger, da das Gebäude, das von Prüfer entworfen und von Werkmann verbessert worden war, nicht für diesen Zweck vorgesehen gewesen war. Das Erdgeschoß mit den Ofenräumen und den Dienstzimmern brauchte man nicht umzugestalten. Doch das Untergeschoß mußte verändert werden, damit hier die »Sonderaktionen« durchgeführt werden konnten. So hatte Werkmann eine Rutsche in der Mitte der Treppe vorgesehen, um die Leichen leichter vom Erdgeschoß in die Leichenkeller befördern zu können. Wegen der »Sonder«-Nutzung des Untergeschoßes mußte man die Leichenrutsche wieder entfernen, da die Opfer auf dem Weg zur Vergasung ja noch lebten und somit nur über die Treppe in den als Gaskammer vorgesehenen Leichenkeller gelangen konnten. Dejaco zeichnete am 19. Dezember einen neuen Plan – Nr. 2003 – für das Untergeschoß, wobei ihm eine gewaltige ›architektonische Fehlleistung‹ unterlief. Wenn man sich an der Beschriftung des neuen Plans orientiert, so war jetzt die Nordtreppe der einzig mögliche Zugang zu den Leichenkellern, was bedeutet, daß die Toten eigentlich die Treppe hätten hinabsteigen müssen! Der Plan 2003[201] traf zu spät auf den Baustellen 30 und 30a ein, denn der Beton für die Rutschen war bereits gegossen. Später, als die SS-Leute beschlossen, der Gaskammer (Leichenkeller 1) einen Auskleideraum (Leichenkeller 2) mit einer eigenen Treppe hinzuzufügen, behinderte der Vorsprung der Rutsche im Vorraum – der zwischen Leichenkeller 1 (Gaskammer) und Auskleideraum (Leichenkeller 2) lag – den Weg der Opfer. Die Spitze der Rutsche wurde abgeschlagen und ihre Einmündung hinter einer Holzwand versteckt.

Die Rückkehr von Holik und Koch nach Erfurt gab zu Gerüchten innerhalb der Firma Anlaß. Da sie zu Prüfers Abteilung gehörten, erstatteten sie ihm Bericht und sprachen auch von dem Flammenmeer im Birkenwald. Wenn der Ingenieur auch vom Hörensagen wußte, was dort vorging, so war er doch noch nie mit den Auswirkungen konfrontiert worden. Betreten muß er ihnen angesichts dieser Erzählungen geraten haben, Stillschweigen darüber zu wahren und nach Hause zu gehen, um Weihnachten zu feiern. Holik, der schon in Buchenwald gewesen war und die Stimmung in den Konzentrationslagern als hart und unerbittlich empfand, konnte sich nicht vorstellen, daß Hitlers Schmähreden gegen die Juden auf derart schreckliche Weise, wie Koch und er es miterlebt hatten, umgesetzt werden könnten. In einem Brief der Topf von Anfang März 1943 klingt an, daß die beiden Männer geredet hatten. Ent-

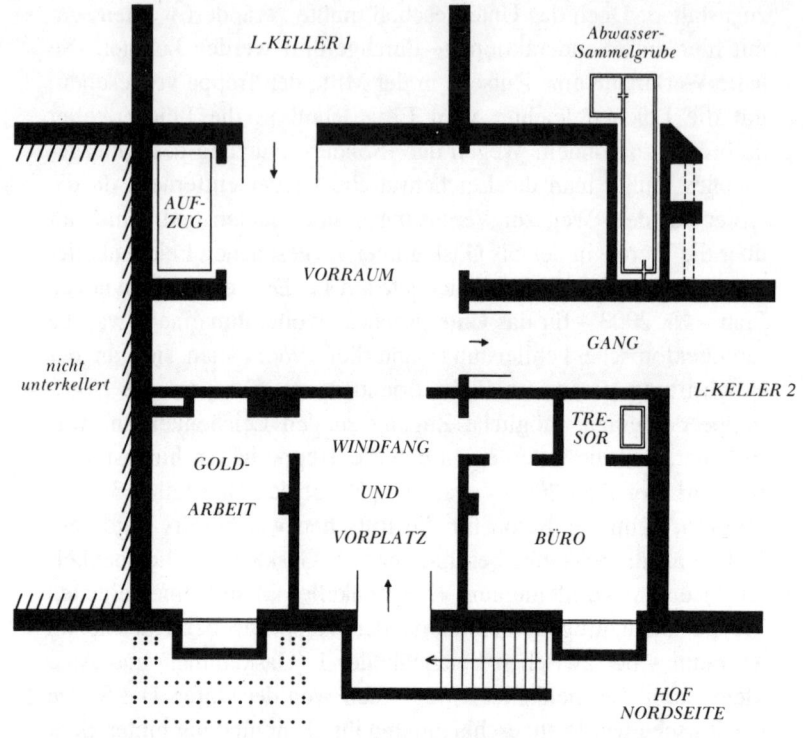

Plan Nr. 2003 der Bauleitung vom 19. Dezember 1942 (vereinfacht) »Krematorium des KGL«, »Deckblatt zu den Zeichnungen Nr. 932 und 933«, »Verlegung des Kellereingangs an die Straßenseite« (Neueinrichtung der Verbindung der L.-Keller 1 und 2).

weder in der Fabrik, nachdem sie von den Gebrüdern Topf über ihren Aufenthalt in Auschwitz befragt worden waren, oder zu Hause ihren Familienmitgliedern und Freunden gegenüber, die umgehend das Gehörte den Firmenleitern ›anvertrauten‹. Sobald die Geschichte durchsickerte, muß Prüfer zu den Topf-Brüdern bestellt und um eine Erklärung gebeten worden sein. Diese Unterredung fand Anfang Januar 1943 statt. Es war für Prüfer ein leichtes, sich höflich bei Ludwig Topf zu erkundigen, ob das Weihnachtsfest in Gesellschaft des reizenden Fräulein Ursula Al-

brecht ebenso angenehm gewesen sei wie im Vorjahr, und hinzuzufügen, das Fräulein müsse doch sicherlich sehr erleichtert und
glücklich sein, daß der Herr Direktor nun kein Soldat mehr sei.
Auch Ernst-Wolfgang Topf, der die ersten Abschlüsse mit Auschwitz gebilligt hatte und stolz die Verträge über den Verkauf von
zehn Dreimuffelöfen für die Krematorien II und III unterschrieben
hatte, konnte er leicht davon überzeugen, daß die Konkurrenz,
Heinrich Kori oder die Didier-Werke in Berlin, dies Geschäft
gemacht hätten, wenn ihnen die Abteilung »Krematoriumsbau« der
Topf nicht zuvorgekommen wäre. Außerdem hatten die Topf-Öfen
nicht zu den Abscheulichkeiten im Birkenwald beigetragen, sie
dienten rein sanitären Zwecken, nämlich der Vernichtung krank-
heitserregender Keime mittels Feuer. Ernst-Wolfgang Topf nahm
die ausweichenden Erklärungen Prüfers hin, und auch Ludwig
Topf widersprach ihm nicht. Er war ausgeschaltet, da er nach
seiner Rückkehr aus der Armee die Kostenvoranschläge für die
Lüftung des Krematoriums III unterschrieben und sich durch die
neun Monate später geleistete Unterschrift der Kostenvoranschläge
für die Entlüftung der Krematorien IV und V – die eindeutig
verbrecherischen Zwecken diente – vollständig in die Sache ver-
strickt hatte.

Der Monteur Heinrich Messing brach am 4. Januar morgens in
Erfurt auf. Er fuhr mit der Bahn, entweder allein oder in Begleitung von Wilhelm Koch, dessen Anwesenheit in Birkenau erst ab
dem 18. Januar sicher belegt ist. Trotz der vertraulichen Informationen, die »Willi« ihm hätte geben können, wußte Messing nichts
von der wesentlichen Rolle, die er bei den Vorarbeiten für die
Massenvernichtung der Juden spielen sollte. Er erreichte Auschwitz schließlich im Morgengrauen des darauffolgenden Tages und
wurde sofort zum Krematorium II gefahren, wo er zehn Stunden
lang mit dem Einbau der Saugzüge in den Schornstein beschäftigt
war. Anschließend arbeitete Messing, gleichmäßig und ohne Pause,
elf Stunden pro Tag, und zwar an allen Tagen der Woche, außer
sonntags, wo er nur acht Stunden arbeiten mußte. Die drei Saugzüge
des Krematoriums II waren am 26. Januar fertig installiert.[202]

Als im November 1942 die SS-Bauleitung beschloß, Gaskammern in den Krematorien einzurichten, betrat sie Neuland. Sie

mußte experimentieren, zunächst allein, später mit Hilfe der Firma Topf, bevor geeignete Lösungen gefunden wurden. Die Unsicherheit, die bei dieser Suche vorherrschte, kann man an den verschiedenen Stadien der Gestaltung ablesen, die jedoch jeweils von so kurzer Dauer waren, daß sie nur schwer voneinander zu unterscheiden sind. Die SS mußte das Funktionsprinzip der Bunker 1 und 2:

*Auskleiden der Opfer* → *Vergasung* → *Massengräber*
*(in Pferdestall-* *(in den* *(im Birkenwald)*
*Baracken)* *Bunkern 1 u. 2)*

in den Krematorien umsetzen:

*Auskleiden der Opfer* → *Vergasung* → *Einäscherung*
*(in einer eigenen* *(in einem* *(in den Öfen)*
*Pferdestall-Baracke* *belüfteten*
*oder in einem* *Leichenkeller)*
*Leichenkeller)*

Dabei ergaben sich Probleme mit der Anordnung und der Kompatibilität. Für die Krematorien I und II bot sich die Wahl des Leichenkellers 1 (be- und entlüftet) als Gaskammer an. Die SS-Leute zogen darüber hinaus die Nutzung der beiden Leichenkeller als Gaskammern in Betracht, da sie damals fälschlicherweise davon ausgingen, daß die geplante hohe Leistung der fünf Dreimuffelöfen eine abwechselnde Benutzung der beiden Gaskammern möglich machen würde. Bei einer solchen Anordnung war ein außerhalb des Gebäudes liegender Auskleideraum unbedingt erforderlich, von dem aus man direkt zum Lieferantenaufgang und durch das Vestibül in beide Räume gelangte. Außerdem war es zwingend notwendig, die Lüftung des Leichenkellers 2 (der bis dahin nur entlüftet wurde) zu verbessern, und zwar durch den Einbau einer Belüftung. Nachdem die Öfen in Betrieb genommen worden waren und ihre Leistung daraufhin genauer bestimmt werden konnte, wurde diese letzte Lösung verworfen, weil sich dadurch im Untergeschoß Berge von Leichen angesammelt hätten, die von den Öfen im Erdgeschoß nicht schnell genug hätten eingeäschert werden

84

können. Letztendlich wurde beschlossen, den Leichenkeller 2 als
Auskleideraum zu benutzen, aber in diesem Fall war die dort
installierte Entlüftung vollkommen überflüssig, außer, um die Kör-
pergerüche der Opfer abzusaugen, doch das hätte man sicherlich
auch durch eine natürliche Entlüftung sprich Zugluft erreichen
können. Die Suche nach einer besseren Anordnung wurde sogar
noch nach der Anfeuerung der Öfen fortgesetzt. Um den Betrieb
der Krematorien II und III ›zu rentabilisieren‹, ließ die SS-Stand-
ortverwaltung Ende 1943 die Gaskammern teilen – das heißt, für
die Vergasung waren nur noch 100 m² vorgesehen –, um so 500 bis
700 als »arbeitsunfähig« ausgesonderte Neuankömmlinge (darunter auch viele Kinder) innerhalb von vierundzwanzig Stunden töten
und einäschern zu können.[203]

Was nun das Krematorium IV (und V) betrifft, so zeigte die
erste Bauzeichnung vom August 1942[204] lediglich den Teil, der für
die Einäscherung vorgesehen war. Mitte Oktober legte Konrad
Segnitz, der mit den Dacharbeiten beauftragt war, einen Plan mit
den endgültigen Maßen vor. Der Ofenraum war um einen großen
Leichenraum von 48 auf 12 m (576 m²)[205] erweitert worden, der
von seiner Bestimmung her gewissermaßen ›am Ende einer Kette‹
stehen mußte: das Entkleiden und Vergasen der Opfer fand noch
immer in Bunker 2 statt, doch die Leichen wurden dann im Leichenraum des Krematoriums IV gelagert, um dort eingeäschert zu
werden. Die SS-Leute waren nun bemüht, eine Gaskammer (die
mit einem Ofen beheizt wurde) in der Mitte des Gebäudes einzurichten, was folgende logische Anordnung ergeben hätte:

*Auskleideraum* ⟶ *Gaskammer* ⟶ *Schleuse* ⟶ *Ofenraum mit acht*
*Muffeln*

Da ursprünglich für das Krematorium IV (und V) keine mechanische Lüftung vorgesehen gewesen war, brachte eine natürliche
Entlüftung der in der Mitte gelegenen Gaskammer zu viele unkal-
kulierbare Vergiftungsrisiken mit sich. So beschloß man, die Gaskammer so entfernt als möglich einzurichten, nämlich auf der dem
Ofenraum gegenüberliegenden Seite, was die erste Anordnung
folgendermaßen veränderte:

*Gaskammer* → *Leichenraum* → *Schleuse* → *Ofenraum mit acht Muffeln*

Aber jetzt fehlte der Auskleideraum. So wurde draußen eine Pferdestall-Baracke errichtet, mit der dieser Mangel behoben wurde, und nun ergab sich folgende Anordnung:

*Auskleideraum* → *Gaskammer* → *Leichenraum* → *Schleuse* → *Ofenraum mit acht Muffeln*

Da die Krematorien IV und V eine halb so große Einäscherungskapazität hatten wie die Krematorien II und III, mußten ihre Gaskammern kleiner sein. Aus dem Wunsch der SS-Leute nach Gaskammern mit geringer Kapazität (100 m$^2$), in denen eine kleinere Zahl von Opfern »behandelt« werden sollte, und der Vorstellung eines abwechselnden Betriebs entstand am 11. Januar 1943 der endgültige Plan für das Krematorium IV (und V)[206] (vereinfachte Darstellung):

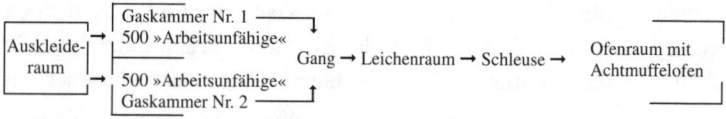

Um die ›industrielle‹ Dimension des Vorgehens zu verdeutlichen, läßt sich der Plan in folgendem Ablaufschema zusammenfassen:

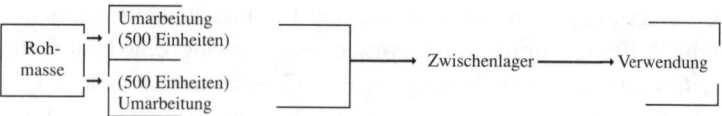

Dieses Konzept aber machte den Bau eines außerhalb des Krematoriums liegenden Auskleideraums erforderlich. Bei schönem Wetter wurde dieser Raum nicht unbedingt gebraucht – die Opfer mußten sich im Freien entkleiden (Sommer 1944) –, im Winter jedoch war er unabdingbar. Um nicht extra einen Raum bauen zu müssen, wiesen die SS-Leute dem Hauptraum eine doppelte Funktion zu: er wurde wechselweise als Auskleide- und als Leichenraum benutzt. Die Ofer betraten ihn, entkleideten sich dort und gingen dann, nackt, in die zwei Gaskammern. Nachdem sie getötet worden waren, wurden ihre Leichen in den Hauptraum geschleift und blieben dort bis zu ihrer Einäscherung liegen. Die Umgestaltung des Krematoriums IV (und V) für die kommenden Verbrechen, die ausschließlich von Technikern und Ingenieuren der Bauleitung geplant wurde, erwies sich als so abwegig, daß ohne das Eingreifen der Topf (die im übrigen teilweise für das schlechte Funktionieren der Öfen verantwortlich war) seine Nutzung quasi nicht möglich gewesen wäre. Im Vergleich dazu war das neue Krematorium in Dachau, zu dem eine Gaskammer gehörte, wie das Krematorium IV in Birkenau in einem langgestreckten Gebäude untergebracht worden. Die Aufteilung der Räume war zweckmäßig (vereinfachte Darstellung):

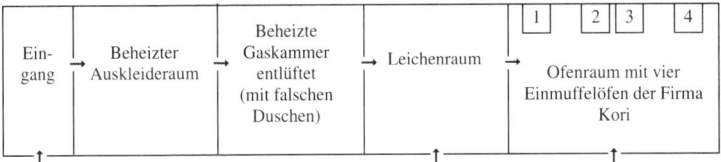

Die zentrale Lage der Gaskammer stellte bei der Entlüftung keine Gefahr dar, weil sie über eine mechanische Ventilationsanlage verfügte. Diese Gaskammer wurde glücklicherweise nie in Betrieb genommen.

Kammler, der von Bischoff über die geplanten Daten für die Fertigstellung informiert worden war, bestand darauf, daß diese Termine eingehalten werden müßten, und verlangte einen wöchentlichen Bericht über den Stand der Arbeiten, der ihm via Funk übermittelt werden sollte.[207] Der Adjutant des Lagerkommandanten Höß verweigerte die Genehmigung für diese Art der Übermittlung, wobei er sich auf eine Direktive Himmlers berief, und so wurden die Berichte mit der Post geschickt.[208] Bischoff setzte alles daran, damit das Krematorium II bis zum 31. Januar fertiggestellt wurde.[209] Doch das war utopisch. Die fünf Öfen waren gemauert und trockneten inzwischen, aber die Druckluftgebläse, von denen die Einäscherungsgeschwindigkeit abhing, waren noch nicht installiert. Messing begann am 26. Januar mit der Montage und beendete seine Arbeit am 7. Februar. Dennoch mußte man Kammler zufriedenstellen, indem man ihm ankündigte, daß das Krematorium II rechtzeitig bzw. sogar noch vor dem 31. Januar fertig sein würde. Damit sollte ihm der Eifer der SS-Bauleitung bewiesen werden. Zu diesem Zweck wurde auch Prüfer für den 29. nach Auschwitz bestellt.

An jenem Tag wurden die Baustellen 30, 30a, 30b und 30c von Bischoff, Prüfer, Kirschneck und sicherlich auch von Janisch inspiziert. Kirschneck verfaßte einen detaillierten Bericht über den jeweiligen Stand der einzelnen Bauabschnitte. Prüfer, der sich an dem Rapport des SS-Untersturmführers orientierte – allerdings ließ er störende Punkte einfach weg –, fertigte einen eigenen Bericht an, der dann Kammler zugeschickt wurde. Zwar war das Krematorium noch nicht funktionstüchtig, doch Prüfer behauptete, es stünde kurz vor der Fertigstellung und könne am 15. Februar endgültig in Betrieb genommen werden. Sobald Kammler das Schreiben erhalten hatte, beförderte er Bischoff zum SS-Sturmbannführer. Bischoff unterlief in seinem Brief vom 29., dem er Prüfers Bericht für Kammler beilegte, ein grober Fehler, indem er den Leichenkeller 1 von Krematorium II als Vergasungskeller bezeichnete.[210] Während seines Aufenthalts in Auschwitz muß Prüfer wohl von Bischoff verlangt haben, ihm die Wahrheit über die Vorgänge im Birkenwald und die eigentliche Bestimmung der vier Krematorien zu sagen. Er wollte vermeiden, daß das Klima in der Erfurter Fabrik im Hinblick auf Auschwitz noch schlechter wurde. Zudem hatte Prüfer Bischoff gedeckt (zum Beispiel gegenüber Kammler), und Bischoff sollte ihm nun helfen, seine Kritiker mundtot zu machen, indem er ihn mit Aufträgen versorgte, die allen Arbeit brachten. Bischoff ging auf diesen Handel ein und bestellte bei ihm: einen Müllverbrennungsofen für Krematorium III (5791 RM)[211], einen provisorischen Aufzug mit einer Tragkraft von 1500 kg für Krematorium III (968 RM) und zwei elektrische Aufzüge für die Krematorien II und III (jeweils 9371 RM)[212], ein neues Krematorium (später Nr. VI), das auf dem Prinzip der Einäscherung im Freien basierte (25 148 RM)[213] und schließlich »2 Stück Topf-Entwesungs-Öfen mit Dopppelkammer« für die »Zentral Sauna« (39 122 RM).[214] Hier bekam die Topf den Zuschlag, obwohl eine gleichwertige Installation mit zwei »Kaloriferen« von der Kori für 5000 RM[215] angeboten wurde. Das ergab, alles in allem, einen Vertragsabschluß in Höhe von 90 000 RM. In diesem Preis waren aber die Löhne für die Arbeitskräfte noch nicht enthalten. Bei der »Zentral Sauna«, lediglich dem Namen nach eine Sauna, handelte es sich um eine leistungsstarke Sanitäranlage, in die vier Heißluft-Entwesungskammern *(Dokument 23),* drei industrielle Autoklaven *(Dokument 24),* ein Haarschneideraum, ein Untersuchungsraum und fünfzig Brausen eingebaut werden sollten. Mit diesem Komplex wollte die SS ›endgültig‹ jegliche Fleckfiebergefahr aus Birkenau verbannen. Die Häftlinge sollten dort rasiert, untersucht, desinfiziert und geduscht werden, während in der Zwischenzeit ihre Sachen entwest wurden. Unglücklicherweise war diese Anlage erst Ende Januar 1944 funktionstüchtig.

Bischoff hatte Prüfer damit betraut, Aufzüge zu finden, nachdem es den SS-Leuten nicht gelungen war, welche zu beschaffen. Bei der Inspektion am 29. Januar war im Krematorium II das Untergeschoß mit dem Erdgeschoß durch eine behelfsmäßige Rampe verbunden. Man hatte zunächst die Huta mit dem Einbau der Aufzüge beauftragt. Die hatte aber in der ganzen Region nur einen recht leistungsstarken Lastenaufzug auftreiben können, der zwar gebraucht war, aber einwandfrei funktionierte. Dieser wurde Anfang Februar anstelle der Rampe eingebaut. Deshalb enthielt der Auftrag, den Prüfer ausgehandelt hatte, unter anderem die Lieferung der noch fehlenden Elemente: einen provisorischen Aufzug für Krematorium III, der unverzüglich zu liefern war, und zwei elektrische für die Krematorien II und III, lieferbar innerhalb von sieben Monaten (September 1943). Prüfer fand, was er suchte, recht schnell bei einer Erfurter Firma, dem Unternehmen Gustav Linse: »einem Patent-Demag-Elektrozug 750 kg Tragkraft mit einem Strang, 1500 kg mit zwei [Strängen]« *(Dokument 25)*.

Die Abmachung zwischen der Topf und der Bauleitung sah also vor, daß sich Prüfer zwei bis drei Tage pro Woche in Auschwitz aufhalten sollte, um die Baustellen zu überwachen. Prüfer scheint dem nicht zugestimmt zu haben, aber zum Ausgleich dafür wurden zwei weitere Poliere Anfang Februar vorübergehend Auschwitz zugeteilt: Martin Holik und Arnold Seyffarth. Prüfer verpflichtete sich, einen zweiten Schlossermeister zu schicken, um den Einbau der Lüftungen voranzutreiben, aber er konnte sein Versprechen nicht halten. Und außerdem ergaben sich durch widrige Umstände Schwierigkeiten bei der Herstellung der Lüftung für das Krematorium II, denn die Topf hatte Mühe, von ihren Zulieferern das benötigte Material zu bekommen. Einige Teile waren bereits am 8. November 1942 abgeschickt worden. Eine zweite Sendung folgte am 25. Januar 1943, aber als Messing den Inhalt des Waggons vom 3. Februar kontrollierte, stellte er fest, daß die Hälfte der Teile fehlte.[216] So konnte er nicht, wie vorgesehen, am 8. Februar mit der Montage der Be- und Entlüftung beginnen. Um nicht untätig zu sein, arbeitete er mit Koch an der Verankerung des Ofens für Krematorium IV. Die fehlenden Teile, die am 6. mit der Bahn in Erfurt verschickt worden waren, trafen am 11. ein. Am gleichen Tag beendete Messing seine Arbeit bei Koch und kehrte zu Krematorium II zurück. Diese drei Tage, in denen dort nicht gearbeitet worden war, hatten Bischoff verärgert. Er beschwerte sich deshalb bei Kammler, vor allem darüber, daß bei der letzten Lieferung von der Topf der Motor für die Entlüftungsanlage in Leichenkeller 2 nicht mit dabei gewesen wäre.

In den Briefen und Telegrammen, die am 11. und 12. Februar zwischen der Bauleitung und der Topf wegen dieser nicht vollständigen Auslieferung hin- und hergingen, wird ein Holzgebläse[217] erwähnt. Es war, wie Prüfer später ausführte[218], für die Entlüftung des Leichenkellers 1 bestimmt. Darauf hinzuweisen, daß es sich um ein Holzgebläse handelte, war eine ›technische Fehlleistung‹ und ließ nur einen einzig möglichen Rückschluß zu: nämlich, daß

90

die zu extrahierende Luft nicht mehr aus einem Leichenkeller stammte und nur somit giftig und übelriechend war, sondern daß es sich um Luft handelte, die mit einem aggressiven chemischen Produkt vermischt war. Das heißt, es durfte kein Gebläse aus korrodierbarem Material eingesetzt werden, sondern das Gebläse mußte vollständig aus Holz sein, am besten aus Zypressenholz *(Dokument 26)*. Das Giftgas, das in den Gaskammern zum Einsatz kam, war hochkonzentrierte Blausäure (20 gr/m$^3$), und Säuren sind korrosiv. Schultze, der von Prüfer über den besonderen Verwendungszweck der Be- und Entlüftung in Leichenkeller 1 in Kenntnis gesetzt worden war, hatte den Abzug so entworfen, daß er für gasförmige Säuren unempfindlich war, zumal die Topf Mitte Februar auch einen Anruf oder einen Brief von der Bauleitung bekommen hatte, in dem man darum bat, ein Anzeigegerät zur Messung von Blausäureresten in Krematorium II zu besorgen. Die Vorgesetzten von Prüfer und Schultze, Sander und Erdmann, wurden von dieser ungewöhnlichen Anfrage informiert, und Sander begann, Nachforschungen bei mehreren Firmen anzustellen, die auf derartige Geräte spezialisiert waren. Ingenieuren wie Sander, Erdmann und Schultze mußte die Verwendung von Cyanwasserstoff im Leichenraum eines Krematoriums aus technischer Sicht unsinnig erscheinen, es sei denn, sie wußten, daß der Leichenkeller als Gaskammer genutzt wurde. Die Nachricht von der Niederlage bei Stalingrad und die Beteuerung, daß von nun an für jeden vergossenen Tropfen deutschen Blutes jüdisches Blut vergossen werden würde, mußte wohl die Skrupel der Ingenieure der Firma Topf hinweggefegt haben – wenn sie denn welche hatten –, an solch verbrecherischem Tun beteiligt zu sein.

Prüfer sollte am 15. Februar 1943 erneut nach Auschwitz fahren und die Pläne für eine Vorrichtung zur Zufuhr von Koks und zur Entnahme der Asche mitbringen. Scheinbar hat er diese Reise nicht angetreten, denn die Bauleitung löste dieses Problem selbst, indem sie von den Häftlingen der Schlosserei der DAW Karren anfertigen ließ, die man für diese Zwecke verwenden konnte.[219] Es kann aber auch sein, daß Prüfer sich – wenngleich Auschwitz für ihn in wirtschaftlicher Hinsicht sehr reizvoll war – nicht mehr an einem so ungesunden Ort aufhalten wollte. Seit Ende Januar waren neue

Fälle von Fleckfieber aufgetreten. Eine zweite Epidemie drohte auszubrechen. Bald pflasterten wieder Tausende von Leichen die Straßen des Lagers, doch diesmal blieben auch die SS-Wachmannschaften nicht verschont. Die Epidemie erreichte ein solches Ausmaß, daß der Inspekteur der Konzentrationslager, der SS-Brigadeführer Richard Glücks, am 9. Februar eine vollständige Quarantäne über das Lager verhängte. Die Arbeit auf den Baustellen wurde eingestellt, da es nicht genügend Aufseher gab.[220] Anfang März erreichte die Epidemie ihren Höhepunkt und klang dann im April ab.

Sobald Messings Montagearbeiten weit genug vorangeschritten waren *(Dokument 27)*, sandte die Bauleitung am 26. Februar ein Telegramm an die Topf, in dem sie um die sofortige Zusendung von zehn Gasprüfern für das Bauwerk 30 (Krematorium II) bat.[221] Die SS wollte prüfen, ob die neue Lüftungsleistung im Leichenkeller 1 die ursprünglich für einen Leichenraum vorgesehene Ausstattung – d. h. eine hohe Belüftungsleistung und eine niedrige Entlüftungsleistung – ausgleichen würde. Denn bei einer Verwendung als Gaskammer mußte diese Ausstattung umgekehrt sein, also eine niedrige Belüftungs- und eine hohe Entlüftungsleistung. Sander und Prüfer schickten am 2. März folgendes Antwortschreiben *(Dokument 28)*:

Erfurt, den 2. 3. 43

*Betrifft:* Krematorium [II]
Gasprüfer
Wir bestätigen den Eingang Ihres Telegramms, lautend:
»Absendet sofort 10 Gasprüfer wie besprochen Kostenangebot später nachreichen«.
Hierzu teilen wir Ihnen mit, daß wir bereits vor 2 Wochen bei 5 verschiedenen Firmen die von Ihnen gewünschten Anzeigegeräte für Blausäure-Reste angefragt haben. Von 3 Firmen haben wir Absagen bekommen und von 2 weiteren steht eine Antwort noch aus.
Wenn wir in dieser Angelegenheit Mitteilung erhalten, kommen wir Ihnen sofort näher, damit Sie sich mit einer Firma, die diese Geräte baut, in Verbindung setzen können.
Heil Hitler!
J. A. Topf & Söhne
per prokura                                              i. V.
Sander                                                   Prüfer

Die Bauleitung erhielt den Brief am 5. März. Dieses Dokument beweist eindeutig das Vorhandensein einer Gaskammer in Krematorium II.

Schultze reiste am 1. März nach Auschwitz, um eine entsprechende Lieferung für die Be- und Entlüftung der Gaskammer sicherzustellen.[222] Am 4. traf Prüfer ein, der gekommen war, um über den Einbau von Heißluft-Entwesungskammern in die »Zentral Sauna« zu sprechen und um seine Öfen zu testen. An jenem Tag wurden die fünf Öfen des Krematoriums II *(Dokument 29)* tatsächlich zum erstenmal angeheizt. Dabei anwesend waren SS-Leute der Politischen Abteilung und der Bauleitung, hochrangige SS-Leute aus Berlin sowie Prüfer und Schultze. 45 Leichen von kräftigem Körperbau waren in Bunker 2 ausgesucht und zum Krematorium II gebracht worden, wo sie, jeweils drei pro Kammer, in die Öfen geschoben wurden. Die Einäscherung der fünfzehn Ladungen dauerte, nach Schätzung von Henryk Tauber (einem »Heizer« des Sonderkommandos) ungefähr vierzig Minuten. Die SS-Männer stoppten, mit der Uhr in der Hand, die Zeit, die die Einäscherungen in Anspruch nahmen, und stellten fest, daß sie länger als geplant dauerten. Nach diesem Testlauf war Prüfer der Ansicht, daß die Öfen noch nicht richtig getrocknet waren, und empfahl, sie eine Woche lang zu heizen, ohne sie dabei zu benutzen.[223]

Jeder der drei Saugzüge, die um den Schornstein herum eingebaut waren, befand sich in einer kleinen Kammer. Der Nachteil einer solchen Anordnung lag in der Enge der Räumlichkeiten. Sobald die Saugzüge eingeschaltet waren, stieg die Temperatur in den Zimmern gefährlich an. Schon am 19. Februar hatte Prüfer auf diesen Mangel hingewiesen und vorgeschlagen, ihn dadurch zu beheben, daß man sich der überschüssigen, freiwerdenden Hitze bediene, um damit den Leichenraum 1 von Krematorium II zu heizen.[224] Dieser Vorschlag führte zu einer weiteren ›technischen Fehlleistung‹, denn ein Leichenraum ist, *per definitionem*, ein Ort, der kühl bleiben muß. Prüfers Anregung, ihn zu heizen, deutete darauf hin, daß die ursprüngliche Funktion des Raumes geändert worden war. Die Wärme sollte für eine schnellere Verteilung des Cyanwasserstoffs, der ja bei 27 °C verdampft, in der Gaskammer sorgen. Dieser Vorschlag wurde sofort von der Bauleitung aufgenommen, und die Topf hatte am 22. Februar ein Schmiedeeisengebläse Nr. 450 als Frachtgut abgeschickt. Das Gebläse war mit einem 4 PS starken Elektromotor gekoppelt, hatte eine Extraktionsleistung von 9000 bis 10000 m$^3$/h und kostete 522 RM.[225] Jetzt mußte nur noch das metallene Verbindungsrohr in Form eines Dreizacks gebaut werden, das auf dem Dachboden zwischen den Decken der Saugzugkammern und dem Gebläse installiert werden sollte. Das Gebläse mündete in den Entlüftungskanal, durch den die Luft aus der Gaskammer entwich. Indem man den Schieber schloß und das Gebläse einschaltete, wurde der warme Luftstrom in umgekehrter Richtung in den gemauerten Kanal geleitet, der eigentlich für den Abzug der Giftgase vorgesehen war. Von dort gelangte er in die Gaskammer, die auf diese Weise vor der Benutzung vorgeheizt wurde. Die Bestellung des Verbindungsrohres wurde offiziell am 6. März zum Preis von 1070 RM aufgegeben, und es wurde noch in der gleichen Woche angefertigt.[226]

Am 10. März testeten Schultze und Messing etwa 16 Stunden lang die Be- und Entlüftung der Gaskammer von Krematorium II. Offensichtlich funktionierte die Anlage noch nicht einwandfrei, da Messing dort am 11. weitere elf Stunden und am 13. noch einmal fünfzehn Stunden arbeitete.[227] Es wurden Versuche nach vorherigem Einwurf von Zyklon B gemacht. Das Messen der Blausäure-Rückstände wurde anscheinend durch ein chemisches Verfahren und nicht mit den Gasprüfern ermittelt, da diese zu spät bestellt worden waren, um noch rechtzeitig geliefert werden zu können. Am Abend des 13. März, es war ein Samstag, wurde zwischen 22 und 23 Uhr die Lüftung nach fünfzehnstündigem Probelauf offiziell in Betrieb genommen. Obwohl eine von Bischoff am 11. abgeschickte Bescheinigung nur bestätigt, daß Schultze sich vom 1. bis 12. März in Auschwitz aufhielt, muß der Ingenieur noch einen Tag länger, bis zur endgültigen Abnahme seiner Ventilationsanlage, geblieben sein. Kaum hatten Schultze und Messing ihre Aufgabe beendet, da wurden in der Nacht vom 13. auf den 14. März 1943 1492 arbeitsunfähige Juden – nachdem sie sich in einer Pferdestall-Baracke, die auf dem Hof des Krematoriums errichtet worden war, ausgezogen hatten – die ersten Opfer des neuen Tötungsinstruments der SS. Es handelte sich um Frauen, Kinder und alte Menschen, die mit einem 2000 Personen starken Konvoi aus dem Krakauer Ghetto in Auschwitz angekommen waren.[228] Sechs Kilo Zyklon B wurden in vier vergitterte Schächte geschüttet, deren Öffnungen zwischen den Deckenstützpfeilern eingelassen und nach außen durch kleine Kamine sichtbar waren, die aus dem Dach herausragten und mit Holzblenden verschlossen wurden.[229] Für die Vergasung, die Kommandant Höß für eine »humane« Tötungsart hielt, mußten vier SS-Männer jeweils den Inhalt einer 1,5 Kilo schweren Zyklon-B-Dose *(Dokument 30)* in jeden der vier Kamine schütten, damit der Tod schnell eintrat. Wenn ein SS-Mann allein – und das war meistens der Fall – das Gift in die Schächte schüttete und sich dabei Zeit ließ, trat der Tod wellenartig ein, wodurch unter den Eingeschlossenen Panik ausbrach und sich entsetzliche und unfaßbare Szenen – von SS-Leuten als »Lebenskampf« bezeichnet – abspielten. Innerhalb von fünf Minuten waren alle Opfer tot. Die Belüftung (8000 m³/h) und die Entlüftung (8000 m³/h) wurden anschließend eingeschaltet und nach fünfzehn bis zwanzig Minuten war die Luft (die alle drei bis vier Minuten erneuert wurde) soweit gereinigt, daß die Mitglieder des Sonderkommandos die Gaskammer betreten konnten, in der noch immer eine schwüle Wärme herrschte. Bei dieser ersten Vergasung wurden aus Sicherheitsgründen Gasmasken getragen.[230] Nachdem den Toten die Haare geschnitten *(Dokument 31)*, Goldzähne entfernt, Trauringe und Schmuck abgenommen worden waren, wurden die Leichen, die man aus den Gaskammern gezogen hatte, nach und nach zum Lastenaufzug hinübergeschleift *(Dokument 32)*. Wenn sie im Ofenraum angekommen waren, wurden sie mittels einer breiten, mit Wasser gefüllten Rinne direkt bis an die Öfen herangeschoben *(Dokument 33)*. Die Einäscherung von 1492 »Stück« dauerte zwei Tage.

Am Sonntag, den 14. März arbeitete Messing an der Entlüftung des Leichenkellers 2. Dabei entdeckte er das Resultat seiner Bemühungen, gut tausend Leichen, die wie Schlafende wirkten. Am Abend, als Messing seine wöchentliche Arbeitszeitbescheinigung ausfüllte, stand er vermutlich noch unter Schock und vermerkte, daß er am 8., 12. und 14. nicht im »Leichenkeller 2«, sondern im »Auskleidekeller II« gearbeitet habe *(Dokument 34)*. Er war nicht so kaltblütig zu schreiben, daß er an den anderen Tagen die Arbeit an der Lüftung im »Vergasungskeller I« – statt im »Leichenkeller I« – beendet hatte, wie es ein Polier der Firma Riedel und Sohn beim Krematorium IV getan hatte. Messing hatte am 31. März das Entlüftungsrohr in Leichenkeller 2 fertig angebracht. Die Pferde-stall-Baracke wurde abgebaut, und die Opfer zogen sich von nun an im Leichenkeller 2 aus *(Dokument 35)*, wohin sie über eine Treppe am äußersten Ende der Westseite des Gebäudes gelangten. Messing bezeichnete den Leichenkeller 2 der Krematorien II und III bis zum 22. April weiterhin als »Auskleideraum«. Nach einer viertägigen Unterbrechung aus unbekanntem Grund nahm er seine Montagearbeiten am 27. wieder auf. Von diesem Datum an bis zu seiner Abreise am 10. Juni gibt es von Messing keine kritische schriftliche Äußerung mehr.

Ungefähr zu dieser Zeit erwirkte der leitende Arzt des Lagers, Dr. Wirths, der anfänglich gegen die Selektion war, daß diese, aus ethischen Gründen und um mehr Ankommende zu verschonen, ausschließlich von den SS-Ärzten vorgenommen werden durfte. Er kümmerte sich persönlich darum, indem er mit ›gutem Beispiel‹ voranging und dann seine Ärzte an die Rampe schickte. Als der Strom der Ankommenden immer größer wurde, wurden die SS-Zahnärzte und SS-Apotheker zu dieser ›medizinischen‹ Pflicht hinzugezogen, und später auch die SS-Bakteriologen aus Raïsko. Von nun an durften die Juden gewissermaßen sicher sein, daß man sie nicht ›leichtfertig‹ in den Tod schickte, sondern daß dies unter Berücksichtigung der Direktiven aus Berlin und unter ärztlicher Kontrolle geschah.

# X

# Anlieferung und Umwandlung der Krematorien von Birkenau

Das Krematorium IV wurde als erstes fertiggestellt. Die Lagerverwaltung nahm es am 22. März ab[231] *(Dokument 36).* Es kostete 203000 RM.[232] Da auf dem endgültigen Plan weder der mittlere Raum noch die beiden an der Westseite gelegenen Räume mit Gang eine Funktionsbezeichnung aufwiesen, wurden sie während des Baus zur Orientierung der Maurer lediglich mit Nummern gekennzeichnet. Am 28. Februar setzte ein Vorarbeiter der Firma Riedel und Sohn, deren Bautrupp mit den Innenarbeiten des Westflügels beauftragt war, seine luftdicht schließenden ›Fenster‹ aus Vollholz ein. In seinem täglichen Arbeitsnachweis notierte er »Gasdichte Fenster versetzen«. Am 2. März schrieb er, nachdem er den Bodenbeton in jenem Teil, wo auch die Fenster eingesetzt worden waren, gegossen hatte:»Fußboden betonieren in Gasskammer *[sic]*«.[233] Die SS-Leute stürzten sich auf das Krematorium IV wie Kinder auf ein neues Spielzeug. Doch die erste Vergasung verlief katastrophal. Ein SS-Mann mußte, durch eine Gasmaske geschützt, auf eine kleine Leiter steigen, um das ›Fenster‹ zu erreichen, es mit einer Hand öffnen und mit der anderen das Zyklon B einstreuen. Seine Arbeit glich der eines Seiltänzers und mußte sechsmal wiederholt werden. Der Tod in den Gaskammern war grauenvoll. Als die hermetisch verriegelten Türen geöffnet wurden, damit das Gas entweichen konnte, stellte man fest, daß die natürliche Entlüftung nicht ausreichend war, und man mußte eiligst eine Tür in den Nordgang schlagen, um einen Luftzug herzustellen.[234] Der Achtmuffelofen funktionierte zwar anfänglich gut, ließ jedoch plötzlich nach, da Prüfer ihn – in seinem Bemühen, die Preise der Muffeln zu senken – zu sehr vereinfacht hatte. Im Februar 1943, eben zu dem Zeitpunkt, da in Birkenau der Achtmuffelofen im Krematorium IV im Bau war, und man mit dem

Ofen für Krematorium V noch nicht begonnen hatte, wurde Prüfer darüber informiert, daß der Ofen-Prototyp von Mogilew Probleme hatte: er bekam Risse. Prüfer war klar, daß diese Risse daher rührten, daß er sich entschieden hatte, den Aufbau zu vereinfachen und somit auch die Kosten zu senken. Im Basiselement dieses Ofen-Modells – zwei Muffeln und ein Generator – befand sich eine Muffel (M1) zwischen dem Generator (G) und dem Rauchabzug (C) und wurde somit heißer als die zweite Muffel (M2), die weiter vom Generator entfernt lag. Das Temperaturgefälle führte zu Spannungen in der Schamotte, die auf lange Sicht bersten und Risse bekommen mußte. Da er nichts mehr an dem bereits im Bau befindlichen und als Prototyp vorgesehenen Ofen verändern konnte, der dieselben Schwierigkeiten aufweisen würde, beschloß Prüfer, zumindest den Ofen des Krematoriums V zu retten. Er entwarf eine neue Zeichnung der Struktur, in der er die Muffeln umgruppierte und auf jeder Außenseite einen Abzug (C1 und C2) vorsah. Diese neue Anordnung ›komprimierte‹ den Ofen und ›verstärkte‹ ihn[235] *(Schema siehe folg. Seite unten)*. Doch gegen das Hauptproblem des Ofens, die seitliche Lage des Generators – die eigentliche Ursache der Risse –, konnte Prüfer nichts unternehmen. Nach zwei Wochen intensiver Nutzung wies der Ofen des Krematoriums IV Risse auf. Koch spachtelte sie mit Schamotte-Mörtel aus, doch sie brachen wieder auf. Prüfer, der vorhergesehen hatte, daß diese Schäden bald nicht mehr zu beheben sein würden, hatte nur zwei Monate Garantie auf den Ofen gegeben, nämlich bis zum 22. Mai.[236] Mitte Mai war der Ofen außer Betrieb und das Krematorium IV wurde endgültig nicht mehr benutzt.[237] Prüfer schob die schlechte Qualität des Materials vor, um den SS-Leuten das Versagen des Ofens zu erklären. Den wahren Grund, nämlich die falsch geplante Struktur, verschwieg er.

Nach der Liquidierung von 1492 Krakauer Juden blieb das Krematorium II bis zum 20. März ungenutzt. An diesem Tag wurden 2191 griechische Juden aus Saloniki »behandelt«.[238] Während der Einäscherung, die vom 20. bis 22. andauerte, kam es durch die überhitzten Saugzuganlagen zu einem Brand. Prüfer und Schultze, die eiligst herbestellt worden waren, begutachteten am

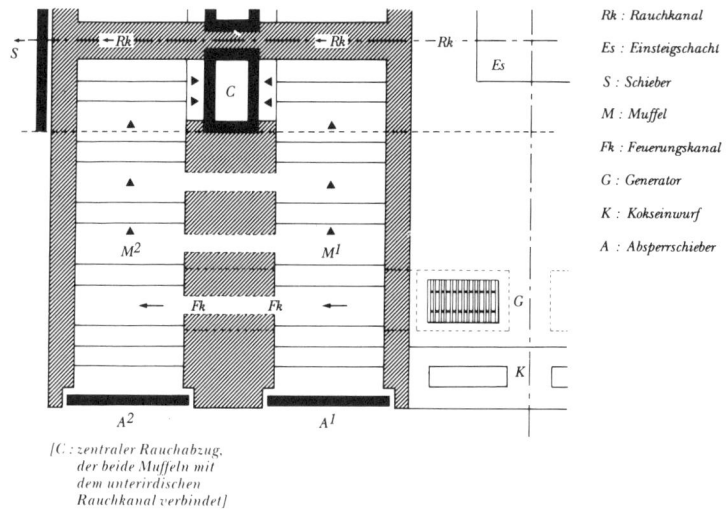

*[C : zentraler Rauchabzug,*
*der beide Muffeln mit*
*dem unterirdischen*
*Rauchkanal verbindet]*

Basiselement des Achtmuffelofens, ursprüngliches Modell des Krematoriums IV.

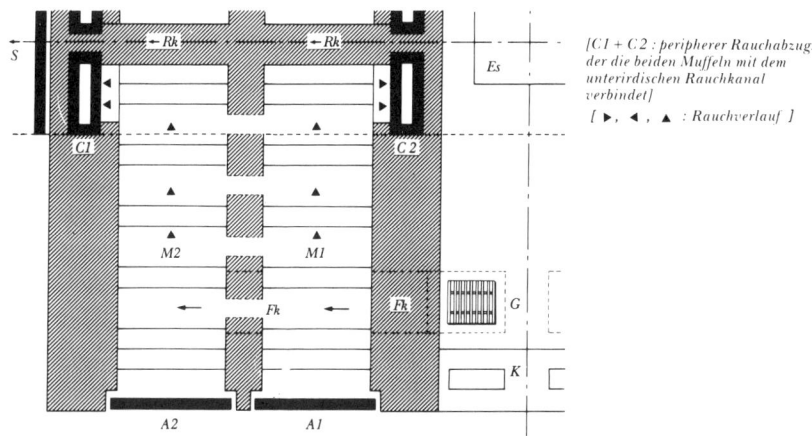

*[C1 + C2 : peripherer Rauchabzug,*
*der die beiden Muffeln mit dem*
*unterirdischen Rauchkanal*
*verbindet]*

*[ ▶, ◀, ▲ : Rauchverlauf ]*

Basiselement des Achtmuffelofens, verstärktes Modell des Krematoriums V.

24. das Ausmaß des Schadens. Im Anschluß an eine Versammlung der Bauleitung am 25., bei der es um die Behebung der im Krematorium II aufgetretenen Fehler ging, beschloß die SS folgendes: – den Saugzug zu entfernen und die Motoren aufzubewahren; – im Krematorium III keinen Saugzug einzubauen und das Material für einen anderen Zweck aufzubewahren; – infolgedessen würde auch die Vorheizung der Gaskammern unterbleiben; – das Holzgebläse für die Entlüftung der Gaskammern durch ein Schmiedeeisen-Gebläse zu ersetzen (Schultze hatte die Gefahren der Korrosion übertrieben); – den provisorischen Lastenaufzug des Krematoriums von Messing fest einbauen zu lassen.[239]

Offiziell wurde das Krematorium II schließlich am 31. März 1943[240] zu einem Preis von 554 500 RM[241] übergeben. Bei der Übergabeverhandlung für den Bau wurde angegeben, daß der Leichenraum 1 mit einer gasdichten Tür, vier »Drahtnetzeinschiebvorrichtungen« und vier »Holzblenden« ausgestattet war.[242] Da die Entlüftung im Leichenraum 2, der als Auskleideraum benutzt wurde, nicht weiter von Bedeutung war, war kein Motor vorgesehen *(Dokument 37)*. Messing hatte eine vollkommen nutzlose Einrichtung eingebaut, was später auch beim Krematorium III der Fall war!

Das Krematorium V wurde am 4. April übergeben[243] *(Dokument 38)*, ohne daß es jedoch funktionstüchtig gewesen wäre. Die »Gastüren der Gaskammern« wurden erst am 16. und 17. April von einem Bautrupp der Huta eingesetzt.[244]

Am 12. April mußte Messing, der am Krematorium III arbeitete, auf Ersuchen der SS den Lastenaufzug des Krematoriums II reparieren, dessen Einbau Huta vorgenommen hatte. Dann kümmerte er sich weiter um das Krematorium III, dessen Ausbau mehr oder minder gut vonstatten ging. Anfang Mai richtete er die Gaskammer ein. Koch reparierte regelmäßig den Ofen des Krematoriums IV und wartete darauf, daß die Garantie abliefe. Die Kinderkrankheiten von Krematorium II waren inzwischen behoben, und somit war wieder eine intensive Nutzung möglich. Alles wurde von Zeit zu Zeit recht oberflächlich kontrolliert, bis eines Tages die Schieber zum Regulieren nicht mehr richtig funktionierte. Anfang Mai wurde eine genauere Untersuchung durchgeführt, und man stellte

fest, daß das Futter der drei Abzüge des Sammelschornsteins ab-
bröckelte. Die Bauleitung rief Prüfer an und fragte ihn um Rat.
Der Ingenieur versprach, neue Pläne für den Schornstein zu
schicken und brach dann zu einer Geschäftsreise ins Rheinland
auf. Dieses Problem interessierte ihn nicht im geringsten, denn
die Topf hatte den Schornstein nicht gebaut und würde somit
auch von der SS nicht mit der Instandsetzung betraut werden.
Da die Pläne nicht kamen, schickte die Bauleitung ein Telegramm nach dem anderen, um sie anzufordern. Darüber hinaus
hatte ein Mitglied der Bauleitung, im Hinblick auf den bevorstehenden Bau des Müllverbrennungsofens im Krematorium III, die
glorreiche Idee gehabt, mit der freigesetzten Wärme das Wasser
für rund einhundert Duschen aufzuheizen.[245] Jetzt verlangte man
einen Entwurf. Und Messing forderte den Montageplan für den
Lastenaufzug der Firma Gustav Linse an. Am 15. Mai gelang es
endlich, Prüfer zu erreichen, und er versprach, am 17. nach
Auschwitz zu kommen. Er traf am 18. oder 19. ein[246], beruhigte
die SS-Leute und versprach, Robert Köhler die Pläne für einen
neuen Schornstein bald zu schicken. Mit vorgetäuschter Beküm-
merung stellte er fest, daß die Garantie für den Ofen des Krematoriums IV abgelaufen war und daß er den Ofen, der mit Materialien zweiter Wahl hergestellt war, nicht mehr reparieren
konnte. Doch er war der Ansicht, daß die Gaskammern noch
benutzbar wären, sofern man mechanische Lüftungen einbaute.
Er kassierte für den Einbau von zwei Entlüftungen für die Krematorien IV und V einen Auftrag in Höhe von 2510 RM[247] und
reiste am 20. wieder ab.

Das Krematorium II wurde am 22. oder 23. Mai stillgelegt, und
die Firma Köhler ließ von den Häftlingen der Bauleitung den
Schutt des Schornsteins[248] abtransportieren, was bis zum 29. dauerte.[249] Sie konnte nicht mit der Instandsetzung beginnen, da Prüfers Pläne noch immer nicht eingetroffen waren. Diese kamen erst
am 21. Juni, nachdem ein längerer süßsaurer Briefwechsel zwischen der Bauleitung, der Topf und Köhler geführt worden war,
wobei man sich gegenseitig die Verantwortung für die Schäden und
Verzögerungen zuwies. Darüber hinaus hatte sich die Einäscherungskapazität des KL besorgniserregend verringert. Ende Mai

stelle sich die Lage in den Krematorien wie folgt dar: Nr. IV stillgelegt, Nr. II abgestellt, Nr. III durch Bauarbeiten unbenutzbar. In Betrieb waren nur Nr. I des Stammlagers und Nr. V, dessen Ofen jedoch in schlechtem Zustand war und jeden Augenblick ausfallen konnte, wenn er zu stark beansprucht wurde. Bis zur Fertigstellung von Krematorium III, also ungefähr einen Monat lang, fürchtete die Bauleitung beständig, daß es in Nr. V eine Panne geben könnte, denn dann wäre ihre Inkompetenz offenkundig geworden. Das Krematorium III wurde am 24. Juni übergeben[250] *(Dokument 39)*. Der Müllverbrennungsofen wurde ohne Heizschlange zur Warmwasserbereitung installiert, da man von dem Plan, 100 Brausen einzurichten, Abstand genommen hatte. Auf den Empfangsbestätigungen ist aufgeführt, daß der Leichenraum mit einer gasdichten Tür und vierzehn (falschen) Brauseköpfen versehen war[251], eine merkwürdige Zusammenstellung, die sich nur damit erklären läßt, daß der Raum eine andere Funktion hatte, als die ursprünglich vorgesehene: er sollte als Gaskammer dienen. Wie im Krematorium II wurden die Motoren für die Entlüftung des Leichenkellers 2 (Auskleideraum) nicht eingebaut. Messing bezeichnet ihn im April zweimal als »Auskleidekeller«.

Ende Juni informierte die Bauleitung das SS-WVHA in Berlin, daß die fünf Krematorien von Auschwitz-Birkenau in Betrieb wären, und gab die tägliche Einäscherungsleistung (auf 24 Stunden gerechnet) an[252]. Bei einem Einsatz im zivilen Bereich lag dieser Leistung als ›Berechnungseinheit‹ ein Tierkörper von 70 bis 100 kg zugrunde:

| | offiziell angegeben | praktisch erreicht | tatsächlicher Stand |
|---|---|---|---|
| Krematorium I: | 340 | 250 | 0 (Ende Juli 1943 eingestellt) |
| Krematorium II: | 1440 | 1000 | 1000 |
| Krematorium III: | 1440 | 1000 | 1000 |
| Krematorium IV: | 768 | 500 | 0 (außer Betrieb) |
| Krematorium V: | 768 | 500 | 0 (nicht benutzt) |

Diese offiziellen Zahlen sind eine interne Propagandalüge, und dennoch sind sie verläßlich. Ihre offensichtliche Gültigkeit beruht auf der Tatsache, daß die Einäscherung von zwei Kindern von je 10 kg und einer Frau von 50 kg ebenso lang dauert, wie die eines Mannes von 70 kg, was einen Multiplikations-Koeffizienten von 1 bis 3 ergibt, so daß letztlich alle Angaben bezüglich der Einäscherungsleistung der Krematorien vom Zufall abhängig sind. Die Propaganda wird bei der Leistung der Krematorien IV und V deutlich, die auf der Grundlage der Leistung von Nr. II und in Anhängigkeit der Anzahl der Muffeln berechnet wurde (und nicht niedriger sein durfte, als im Oktober 1941 vorgesehen). Diese Berechnung entbehrte allerdings jeder praktischen Grundlage:

$$\frac{1440 \times 8}{15} = 768$$

Die Lüge wird in der Praxis offenkundig: Ende Juni wird Krematorium IV nicht benutzt und Nr. II ist außer Betrieb, Ende Juli wird Nr. I auf Verlangen der Politischen Abteilung abgestellt. Was Nr. V betrifft, so wird es ab September nicht mehr benutzt, da Nr. II (repariert) und Nr. III ausreichen, um die täglich eintreffenden Judentransporte zu »behandeln«. Die Bauleitung füllte auch einen Fragebogen des SS-WVHA aus, in dem sie angab, daß keiner der Schornsteine der fünf Krematorien mit einem Saugzug ausgestattet sei, und daß vorgesehen sei, die Abwärme zum Heizen der Badeanlagen in den Krematorien (Plan der 100 Brausen) zu nutzen, was jedoch nicht umgesetzt wurde. (Kommandant Höß schrieb zu diesem Thema, wobei er alles durcheinanderbrachte und verwechselte: »Und zweitens [sollten sie] nicht zu weit vom Lager entfernt sein, da nach Einstellung der Vernichtungsaktion die Gas- und Auskleideräume als Badeanlagen benutzt werden sollten.«[253])

Die Firma Köhler begann am 22. Juni mit der Instandsetzung des Schornsteinfutters am Krematorium II. Die Arbeiten dauerten einen Monat. Mitte Juli forderte die Bauleitung die Topf auf, die unterirdischen Rauchkanäle zu reparieren, in denen Gewölbeteile einstürzten. Da diese von der Erfurter Firma gebaut worden seien und sie die Garantie übernommen habe, sei sie verpflichtet, für die Instandsetzung zu sorgen.[254] Die Topf wies den Einsturz des Gewölbes heftig zurück und erklärte, daß dies unvorstellbar sei, da Willi Koch, bevor er Auschwitz Anfang Juli verließ, alles überprüft und nichts Auffälliges festgestellt habe. Bei der Topf tat man so, als ob die SS-Leute diese Sache mit dem Einbruch des Schornsteinfutters verwechselten. Die Bauleitung ging über die Bestreitung der Topf hinweg und ließ im August den Rauchkanal von der Firma Köhler reparieren, die die Kosten der Topf in Rechnung stellen sollte. Außerdem ließ die Bauleitung von der Schlosserei der DAW neue Schieber zur Regulierung des Luftzugs anfertigen, die besser funktionierten als die alten. Die Arbeiten zogen sich bis Ende August / Anfang September hin. Dann wurde das Krematorium II nach dreimonatiger Renovierung wieder in Betrieb genommen.

Jetzt war nur noch festzulegen, wer das neue Schornsteinfutter und die von Köhler durchgeführte Instandsetzung der Rauchkanäle bezahlen mußte. Diese Frage wurde am 10. und 11. September diskutiert. Zunächst klärte die Bauleitung den angeblichen Gewölbeeinbruch in den Rauchkanälen mit Prüfer. Nach einer Besichtigung des Krematoriums II und einem Gespräch mit den Ober-Kapos der Krematorien am 10. September erkannte Prüfer die Tatsache an. Am darauffolgenden Tag wurde die gesamte Angelegenheit diskutiert. Die Bauleitung war der Ansicht, daß die Firma Topf für die Schäden verantwortlich sei, da die SS fälschlicherweise davon ausging, daß in den 1769,36 RM, die für den Entwurf eines Krematoriums mit zwei vereinfachten Dreimuffelöfen gezahlt worden waren (und den Kammler im März 1942 abgelehnt hatte), auch die Kosten für den Plan und die statischen Berechnungen für den Schornstein von Krematorium II enthalten waren. In Wirklichkeit jedoch stammte dieser von Robert Köhler. Die Topf wehrte sich gegen diesen Vorwurf und beschuldigte ihrerseits Köhler, ungeeignete Materialien verwendet zu haben, was dieser heftig abstritt. Aufgrund der Tatsache, daß die Topf zwar im Juni 1943 Köhler gegen Bezahlung die Pläne für das neue Schornsteinfutter geliefert hatte, deren sachgerechte Ausführung jedoch nicht hatte überprüfen können, glaubte sich die Erfurter Firma von jeglicher früherer oder künftiger Verantwortung frei. Nur Ingenieur Köhler hatte den Mut, die Wahrheit zu sagen, nämlich daß die Überlastung des Krematoriums II durch die SS »die wesentliche Ursache für die Schadhaftigkeit« des Schornsteins war. Da man sich nicht einigen konnte, teilte die Bauleitung die entstandenen Kosten in Höhe von 4863,90 RM durch drei, und jeder mußte einen Anteil von 1641,30 RM erstatten.[255] Sobald die zweite Fleckfieber-Epidemie unter Kontrolle war, hatte Dr. Wirths im April einen schonungslosen Bericht über die unzureichenden Möglichkeiten zur Entlausung im KL nach Berlin gesandt und dazu die Todesfälle unter den Häftlingen und SS-Angehörigen, die er auf diesen Mangel zurückführte, genau aufgelistet. Er sagt ein Wiederaufleben des Fleckfiebers voraus, sofern nicht unverzüglich »Sondermaßnahmen« zur Verbesserung der hygienischen Verhältnisse eingeleitet würden.[256] Er führte aus, daß es unnütz sei, den SS-Ärzten eine Selektion der Neuankömmlinge aufzuerlegen, wenn die ausgewählten Arbeitstauglichen sogleich vom Fleckfieber dahingerafft würden, und daß man dann ebensogut gleich alle vom Zug aus direkt in die Gaskammer schicken könne, was einen solchen Aufwand überflüssig machen würde. Die Fabriken in Oberschlesien, so schloß er, könne man ohne Hilfskräfte aus den Konzentrationslagern ohnehin auf der Stelle schließen. Wie um seine Vorhersage zu bestätigen, brach Mitte Mai im »Zigeunerlager« von Birkenau (BII e)[257], das im Februar 1943 eingerichtet worden war, erneut eine Fleckfieber-Epidemie aus. Da sie sich auf eine einzige Zone von Birkenau beschränkte – diese Zone umfaßte zu jener Zeit etwa 15000 Zigeuner –, konnte man verhindern, daß sich die Epidemie ausweitete. Anfang Juni[258] wütete sie noch schlimmer und ebbte dann, wahrscheinlich gegen Ende des Monats, ab. Dies war die letzte Epidemie, die im KL Auschwitz-Birkenau ausbrach. Sie zog die sofortige Einrichtung einer Entwesungsanlage durch die Firma Boos nach sich, die aus acht Zellen bestand, die elektrisch auf 120 °C aufgeheizt wurden *(Dokument 40)*, und im »Zigeunerlager« mit Brausen gekoppelt war.[259]

Dr. Wirths hatte es bestens verstanden, sich auch an höchster Stelle Gehör zu verschaffen. Am 15. Mai beschloß das SS-WVHA, das Lager Auschwitz mit der neuesten Entlausungstechnik, die in Deutschland entwickelt worden war, auszustatten. Es handelte sich um eine stationäre Kurzwellen-Entlausungsanlage (Dezimeterwellen und Zentimeterwellen). Der Bereich der Kurzwellen und Ultrakurzwellen war in den dreißiger Jahren zu militärischen Zwecken erforscht worden, um verschiedene weit entfernte Objekte ausmachen zu können (Flugzeuge, Packeis, usw.). Das »Radio Detection and Ranging« oder »Radar« war in den USA sehr stark weiterentwickelt worden. So hatte man auch festgestellt, daß Fliegen in der Nähe von elektromagnetischen Emissions-Feldern großer Kurzwellensender Flugschwierigkeiten hatten, ja manchmal sogar wie vom Blitz getroffen zu Boden fielen. Von diesem Phänomen hatten sich zahlreiche Erfinder leiten lassen und versucht, es zu reproduzieren, um auf diese Weise einen magischen ›Todesstrahl‹, der auf Menschen wirken sollte, zu finden. Offensichtlich waren ihre Versuche erfolglos. Die angewandten Frequenzen (Kurzwellen oder Ultrakurzwellen) schadeten höheren Lebewesen nicht im geringsten. Doch bestimmte Metazoen waren offensichtlich anfälliger, da scheinbar ihr Nervensystem von diesen Strahlen betroffen wurde.

Die Firma Siemens-Schuckertwerke AG aus Berlin hatte die Möglichkeit untersucht, Parasiten, vor allem Läuse, zu töten, indem man sie elektromagnetischen Feldern aussetzte. Unter bestimmten Bedingungen waren die Ergebnisse überzeugend. Siemens bot zwei Anlagen zu Versuchszwecken, eine mobile und eine stationäre, an. In Auschwitz sollte die dritte stationäre Anlage, die im Bau war, montiert werden. Diese Entscheidung wurde der Bauleitung am 10. Juni mitgeteilt. Die angekündigte Leistung schien unvorstellbar: 16 000 Bekleidungsgarnituren konnten in 24 Stunden behandelt werden.[260] Innerhalb von vier Tagen konnte also die Kleidung von den rund 60 000 bis 65 000 Häftlingen, die das Lager zu diesem Zeitpunkt umfaßte, von Läusen befreit werden. Zu diesem Thema fand am 30. Juni in Auschwitz eine große siebenstündige Versammlung statt. Daran nahmen teil: SS-Hauptsturmführer Dr.-Ing. Willing und SS-Untersturmführer Erich Pambor, beide von der technischen Abteilung des SS-WVHA, Bischoff, Kirschneck und Jährling für die Bauleitung, Doktor Wirths und der Ingenieur Franke von Siemens. Der SS-Mann Willing, ein enthusiastischer Anhänger dieser Methode, erklärte, daß nach einem »elf bis zwölf Sekunden dauernden Durchgang durch das Ultra-Kurzwellen-Feld sämtliche Kleinlebewesen zerstört« seien, selbst Nissen, Bakterien und Bazillen. Doch er gab jetzt eine schwächere Leistung an: 13000 bis 15000 Kleidungsstücke pro Tag. Die Anlage sollte im Aufnahmegebäude des Stammlagers untergebracht werden. Genauer gesagt sollte sie vier der neunzehn Zellen der mit Zyklon B betriebenen Entlausungsanlage ersetzen *(Dokument 41 und 42)*, die – obgleich der Rohbau der Zellen seit Januar 1943 abgeschlossen war – unbenutzt geblieben waren. Sie waren aufgrund mangelnder Ausstattung nicht zu gebrauchen *(Dokument 43 und 44)*. Die Anlage sollte zwei Monate später (Mitte August) einsatzbereit sein. Im Zusammenhang mit der Entlausung der Kleidungsstücke war auch das Waschen der Häftlinge unabdingbar. Da jedoch das warme Wasser für das Brausebad von dem Fernheizwerk *(Dokument 55)* kommen sollte, das allerdings noch lange nicht fertiggestellt war, mußte Bischoff, woran er ja bereits gewöhnt war, eine Übergangslösung finden. Um schließlich das Wunder der Entlausung zu vervollständigen, sollte Ende Juli dieselbe Anlage, jedoch eine mobile, in Birkenau eintreffen.[261] Doch die Fristen konnten nicht eingehalten werden. Ende Juli verhandelte Siemens noch immer mit seinen Zulieferern.[262] Man mußte auf der Stelle bei Boos den dringenden Einbau von zwei provisorischen Heizkesseln für die Brausebäder in Auftrag geben.[263] Darum wurden die Kostenüberschläge für die Siemens-Anlage (75000 RM), für die Kessel der Firma Boos (8200 RM) und den durchzuführenden Umbau (14800 RM) erst Mitte August erstellt.[264] Die Einstufung »Sonderstufe SS« – d. h. der höchste Dringlichkeitsgrad bei der Durchführung –, die dem Projekt zugeteilt worden war, hatte zu diesem Zeitpunkt schon keinen Wert mehr.

Im Juli 1943 ließ die Politische Abteilung Reparaturen an zwei ihrer Holzbaracken vornehmen, die in der Nähe des Krematoriums I lagen. Während der Arbeiten wurde das Krematorium I nicht benutzt, um zu verhindern, daß die Flugasche, die aus dem Kamin aufstieg, die Holzbretter in Brand setzte. Nach Abschluß der Arbeiten sollte das Krematorium wieder in Betrieb gehen. Doch Grabner verlangte aus Angst, er könne bei einem möglichen Brand ums Leben kommen, die Außerbetriebsetzung. Der Betrieb des Krematoriums I war Ende Juli 1943 eingestellt.[265]

Am 22. Juli ließ der SS-Hauptsturmführer Hans Aumeier durch seinen Vertreter der Kommandantur des Lagers mitteilen, daß es im Häftlingskrankenbau des ersten Männerlagers von Birkenau (BI b) noch 47 Fälle von Fleckfieber gebe und 22 weitere Personen unter Fleckfieber-Verdacht stünden. Vor der Überführung der männlichen Häftlinge in ihr neues Lager (BII d) verlangte er ihre vollständige Entlausung, und für Abschnitt BII d die Einrichtung derselben Entwesungsbaracke und Badeanlage wie im Zigeunerlager.[266] Anfang August antwortete die Bauleitung und kündigte eine mobile Entlausungsanlage (mit Ultrakurzwellen) für Birkenau an. Bis dahin stellte Dr. Wirths der Station BII d die mobile Anlage der Armee zur Verfügung (Typ Autoklav), die schon im Zigeunerlager eingesetzt wurde.[267] So war Ende des Sommers 1943 die Gefahr einer Fleckfieber-Epidemie gebannt, und es traten nur noch Einzelfälle auf.

Da es Himmler widerstrebte, Auschwitz noch einmal zu inspizieren, übertrug er Pohl diese unangenehme Aufgabe. Der Chef des SS-WVHA traf am 16. August ein, doch seine Inspektion begann erst am nächsten Morgen um 8.30 Uhr, nachdem Bischoff seine Untergebenen angewiesen hatte, alle Baustellen gründlichst zu säubern.[268] Dazu benötigten sie die ganze Nacht. Die Besichtigung begann traditionsgemäß in der Bauleitung, wo Pohl sich über die Fortschritte beim Bau der großen Klär- und Faulgasanlage von Broschkowitz informierte, deren Bauarbeiten aufgrund ungeheurer Schwierigkeiten nur schleppend vorangingen. Dann begann er im Automobil seine Inspektionstour durch das »Interessen-Gebiet« des Lagers. Pohl begab sich zum Schlachthaus des Stammlagers, wo Bischoff ihm die Umbauarbeiten, die zur Küchenerweiterung vorgenommen wurden, zeigte. Es folgte eine Fahrt zur Bäckerei und zum Theatergebäude. Nichts wurde ausgelassen: weder das Aufnahmegebäude für die Häftlinge wurde vergessen, noch der Standort der künftigen Kurzwellenentlausungsanlage. Er besuchte die Tischlerei und die Schlosserwerkstätten und nebenan die neuen Pferdeställe (Dokument 45), wo ihm Kommandant Höß, ein Pferdenarr, reinrassige Halbblutpferde aus Schleswig-Holstein vorführte[269] *(Dokument 46)*. Auch die Krupp-Werke, die kurz vor der Fertigstellung standen *(Dokument 47 und 48)*, und das Zivilarbeiterlager standen auf dem Programm.

Der Wagenkonvoi überquerte die Brücke, die sich über die Bahngleise spannte, und hielt am Güterbahnhof an, um die neuen Kartoffellagerhallen zu besichtigen, vor denen sich die Selektionsrampe für die Juden entlangzog *(Dokument 49)*. Dann ging es im Eiltempo zurück nach Birkenau. »Es wurden dann der Bauabschnitt I und II des KGL sowie die Krematorien und Truppenunterkünfte eingehend besichtigt. Besondere Anerkennung fand dabei der saubere Innenbau der Häftlingsunterkünfte im neubelegten Bauabschnitt II«, so heißt es in dem Absatz des Berichts, der sich auf Birkenau bezieht. Die SS-Leute fuhren kurz an der Wasseraufbereitungsanlage *(Dokument 50)* und den beiden im Bau befindlichen Kartoffellagern des KGL vorbei und dann schnellstens weiter nach Harmense, wo die Entenaufzucht und Hühnerstallungen und, in der Nähe des neuen Weichsel-Staudamms, Fischfanggründe lagen. Ein kleiner Verkehrsunfall konnte den schnellen Ablauf der Inspektion nicht bremsen. Schließlich erreichten sie das neue Frauenlager Budy mit seinen Schweinestallungen *(Dokument 51)*, den Reitställen und der Baumschule. Dann wurde die rasende Fahrt über die Reichsstraße fortgesetzt, die nach Raïsko führte, wo das Institut für Hygiene der Waffen-SS und die Landwirtschaftliche Versuchsstation mit ihren Nebengebäuden *(Dokument 52)* genauestens begutachtet wurden. Man besichtigte im Laufschritt die Gemüsetreibhäuser und die Anlage einer Sonderproduktion (Anbau einer russischen Pflanze aus der Löwenzahnfamilie, kok-saghyz, aus deren Wurzeln Kautschuk gewonnen werden sollte) und das landwirtschaftliche Laboratorium, wo endlich eine kurze Erfrischungspause eingelegt wurde. Pohl fuhr dann weiter zur Bauleitung, wo er sich zu seinem Besuch äußerte. Er hatte bemerkt, daß in den Tischlerwerkstätten der DAW Möbel für die SS-Leute des Lagers hergestellt wurden, was jedoch in keinem Fall als dringlich angesehen werden konnte und darüber hinaus seit kurzem verboten war. So ordnete er die Einstellung dieser Arbeiten bis zum 15. September an, selbst wenn Tag und Nacht durchgearbeitet werden müsse, um die begonnenen Stücke bis dahin fertigzustellen.

Dann fuhr Pohl weiter zum Mühlengebäude und zur großen Klär- und Faulgasanlage von Broschkowitz *(Dokument 53)*, wobei er sich besonders das System der Abwasserreinigung und der Faulgasgewinnung erklären ließ. Anschließend kehrte er zu den Reitställen von Budy zurück, wo Höß ihm unbedingt weitere Pferde vorführen wollte. Hier ging um 13 Uhr die Inspektion zu Ende. Den Nachmittag verbrachte Pohl in Golleschau (70 km südwestlich von Auschwitz), wo sich ein Baustofflager und eine Zementfabrik befanden. Nachdem er festgestellt hatte, daß hier alles in Ordnung war, fuhr er um 19 Uhr wieder zur Bauleitung von Auschwitz und fällte folgende Entscheidungen: »Bau eines Kinderheimes für (deutsche) Kinder, Ausbau eines bestehenden Wohnhauses für die Oberaufseherin des Frauenlagers, Ausbau einer Wohnung für Professor Dr. Clauberg (Sterilisationsversuche an weiblichen jüdischen Häftlingen), Erstellung eines Entbindungsheimes (für deutsche Frauen) im Zug des SS-Truppenlazarettbaus.«

Zum Schluß erklärte Pohl den Angehörigen der Bauleitung, »daß ein Abzug von SS-Angehörigen zu Feldeinheiten für die hiesige Dienststelle keinesfalls mehr in Frage kommt«, was zu lautstarken Enttäuschungsbekundungen führte, die kaum die feige, allgemeine Erleichterung zu verbergen vermochten. An die Versammlung schloß sich ein Galaabend im Haus der Waffen-SS an (gegenüber vom Bahnhof gelegen), wo üppig geschlemmt wurde. Der Hauptamts-Chef reiste um 22.30 Uhr wieder ab.[270]

Betrachtet man die ›Bedeutung‹ der Entscheidungen, die Pohl an diesem 17. August getroffen hatte, so hätte er besser daran getan, in Berlin zu bleiben. Was die ›eingehende‹ Inspektion der Krematorien betrifft, die an jenem Tag nicht in Betrieb waren, so hatte sich Pohl dort nicht lange aufgehalten, sondern war nur im Eiltempo vorbeimarschiert. Genau das hatte sich Bischoff auch gewünscht, um einen Besuch des Krematoriums II mit den in Reparatur befindlichen Rauchkanälen und des Krematoriums IV mit dem unbenutzbaren Ofen zu umgehen. Letztendlich hatte Pohl nur vier Stunden Zeit für seinen Besuch, was – wenn man die Lage der Örtlichkeiten, die er besuchte, berücksichtigt – völlig unzureichend war und auch das Tempo während der Fahrten und den

Unfall zwischen Harmense und Budy erklärt. Vom Lager Birkenau sah er vermutlich nur eine der Wohnbaracken des neuen Männerlagers, BII d *(Dokument 54)*, von deren Sauberkeit er begeistert war. Doch das war nicht weiter verwunderlich, da es sich um eine neue Baracke handelte.

# XI

# Grauen, Bürokratismus
# und Spurenvernichtung

Die ausnehmend guten Beziehungen zwischen der Topf und der Bauleitung verschlechterten sich ab Ende September aus mehreren Gründen deutlich. Die Bauleitung warf der Topf die Schwierigkeiten mit dem Ofen des Krematoriums IV und die Sache mit dem Schornstein von Nr. II vor, was zu einem dreimonatigen Stillstand geführt hatte. In der Firma wurde man sich langsam bewußt, in welche unangenehme Lage Prüfer sie gebracht hatte. Wenn die 500 reichs- und »volksdeutschen« Angestellten der Topf auch insgesamt darüber Bescheid wußten, daß das Material, das sie herstellten, zur Judenvernichtung in Birkenau eingesetzt wurde, so schwiegen sie doch, und keiner der 300 Fremdarbeiter des Unternehmens[271] – von Ausnahmen abgesehen – erfuhr davon. Doch angesichts der militärischen Situation der Achse, die äußerst bedenklich war, und nach der Kapitulation Italiens am 8. September, begannen einige Mitarbeiter der Topf, sich mit der Vorstellung vertraut zu machen, daß, im Falle eines alliierten Sieges, ihre Zukunft – und daran war nicht zuletzt die wirtschaftliche Unersättlichkeit des Nazis Prüfer schuld – noch düsterer wäre als die der anderen. Darüber hinaus realisierte man bei der Topf, daß es keine leichte Aufgabe war, für die SS zu arbeiten. Zum einen überprüften die SS-Leute jede Rechnung bis ins kleinste Detail, zum andern war ihre Zahlungsmoral schlecht. Am 20. August 1943 schuldete die Bauleitung der Topf nahezu 90 000 RM[272]. Manchmal waren mehr als zehn Mahnbriefe nötig, ehe die geschuldeten Summen beglichen wurden. Außerdem waren die SS-Leute unentschlossen und inkonsequent. Tagelang zerbrachen sich die Mitarbeiter der Topf den Kopf wegen eines Projekts, das dann schließlich ohne jegliche Erklärung fallengelassen wurde, wie etwa das Krematorium VI, das nie gebaut wurde, das Vorheizsystem des Leichenkellers 1 in den Krematorien II und III oder die 100 Brausen für Nr. III, die es nur auf dem Papier gab. Oder aber die SS bestellte Anlagen, die – wenn sie einmal hergestellt waren – nicht mehr benötigt wurden, so zum Beispiel die Entlüftung des Krematoriums I, IV oder V, die sie nicht mehr wollten. Für die letzten beiden Entlüftungen hatte die Topf nur unter großer Anstrengung einen passenden Elektromotor gefunden, und so schickte sie immerhin eine der beiden Lüftungen am 21. Dezember als Frachtgut an die Bauleitung. Sie wurde am 1. Januar 1944[273] auf dem Bauhof gelagert und blieb dort bis Mai 1944.

Da hinsichtlich der Ultrakurzwellen-Entlausungsanlage nichts geschehen war, berief Mitte Oktober 1943 SS-Obersturmführer Werner Jothann, der seit Anfang des Monats an der Spitze der Bauleitung stand, eine zweite Versammlung für den 28. Oktober mit Ingenieur Franke, den SS-Männern Pambor, Dejaco und Jährling ein. Im Juli hatte man den Entwurf geändert. Statt eines Kurzwellenfeldes waren nun zwei vorgesehen, die die Fläche von acht Blausäure-Entlausungszellen einnehmen sollten *(Dokument 56)*. Franke wies darauf hin, daß die Kurzwellenfelder die Raumtemperatur auf 60° aufheizten und daß die heiße Luft in den Kaminabzug geleitet werden würde. Sechs Siemens-Montagepläne wurden der Bauleitung übergeben, und jeder einzelne wurde von dem Ingenieur erläutert. Das Siemens-Material sollte um den 20. November geliefert werden und die Dampfheizung für das Bad Anfang Januar 1944 installiert sein.[274]

Am 11. Dezember fand eine dritte Versammlung unter Beteiligung von Pambor, Bischoff, Jothann, Dejaco und Jährling statt. Da das erforderliche Material und die Apparate jetzt eingetroffen waren, legte man fest, daß die Arbeiten am 15. Januar abgeschlossen sein sollten. Falls sich dieses Datum verschieben sollte, so würde Pambor darüber informiert werden.[275] Dies war der Fall, da sich die Vorbereitungsarbeiten bis zum 15. Februar 1944 hinzogen. Dann wurde Pambor per Telegramm benachrichtigt, daß man dringlichst das Eintreffen der Siemens-Monteure erwarte.[276]

Da dem Aufbau der Siemens-Anlage nun nichts mehr im Wege zu stehen schien, gab Bischoff – der inzwischen die Bauinspektion »Schlesien« leitete, aber dennoch die Kontrolle über die Bauleitung Auschwitz behielt – Jothann Anweisung, von der Boos die elf restlichen Blausäure-Entlausungszellen ausstatten zu lassen, damit man sie möglichst schnell in Betrieb nehmen könne. Jothann verständigte sogleich per Telegramm die Boos.[277] Doch die Firma reagierte nicht. Anfang Mai wurde ein zweites Telegramm abgeschickt. Friedrich Boos war offensichtlich nicht bereit, die Arbeiten fortzusetzen. Man hatte im Juli 1942 bei ihm die Einrichtung von neunzehn Blausäure-Entlausungszellen in Auftrag gegeben, ein Jahr später hatte Boos dann erfahren, daß sich die Zahl auf fünfzehn verringert hatte und jetzt gar auf elf. Boos verstand nicht mehr, was die SS-Leute wollten, und das sagte er ihnen auch.[278] Zudem behinderten Verständigungsschwierigkeiten, ob nun gewollt oder ungewollt, die noch durch Einmischung von außen verschlimmert wurden, den Fortgang des Geschäfts; Boos behauptete, die Tiefe der für die »Apparatur und Ventilatoranlage« vorgesehenen Nischen sei verändert worden.[279] Tesch und Stabenow (Testa) aus Hamburg mischte sich ein. Und auch Doktor Wirths; er erinnerte daran, daß nach einer gültigen »Verfügung des OKW« der Einsatz von Zyklon B zur Entlausung zugunsten eines anderen Gases, Arginal, gestrichen worden sei. Die Verwendung von Arginal erforderte eine Umstellung der Apparate in der Gaskammer.[280] In diesem Zusammenhang unterlief dem ZA Jährling in einem Brief an die Testa eine ungeheuerliche ›Fehlleistung‹. Er bezeichnete die Blausäure-Entlausungszellen als »Normalgaskammern«, dieses Wort war unterstrichen und in Anführungsstriche gesetzt[281], ganz so, als gebe es »normale« und »anormale« Gaskammern. Die Bezeichnung wurde von der Testa aufgenommen, die zum einen bekräftigte, daß die Umstellung auf Arginal nur bei einer neuen Anlage vorgeschrieben sei, und zum anderen darauf beharrte, daß das Personal, das sich um die normalen Blausäure-Begasungskammern kümmerte, ausgesprochen gut ausgebildet sein müsse, was heißen sollte, daß die Funktionsweise dieser Kammern wesentlich komplizierter war als das einfache Einschütten von Zyklon B in die »anormalen« Gaskammern.[282] Die Firma Ewald Berninghaus aus Duisburg, die auf Anfrage der SS im Juli 1942 einen Kostenvoranschlag über die Anfertigung von achtunddreißig gasdichten Türen vorgelegt hatte (zwei pro Kammer)[283],

114

ohne je eine Antwort bekommen zu haben, wurde jetzt plötzlich von Jothann auf eine Bestellung von zweiundzwanzig Türen[284] angesprochen, die bereits im Juli geliefert werden sollten.[285] Als Berninghaus die gasdichten Türen Ende November noch immer nicht geliefert hatte, gestand Jothann Bischoff ein, daß es ihm unmöglich sei, die elf Zyklon-B-(Gas)kammern in Betrieb zu nehmen, und er erkundigte sich, ob »angesichts der jetzigen Lage«[286] der Ausbau wirklich weiterhin betrieben werden solle.

Am 25. Mai 1944 teilte Kammler der Bauleitung per Telegramm mit, daß die mobile Siemens-Entlausungsanlage von Breslau nach Auschwitz geschickt würde.[287] Sie wurde in Birkenau aufgestellt.[288]

Im Hinblick auf die bevorstehende Deportation der ungarischen Juden nach Auschwitz bemühte sich Jothann, die Krematorien II und III überholen zu lassen und Nr. IV und V, die seit September 1943 nicht mehr benutzt wurden, wieder in Betrieb zu nehmen. Er bat bei der Topf um den Einbau der elektrischen Aufzüge in die Krematorien II und III und um die Installation der Entlüftungen in die Gaskammern der Krematorien IV und V, denn ansonsten war jegliche Massenvergasung unmöglich. Nach größten Schwierigkeiten und der direkten Intervention des SS-WVHA beim Reichsminister für Rüstung und Kriegsproduktion wurden die beiden Aufzüge im Mai 1944 nach Auschwitz geliefert.[289] Doch es blieb keine Zeit mehr zum Einbau. Die Entlüftungsanlage, die seit Januar im Bauhof gelagert wurde, wurde im Mai in das Krematorium V eingebaut[290], dessen Ofen man für funktionstüchtig hielt. Für die beiden Gaskammern und den Gang – insgesamt ein Volumen von 480 m$^3$; das entsprach in etwa dem des Leichenkellers 1 in den Krematorien II und III – hatte Schultze eine Entlüftung mit derselben Leistung vorgesehen: ein Gebläse Nr. 450, gekoppelt mit einem 3,5-PS-Motor und einer Extraktionsleistung von 8000 m$^3$ pro Stunde.[291] Die zweite Lüftung sollte im Juli geliefert werden, wurde jedoch nie eingebaut.

Die Deportation von mindestens 250000 ungarischen Juden nach Auschwitz, die im Mai/Juni 1944 begann, und die Liquidierung der »Arbeitunfähigen« waren wohl das ungeheuerlichste Kapitel in der Geschichte von Birkenau. Sie spielte sich im wesentli-

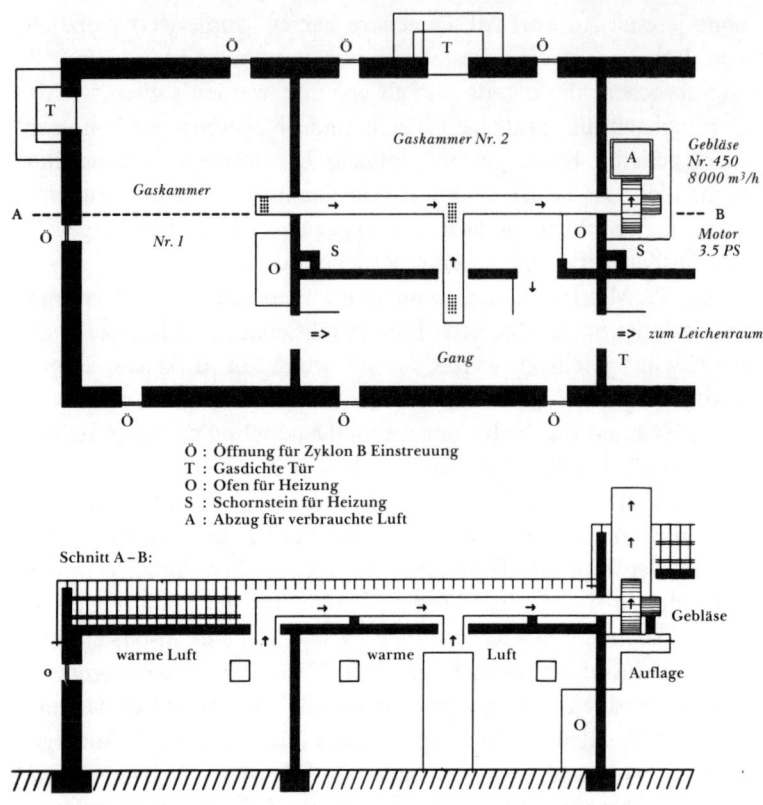

Entlüftung der Gaskammern im Krematorium V, Juni 1943 von Karl Schultze entwickelt und im Mai 1944 eingebaut.

chen in den Krematorien II, III und V ab. Der Ofen von Nr. V war rasch überlastet, und so hob man drei 15 Meter lange und 3,5 Meter breite Gruben neben den Gaskammern aus, um dort die Opfer im Freien einzuäschern *(Dokument 57)*. Für kleine Gruppen wurde jetzt auch der Bunker 2 wieder in Betrieb genommen. Die Leichen wurden anschließend in Einäscherungsgruben von 20 und 30 m² verbrannt.[292]

Gegen Ende des Sommers, als das Zyklon B allmählich knapp wurde, wurden die »Arbeitsunfähigen« aus den Transporten, die

116

noch immer nach Auschwitz geleitet wurden, ohne weitere Umstände lebendig in die brennenden Gruben von Krematorium V oder von Bunker 2 gestoßen.[293]

Während dieses Massaker im vollen Gange war, inspizierte Oswald Pohl am 16. Juni 1944[294] Auschwitz zum dritten und letzten Mal. Begleitet wurde er von Höß (der ins Lager zurückgekommen war, um die »Ungarn-Aktion« zu leiten), Bischoff, Jothann und Dr. Wirths. Nach dem Rundgang traf man sich gegen 18 Uhr zu einer Besprechung. Im Mittelpunkt standen dabei die Schwierigkeiten, Zement von der Fabrik in Golleschau zu bekommen (Pohl versprach, die Angelegenheit zu regeln), und die Probleme mit der I. G. Farben, die sich bei der Bauleitung beklagte. Abschließend sprach man über neue Projekte. Man plante weiter, denn die Transporte aus Ungarn, die unablässig in Auschwitz eintrafen, brachten ja die notwendigen Arbeitskräfte, um Anlagen zu bauen, bauliche Veränderungen durchzuführen und die Bauten zu realisieren, die Pohl unterstanden. Der Hauptamts-Chef war großzügig, zu großzügig. Er genehmigte neunundzwanzig zusätzliche Bauvorhaben für das gesamte KL. Über fünf weitere wollte er erst nach eingehender Prüfung entscheiden. Eine einzige Anfrage wurde abgelehnt. Zu den genehmigten Arbeiten gehörte zum Beispiel die Tarnung der vier Krematorien durch die Errichtung einen zweiten Innenzauns, um diese Gebäude vor den neugierigen Blikken der Häftlinge zu verbergen. Pohl wußte, daß er das Blaue vom Himmel versprach, aber angesichts der generellen Lage konnte er nichts anderes tun. Außerdem brauchte er die Dankbarkeit seiner Untergebenen, die Illusion seiner Macht, die sich darin manifestierte, daß er Arbeiten für dringlich erklärte, die es nicht waren, und ihre Durchführung genehmigte, wenngleich sie niemals begonnen, geschweige denn jemals zu Ende geführt werden würden. Aber Pohl war tief betroffen. Als er im Lager eintraf, war er ganz von seinen angenehmen Erinnerungen an den August 1943 erfüllt gewesen, doch was er nun sah, war abscheulich. Höß, der sich an das tägliche Grauen gewöhnt hatte, zeigte Pohl das »Zigeunerlager«. Er ersparte ihm nichts. Abgesehen von den üblichen Problemen – Platzmangel, katastrophale sanitäre Verhältnisse, Anstieg der Krankheitsrate, überhöhte Sterbeziffern – erschütterten die

Zigeunerkinder, die an der Kinderseuche Noma litten und ihn trotz krebsartiger Geschwülste und übelriechendem Wundbrand aus ihren fiebrigen Augen anlächelten, Pohl zutiefst. Die glänzenden Blicke dieser kleinen zerzausten Vögelchen, die unbeweglich vor den Toren der grünlichen Pferdestall-Baracken standen, über ihnen am tiefblauen Himmel zur linken zwei wuchtige Schornsteine, aus denen die Flammen schlugen, und zur rechten eine dicke, weißliche Wolke, die aus dem Birkenwald aufstieg – angesichts dieses Bildes mußte Pohl begriffen haben, daß seine Verwaltung alle Gesetze der Ethik verletzt hatte und deshalb für immer gezeichnet sein würde. Er erinnerte sich wieder an Montag, den 22. Mai 1933, jenen Tag, an dem er Himmler in den Gärten des Kasinos von Kiel begegnet war, und er verfluchte diesen Tag. Doch es sollte noch schlimmer kommen. Höß bat ihn um die Erlaubnis, das Zigeunerlager liquidieren zu dürfen, das hieß, die Arbeitsfähigen auszusortieren und die anderen zu vergasen. Das widersprach allerdings den Vorschriften, weil die Zigeuner lediglich für die Dauer des Krieges in Schutzhaft genommen worden waren. Möglicherweise lehnte Pohl es ab, dafür die Verantwortung zu übernehmen, und der Befehl, auf diese Weise zu verfahren, kam vielleicht letztendlich von Himmler. Wie dem auch sei, die Operation fand am Abend des 2. August 1944 statt und wurde zu einer Tragödie.

»Die Kurzwellen-Entlausungsanlage Ost Nr. 3«, so die offizielle Bezeichnung der Siemens-Anlage im Stammlager, wurde am 30. Juni in Betrieb genommen, das heißt fast zehn Monate später als ursprünglich geplant. Doch voll funktionsfähig war sie erst ab dem 5. Juli. Sogleich testete Dr. Wirths Möglichkeiten, Leistung und Effektivität dieser Anlage. Am 6. August, nach 32tägiger Laufzeit, faßte er das Ergebnis zusammen. Zunächst einmal fiel die Leistung wesentlich niedriger aus, als von SS-Hauptsturmführer Willing in Aussicht gestellt: 1441 Wäsche- und Bekleidungsgarnituren plus 449 Woll- oder Steppdecken täglich, insgesamt also 2000 Kleidungsstücke in 24 Stunden und nicht 13000 bis 15000. Dabei ging die Entlausung sehr prompt und zuverlässig vonstatten. Technische Störungen (Schwankungen des elektromagnetischen Feldes) oder ein ungenügendes Anfeuchten der Kleidungsstücke führten gelegentlich dazu, daß Läuse und Nissen überlebten. Ein nochmaliger Durchlauf tötete sie. Aber Dr. Wirths stellte fest, daß das vorherige Anfeuchten der Kleidungsstücke viel zu umständlich und zeitraubend war. Das genau war der Schwachpunkt der Siemens-Anlage; ein Faktor, den der Ingenieur Willing bei seinen anfänglichen Berechnungen unberücksichtigt gelassen hatte. Wirths, der ein Abkommen mit dem Hygiene-Institut von Raïsko geschlossen hatte, machte sich daran, die Vernichtung von Mikroorganismen durch Ultrakurzwellenfelder zu untersuchen. Man stellte fest, daß ein Häftlingskleidersack (mit vier verschiedenen Kleidungsstücken) nach dreiminütiger Bestrahlung keine einzige Staphylokokke mehr enthielt, weder Fleckfieber- noch Diphterie-Keime. Wirths experimentierte mit Kolibakterien (vernichtet), dem Koch-Bazillus (nach einigen Wochen Erfolge), Sporenbildnern (resistent). Wirths legte seinem Bericht die Ergebnisse dieser Versuche bei (sind unauffindbar).[295] Die Siemens-Anlage zeigt indirekt, welche Haltung Dr. Wirths in der wahnsinnigen und verbrecherischen Umgebung von Auschwitz angenommen hatte, mit der er während der Selektionsvorgänge konfrontiert war: Er verschrieb sich der Mikrobiologie, um die Augen vor dem verschließen zu können, was um ihn herum vorging.

Und während Tausende von Frauen, Kindern und alten Leuten Tag für Tag in den Flammen verschwanden, widmeten sich die Bauleitung und die Firma Topf noch immer ihren Abrechnungen. Die Bauleitung hatte in zwei Folgen, im letzten Quartal 1943 und Anfang Februar 1944, praktisch alle unerledigten Rechnungen beglichen. Aber als Gegenleistung dafür verlangte sie, daß die Topf die Kosten für die Arbeiten übernahm, die die Bauleitung bei der Schlosserei der DAW in Auftrag gegeben hatte, und die verschiedenen kleinen Sachen bezahlte, die ihnen auf den Baustellen gefehlt hatten und von der Bauleitung gestellt worden waren. Es kamen verschiedene kleine Posten zusammen, so zum Beispiel die Gebühren für eine für die Dauer von zwei Monaten geliehene Sauerstoffflasche (2,10 RM), geliehenes Motorenöl (8,25 RM) usw. Gegen diese Aufstellung protestierte nun die Topf und zögerte die Zahlung einer Gesamtsumme von 9000 RM hinaus, die schließlich auf 7500 RM gekürzt wurde. Doch der leidigste Punkt blieb die Regelung des Vertrags über die beiden Achtmuffelöfen.

Die Bauleitung von Rußland-Mitte hatte bei der Topf vier Öfen für 55 200 RM in Auftrag gegeben und durch zwei Abschlagszahlungen 42 600 RM beglichen. Die Bauleitung von Auschwitz hatte zwei Öfen für 27 600 RM bestellt und 10 000 RM angezahlt. Bei der Firma Topf war man der Ansicht, man habe sechs Öfen à 13 800 RM verkauft (82 800 RM). Aber da die beiden Öfen von Birkenau von der Lieferung nach Mogilew abgezogen worden waren, schuldeten die beiden Bauleitungen der Topf nicht die Restsumme von 30 200 RM (für sechs Öfen), sondern 2600 RM (für vier Öfen), die die Bauleitung von Auschwitz auch bereit war zu zahlen. Doch in Wahrheit hatte die Topf nur zweieinhalb Öfen gebaut (einen halben für Mogilew und zwei für Birkenau), das machte 34 500 RM, und eigentlich mußte sie nun 18 100 RM zurückzahlen, da sie ungerechtfertigterweise eingezogen worden waren. Da sich nun jedoch die Topf mit der oben erwähnten Restsumme von 2600 RM zufriedengab (statt wie ursprünglich 30 200 RM für die Lieferung von acht Öfen zu verlangen), konnte sie bei dieser Transaktion den hübschen Gewinn von 20 700 RM verbuchen, der sie für die Unannehmlichkeiten mit der SS von Auschwitz entschädigte.[296] Das Nachsehen hatte die Bauleitung von Rußland-Mitte, denn als Jährling im August 1944 die Zahlung von 2600 RM akzeptierte, um die Querelen mit der Topf aus der Welt zu schaffen, war diese bereits nach Posen verlegt und auf eine Abwicklungsstelle reduziert worden.[297]

Am 7. Oktober wagten die Mitglieder des Sonderkommandos, die bereits das Ende kommen sahen, den Aufstand. Das Krematorium IV, in dem die meisten von ihnen untergebracht waren, wurde in Brand gesteckt. Die SS schlug den Aufstand nieder. Das Gebäude wurde abgerissen, die Eisen-Metallteile des Ofens gesammelt und im Bauhof eingelagert[298] *(Dokument 58)*.

Ende November wurden auf mündlichen Befehl Himmlers die Vergasungen eingestellt. Ein Abbruchkommando, das Anfang Dezember eingerichtet wurde, trug daraufhin die Krematorien II und III ab.[299] Das Krematorium V wurde weiterhin genutzt, von nun an aber auf ›normale‹ Art und Weise, d. h. zur Einäscherung ›eines natürlichen Todes‹ Verstorbener. Mitte Januar 1945 existierte von den Krematorien II und III nur noch das Beton-Gerippe. Die

Häftlinge verließen den Konzentrationslagerkomplex am 18. Januar. Am 20. Januar sprengte die SS mittags die Überreste der Krematorien II und III.[300] Nr. V, das noch intakt war, wurde in der Nacht vom 21. auf den 22. Januar um ein Uhr morgens mit Dynamit in die Luft gesprengt.[301] Am 27. Januar entdeckten die sowjetischen Soldaten den eingeschneiten Bauschutt, so wie ihn die SS zurückgelassen hatte *(Dokument 59)*.

Während des Bestehens des Konzentrationslagerkomplexes von Auschwitz-Birkenau waren dort 400000 Häftlinge – 200000 jüdische und 200000 nichtjüdische – registriert. 126000 von ihnen sind dort ums Leben gekommen. Von den etwa 750000 Juden, die ins Lager deportiert wurden, wurden 550000 für »arbeitsunfähig« erklärt und vergast. Es waren natürlich wie immer die Schwächsten, die sterben mußten: Frauen, Kinder und alte Leute. Nach unseren jetzigen Kenntnissen (und *intra muros*) kostete Auschwitz ungefähr 700000 Menschen das Leben (siehe Untersuchung über die Anzahl der Opfer im Anhang, Appendix 2).[302]

# XII
# Epilog

Am 11. April 1945 befreite die 3. Armee unter Führung von General Patton Buchenwald. Am 15. besichtigte General George S. Patton jr. das Lager. Die beiden Dreimuffelöfen des Krematoriums verhalfen der Firma Topf zu prompter Berühmtheit *(Dokument 60)*. Das Dritte Reich kapitulierte am 8. Mai. Am 30. Mai verhaftete die amerikanische Militärpolizei nach einer recht nachlässig durchgeführten Untersuchung des Falls Topf lediglich eine Person: Kurt Prüfer.[303] Als Ludwig Topf von der Festnahme erfuhr, befürchtete er, daß der Ingenieur zuviel reden könnte, und nahm sich in der Nacht vom 30. auf den 31. das Leben.[304] Seine Sorge erwies sich allerdings als unbegründet, denn am 13. Juni wurde Prüfer freigelassen[305] und hatte außerdem noch von den Amerikanern einen Auftrag für die Lieferung eines Ofens bekommen![306] Da die Amerikaner sich ganz auf die Einäscherungsöfen konzentriert und eine Durchsuchung des Firmengeländes versäumt hatten, blieb die wahre Rolle der Firma Topf bei der Einrichtung der tödlichen Gaskammern von Auschwitz ein unentdecktes Geheimnis. In der Zeit vom 14. bis zum 20. Juni vernichteten Ernst-Wolfgang Topf und Prüfer sämtliche mit der SS von Auschwitz abgeschlossenen Verträge.[307] Am 21. suchte der jüngere Topf-Bruder bei den Amerikanern Zuflucht[308]; er hatte nichts weiter bei sich als die technischen Unterlagen.[309] Am 3. Juli besetzten die Russen Erfurt. Am 11. Oktober wurde Gustav Braun, der kaufmännische Direktor der Firma, von einem russischen Militär über Prüfer und die beiden Topf-Brüder befragt.[310] Am 4. März 1946 verhafteten die Sowjets Braun (der inzwischen einstweiliger Direktor geworden war), Sander, Prüfer und Schultze.[311] Erdmann entkam der Internierung, weil er Mitglied der kommunistischen Gewerkschaft wurde.[312] Die Sowjets, die die in Auschwitz gefundenen Dokumente der Bauleitung studiert hatten, verhörten Ingenieur Schultze, der die Lüftungsanlage für die Gaskammern entwickelt hatte, noch am Tag seiner Verhaftung. Am nächsten Tag nahmen sie sich Prüfer vor, dessen Schlüsselrolle sie schon sehr früh erkannt hatten.[313] Am 7. März kam Sander an die Reihe. Vier Verhöre reichten den Sowjets aus, um den Fall Prüfer abzuschließen. Sander ertrug nur drei und starb am 26. März vor oder während des vierten Verhörs an Herzversagen. Nachdem Schultze verhört worden war, geriet er bei den Russen für zwei Jahre in Vergessenheit, bevor sie ihn Anfang 1948 erneut dreimal zum Verhör holten – wie es scheint, zur gleichen Zeit wie Gustav Braun. Prüfer, Schultze und Braun wurden zu je 25 Jahren Gulag verurteilt. Prüfer starb dort im Oktober 1952 an einer Hemiplegie. Schultze und Braun wurden 1955 im Zuge einer allgemeinen Amnestie für die deutschen Gefangenen freigelassen.[314] Ernst-Wolfgang Topf versuchte 1947 eine neue Firma in Wiesbaden zu gründen, doch da seine finanziellen Mittel beschränkt waren, scheiterte dieser Versuch, und die Topf Wiesbaden wurde 1963 aufgelöst.[315] Er wurde nie von der Justiz belangt, obgleich sein einziger Ingenieur, Martin Klettner, sich einen groben Fauxpas leistete, als er 1950 so leichtfertig war, ein Patent für einen Einäscherungsofen anzumelden.[316] Zwar hatte seine Auffassung zu diesem Thema nichts mit der von Prüfer gemein und stützte sich in keiner Weise auf die in den Konzentrationslagern gewonnenen Erfahrungen, doch diese Unvorsichtigkeit erregte ein gewisses Aufsehen: sie inspirierte den englischen Autor Wim van Leer zu dem Theaterstück *Patent pending,* das 1965 in London uraufgeführt wurde.

Kammler soll am 9. Mai 1945 in der Tschechoslowakei von seinem Adjutanten umgebracht worden sein.[317] Bischoff hingegen verlebte die Nachkriegszeit unbehelligt und starb im Jahr 1950. Nur zwei österreichische Angehörige der Bauleitung, die SS-Untersturmführer Walter Dejaco und Fritz Ertl, kamen vor Gericht: Dejaco als Chef der Planungsabteilung und weil er für alle Pläne, auch für die der Krematorien, verantwortlich gezeichnet hatte; Ertl, weil er Vorsitzender jener vielzitierten Versammlung am 19. August 1942 gewesen war und einige Pläne für das neue Krematorium (damals noch ohne Gaskammer) unterschrieben hatte. Der Prozeß gegen die beiden ›Architekten der Krematorien‹ begann im Januar 1972 in Wien und endete mit einem Freispruch für die Angeklagten, da niemand, weder die Richter noch die sogenannten Fachleute, zu jener Zeit die Möglichkeit hatte, das hervorragende historische Material der Polen und Sowjets auszuwerten.[318]

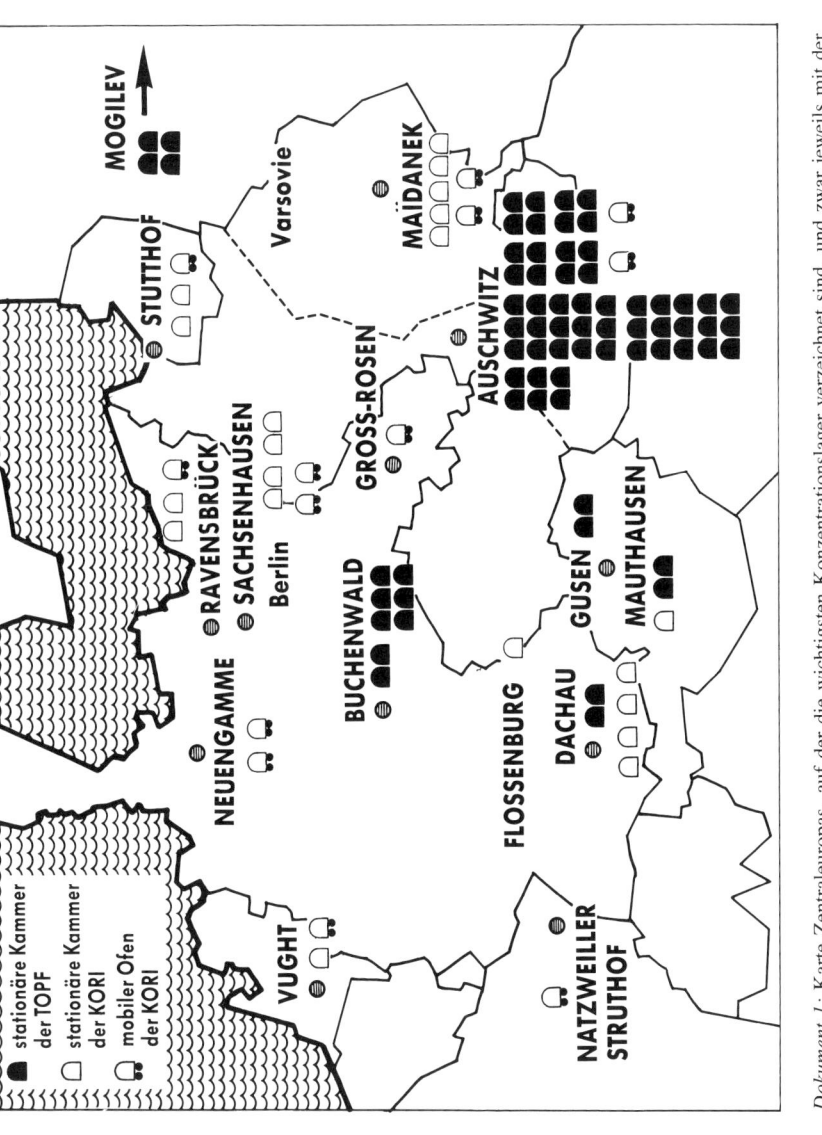

*Dokument 1:* Karte Zentraleuropas, auf der die wichtigsten Konzentrationslager verzeichnet sind, und zwar jeweils mit der Anzahl und dem Typ der dort verwendeten Einäscherungskammern. Das Lager Auschwitz-Birkenau nimmt dabei eine herausragende Stellung ein.

1: Längsschnitt

*Abb. 1*

2: Querschnitt

*Abb. 2*

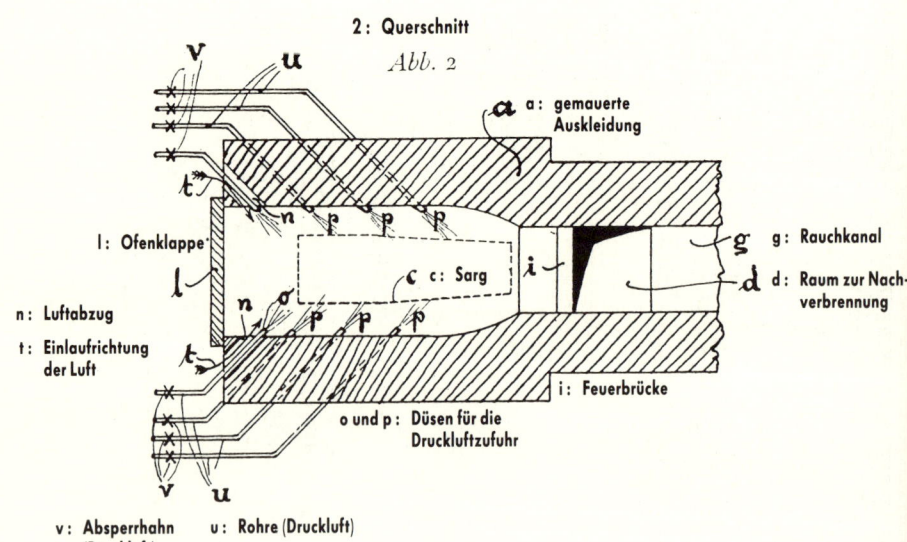

*Dokument 2:* Deutsches Patent Nr. 506627, das am 30. Oktober 1928 von den Ingenieuren Hans Volckmann und Karl Ludwig aus Hamburg unter dem Titel »Verfahren und Vorrichtung zur Einäscherung« angemeldet wurde. Es sind lediglich die Schnittzeichnungen ihres gasbeheizten Ofens abgebildet, der nur noch ein Drittel des Volumens der früheren Modelle beanspruchte, die mit Koks beheizt wurden und mit Rekuperatoren ausgestattet waren.

*Dokument 3:* Der wichtigste Ingenieur: Kurt Prüfer, Chef der Abteilung D IV »Krematoriumsbau« der Firma J. A. Topf und Söhne aus Erfurt, damals ungefähr fünfundvierzig Jahre alt.

*Dokument 4:* Der Einmuffelofen mit Koksbefeuerung und Druckluft der Firma Walter Müller aus Allach. Es ist lediglich der obere Teil des Ofens (die Muffel) zu sehen. Das Fundament und der Generator befanden sich eine Etage tiefer.

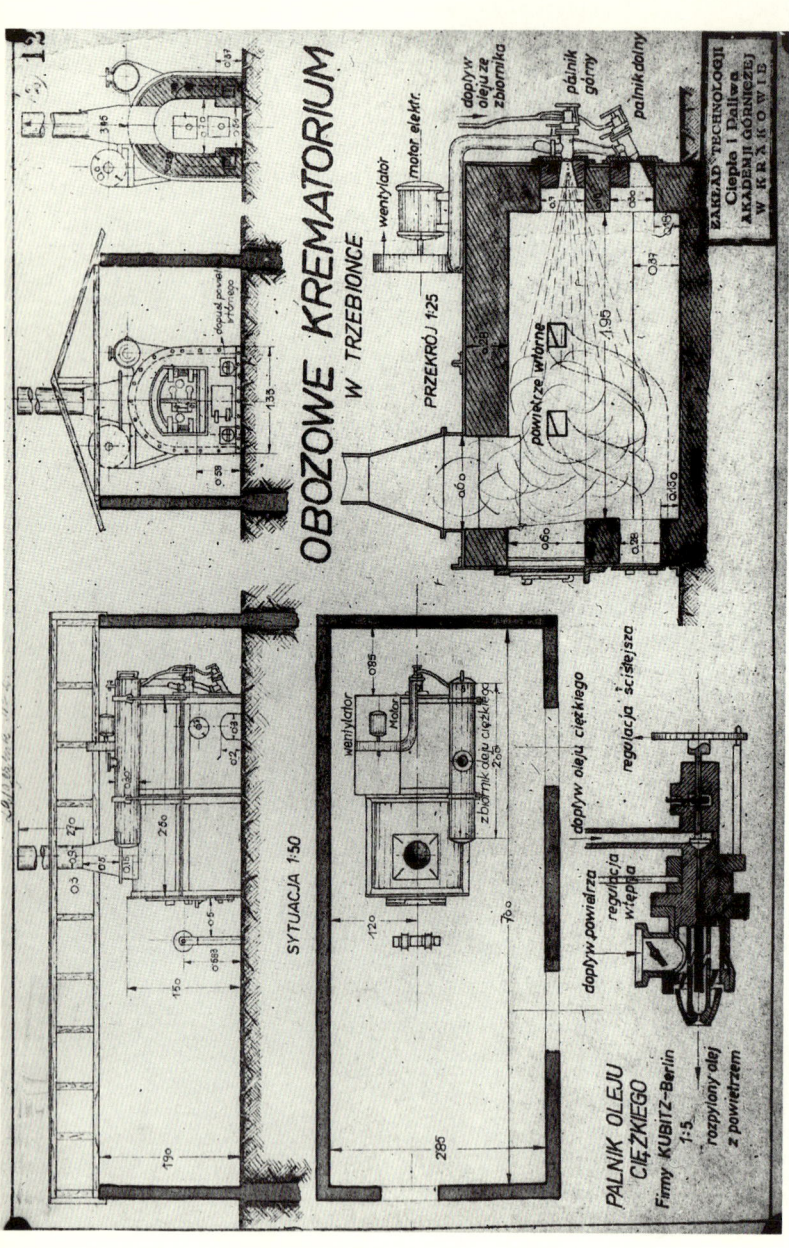

*Dokument 5*: Mobiler Einmuffelofen, ölbeheizt der Firma Heinrich Kori, Berlin, der im Arbeitslager Trzebinia (Polen) stand. Heute im Museum von Auschwitz (ehemaliger Aufbahrungsraum von Krematorium I).

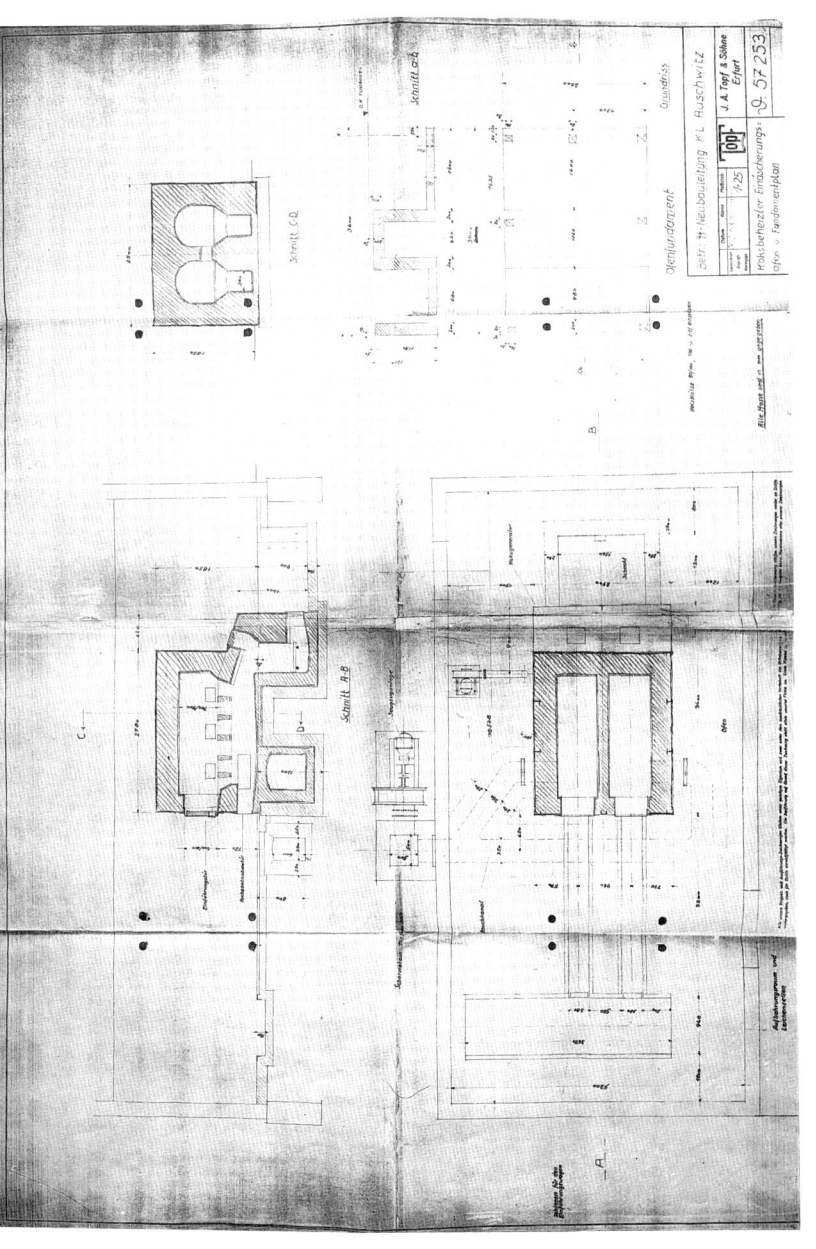

*Dokument 6*: Plan der Firma Topf D. 57253 vom 10. Juni 1940 für einen stationären Doppelmuffelofen, koksbeheizt. Drei dieser Öfen wurden im Krematorium I des Stammlagers von Auschwitz aufgestellt und ein weiterer Anfang 1945 im Untergeschoß des Häftlingskrankenbaus im KL Mauthausen.

*Dokument 7*: Frontansicht des fahrbaren Topf-Doppelmuffelofens in Dachau. Um die Beheizung auf Koks umstellen zu können, wurde der Ofen um fünfzig Zentimeter erhöht und zu jeder Seite ein Koksgenerator angebaut.

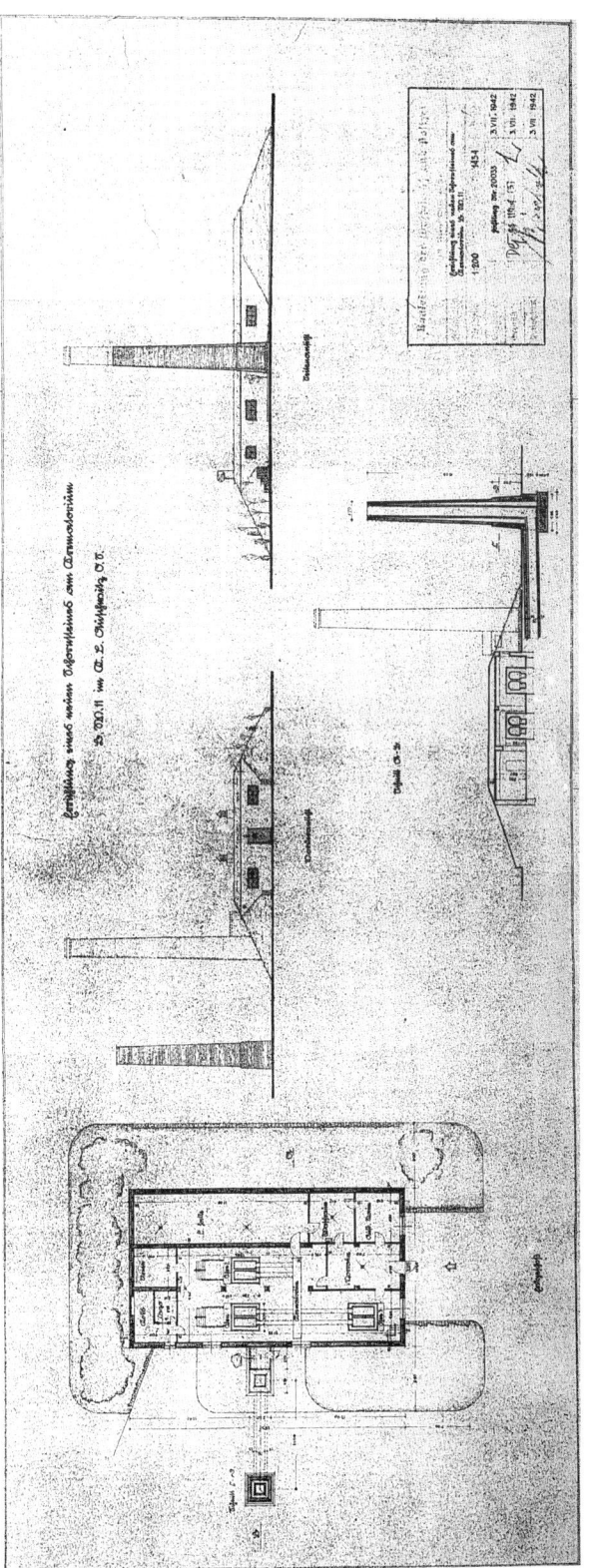

*Dokument 8:* Plan der Bauleitung Nr. 1434 vom 3. August 1942 für das Krematorium I im Stammlager. Zeigt den ersten, um 10 Meter aufgestockten Schornstein, den zweiten Schornstein und den gebogenen Luftabzug (Ofen- und Leichenraum), der von der Firma Friedrich Boos aus Köln-Bickendorf eingebaut wurde.

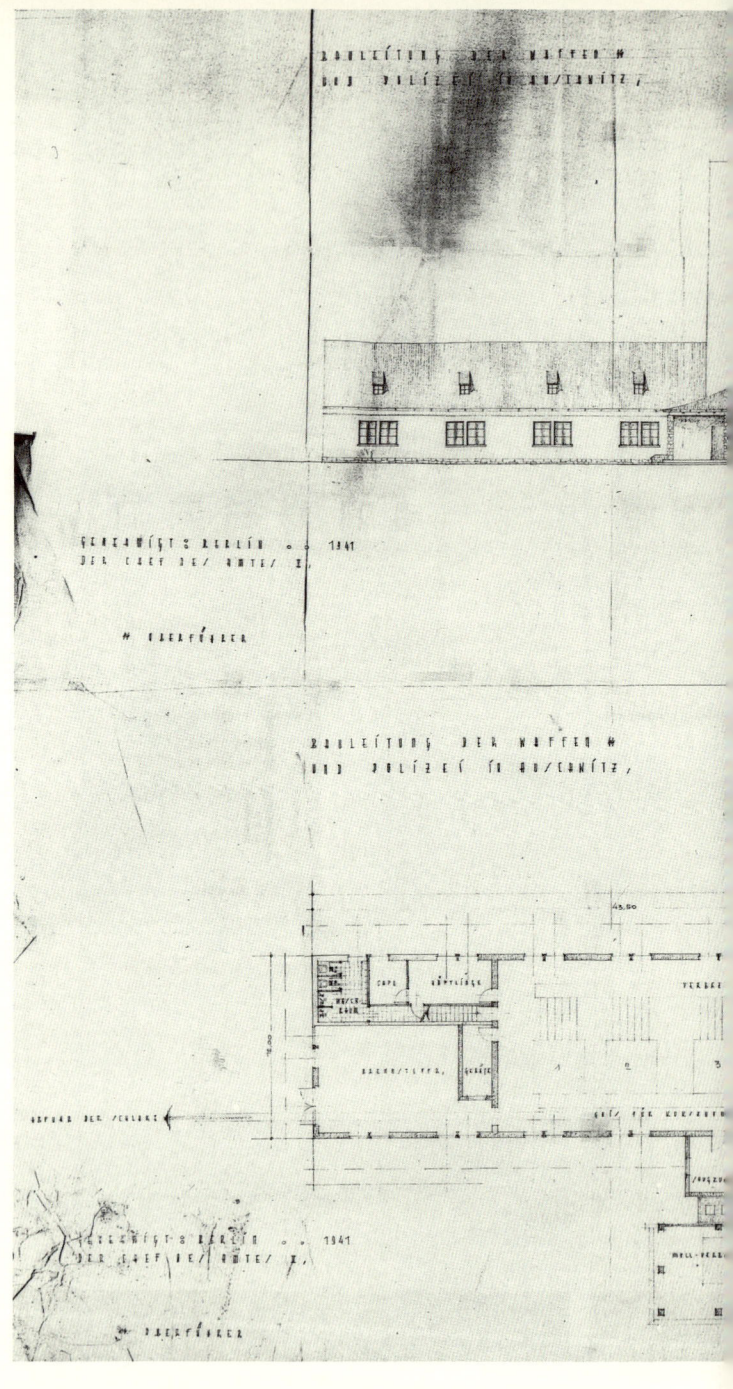

*Dokument 9:* Zwei Pläne der Bauleitung für das neue Krematorium des
Stammlagers von Auschwitz, die von Dejaco am 24. Oktober 1941 gezeichnet
wurden. Sie basieren auf den Entwürfen des Ingenieurs Prüfer: oben die

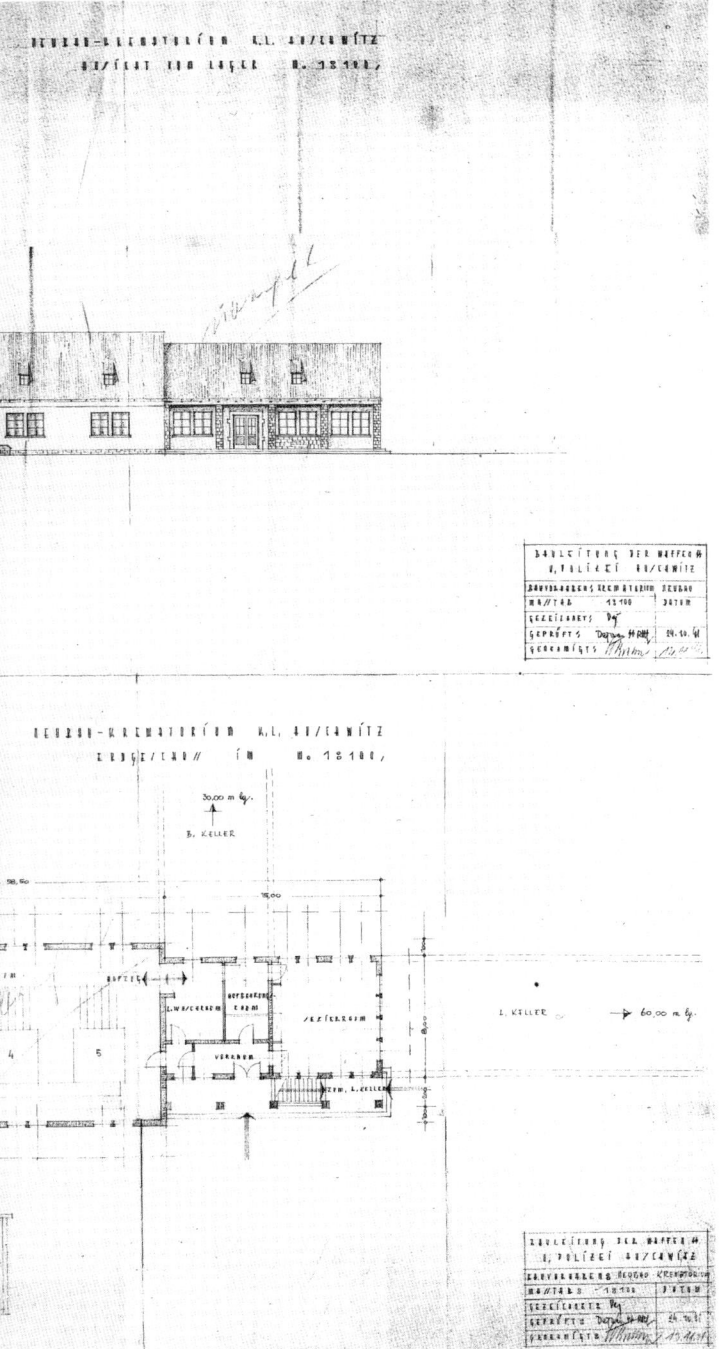

Westansicht, unten der Plan des Erdgeschosses mit dem B- und L-Keller, den
späteren L-Kellern 1 und 2 des Krematoriums II von Birkenau.

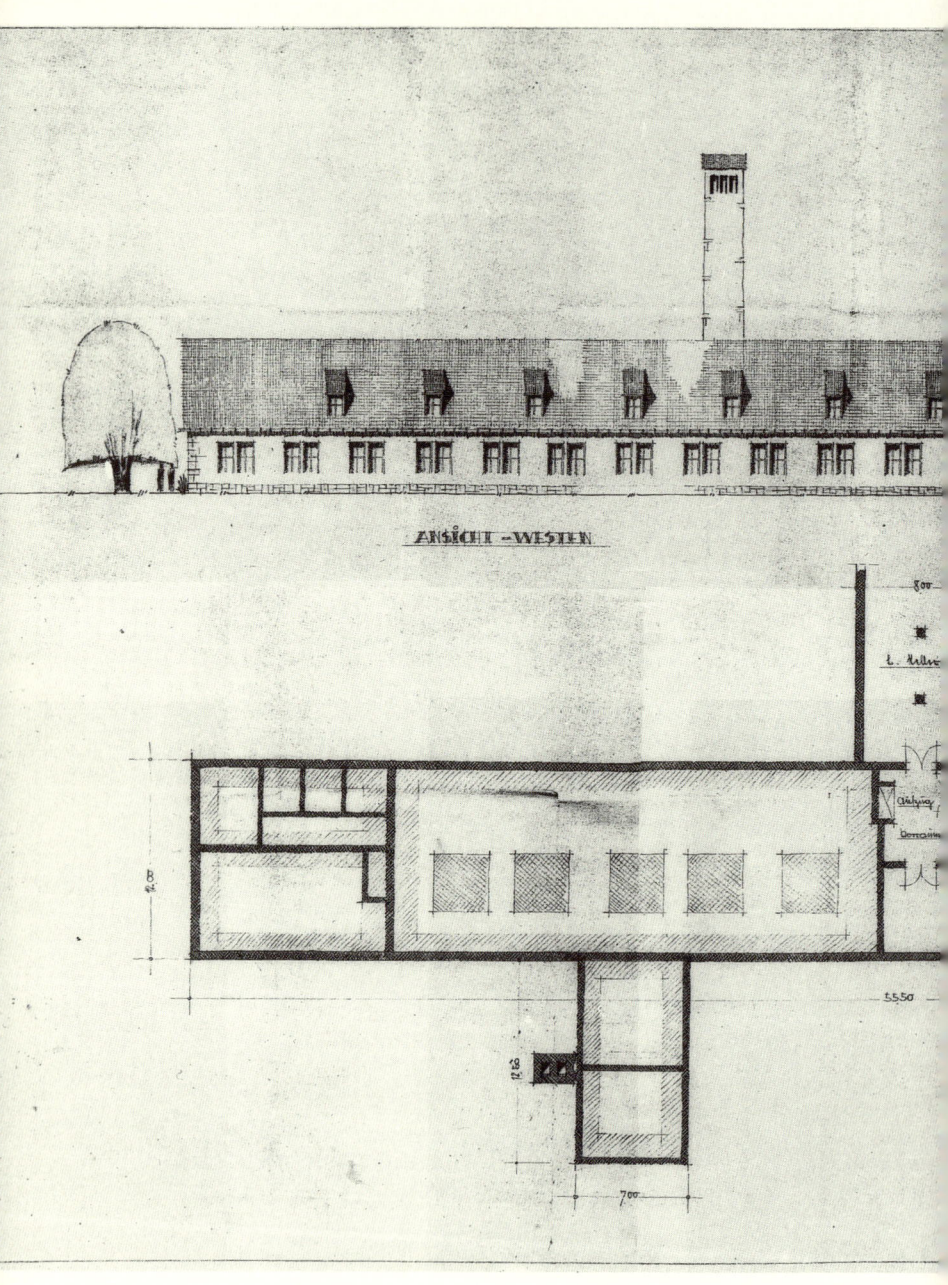

ANSICHT - WESTEN

*Dokumente 10–11:* Pläne des SS-HHB in Berlin für das neue Krematorium des Stammlagers von Auschwitz, die vom Architekten Werkmann im November 1941 gemacht wurden und sich an den Entwürfen des Ingenieurs Prüfer orientierten. Erster

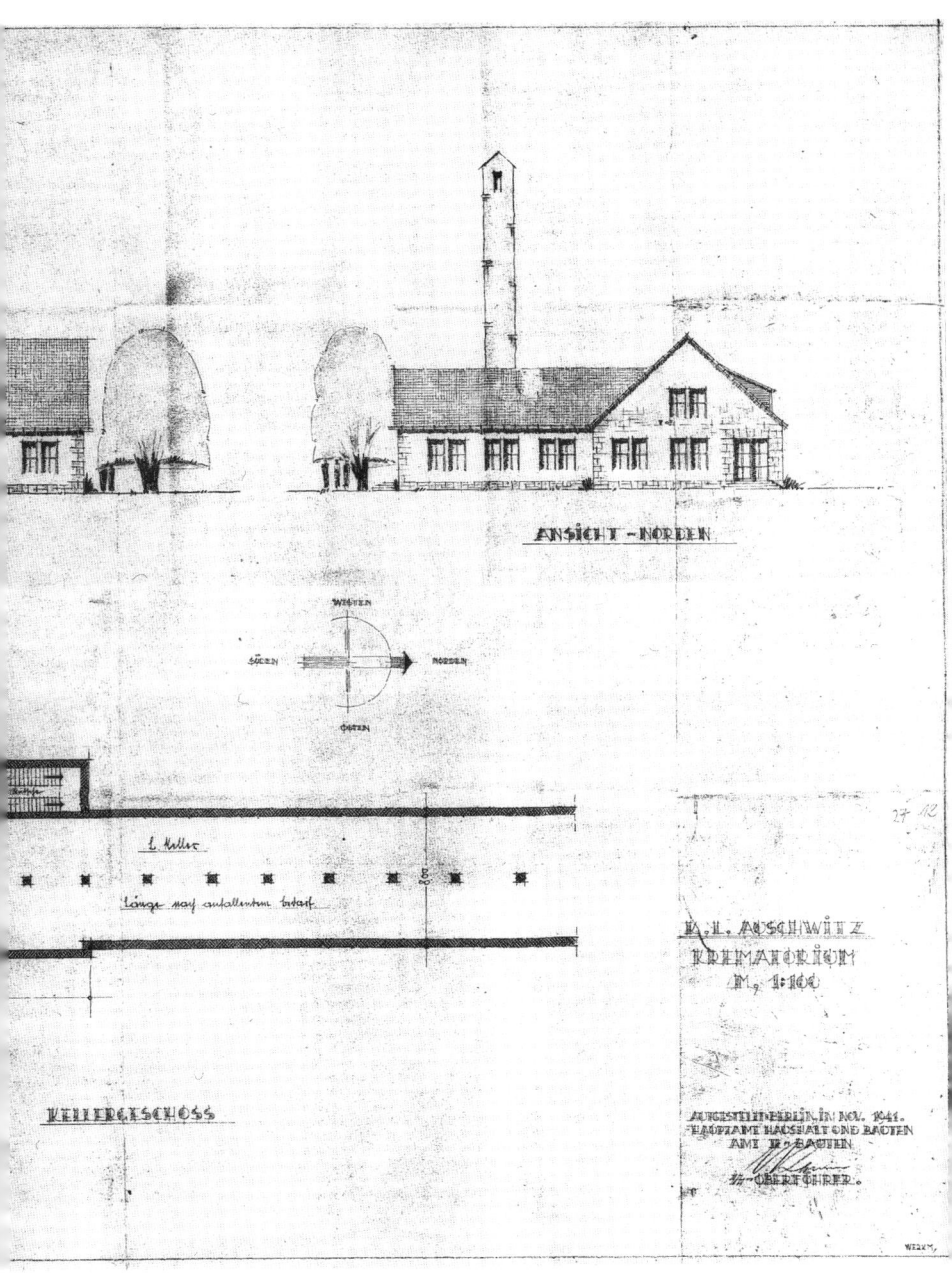

ANSICHT - NORDEN

WESTEN

SÜDEN          NORDEN

OSTEN

l. Keller

Länge nach anfallendem Bedarf

KELLERGESCHOSS

K.L. AUSCHWITZ
KREMATORIUM
M. 1:100

AUSGESTELLT BERLIN, IM NOV. 1941.
HAUPTAMT HAUSHALT UND BAUTEN
AMT II - BAUTEN

SS-OBERFÜHRER.

Plan: West- und Nordansicht, Untergeschoß. Zweiter Plan: Ost- und Südansicht,
Erdgeschoß und Schnittzeichnung (des Ofenraums).

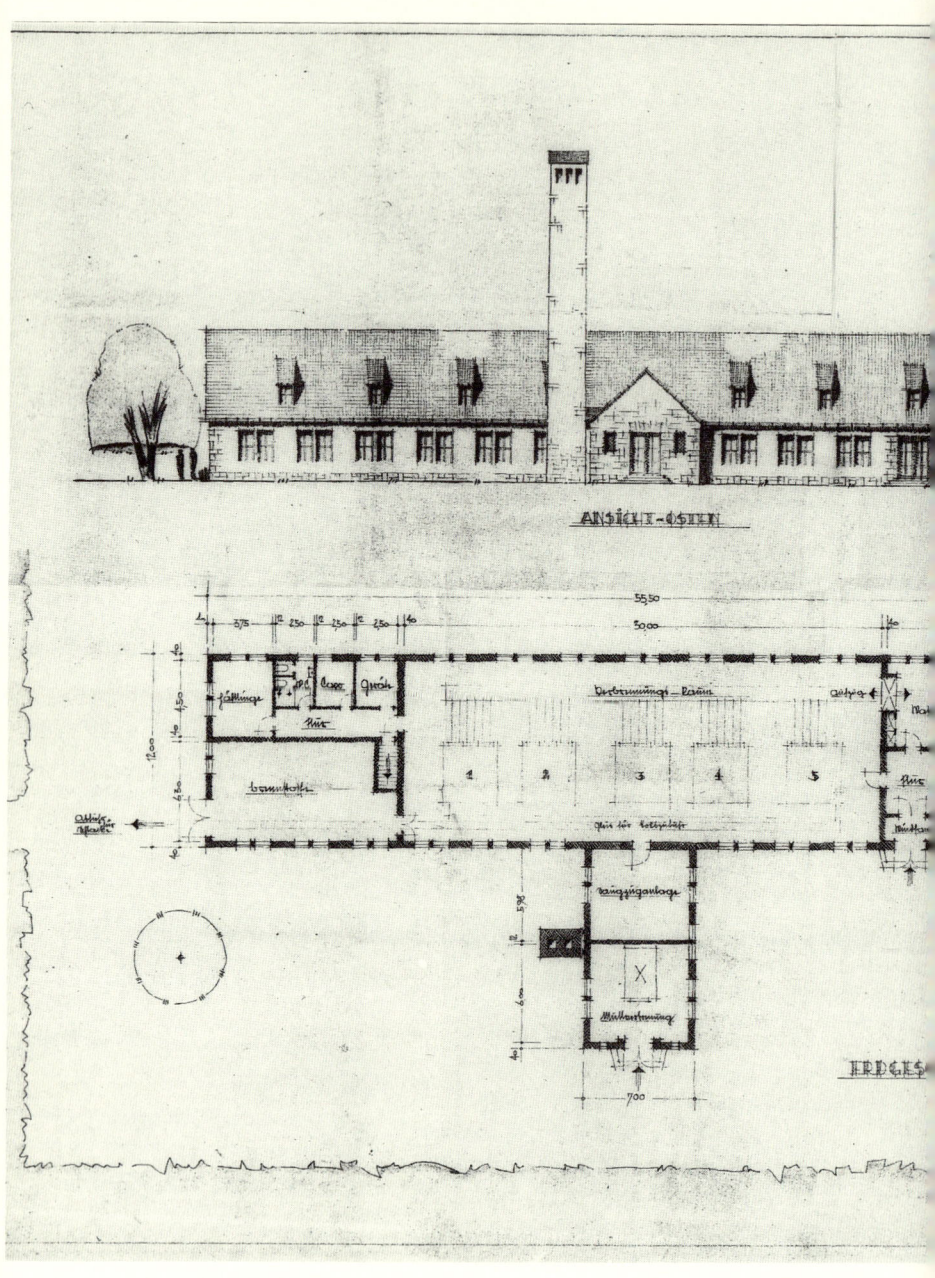

*Dokument 11:* Ost- und Südansicht, Erdgeschoß und Schnittzeichnung des Ofenraums von Werkmanns Entwurf (siehe Bildunterschrift auf der vorhergehenden Seite).

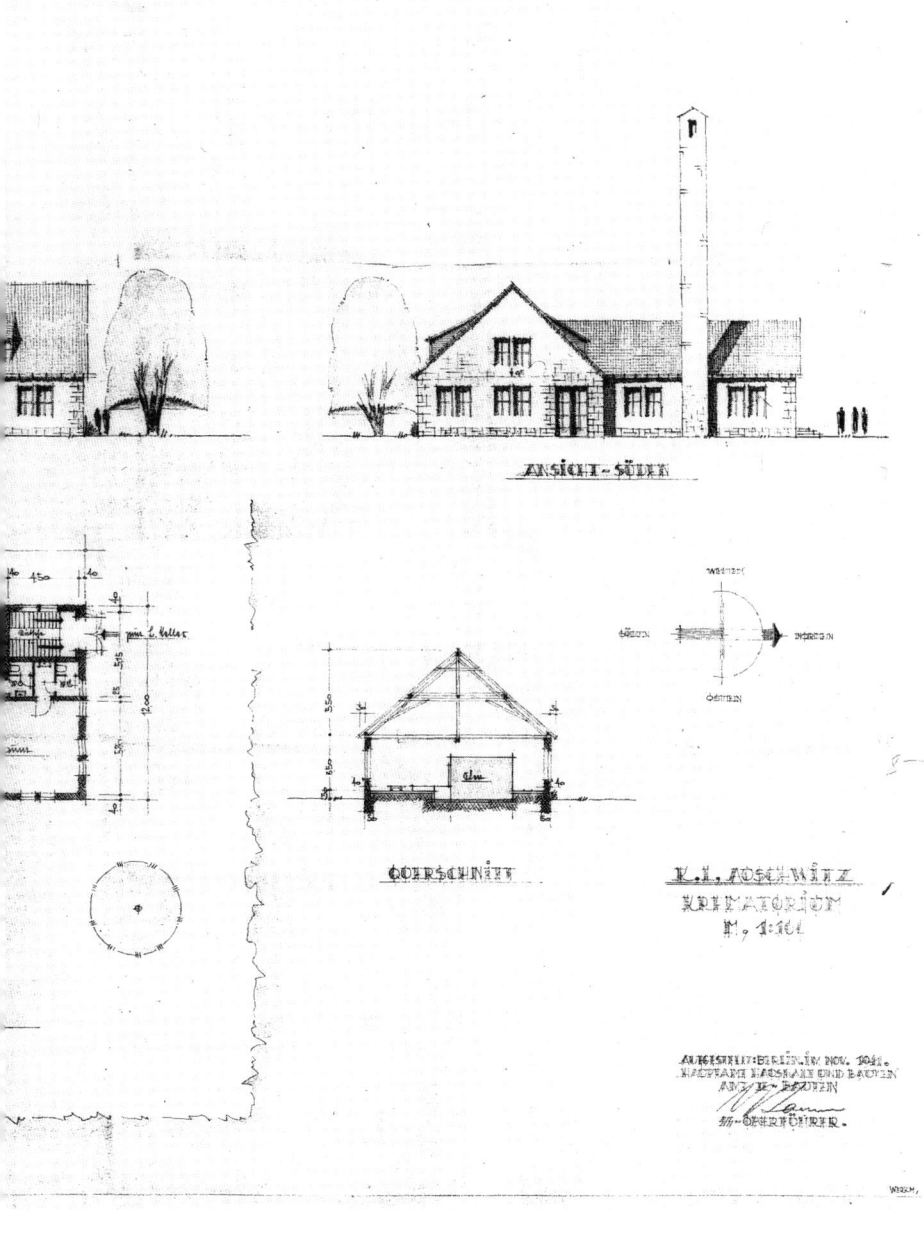

ANSICHT - SÜDEN

QUERSCHNITT

K. L. AUSCHWITZ
KREMATORIUM
M. 1:100

AUFGESTELLT: BERLIN IM NOV. 1941.
HAUPTAMT HAUSHALT UND BAUTEN
AMT II - BAUTEN
SS-OBERFÜHRER.

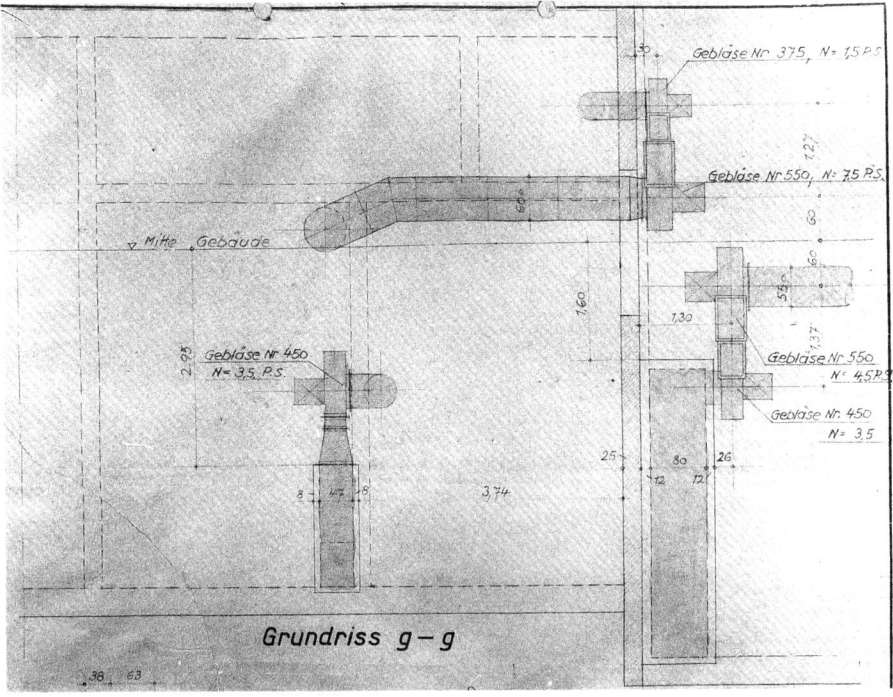

Grundriss g – g

*Dokumente 13, 14, 15:* Ausschnitte aus dem Plan der Topf D. 59 366 vom 10. März 1942 »Verteilung der Lüftungs- und Entlüftungskanäle« im neuen Krematorium des Stammlagers (später Krematorium II Birkenau). Er gibt die Motorleistung und die vorgesehenen Maße der Gebläse an. Die Bezeichnung der einzelnen Zimmer wurde durch folgende Abkürzungen angegeben. B. Raum: Belüfteter Raum, L. Raum: Leichenraum, O. Raum: Ofenraum, S. Raum: Sezierraum, W. Raum: Waschraum, A. Raum: Aufbahrungsraum

*13:* Plan g-g: Dachboden des Krematoriums und Verteilung der Gebläse mit der jeweiligen Motorleistung.

*Dokument 12* (linke Seite): Zwanzig Mitglieder der Zentralbauleitung Auschwitz, aufgenommen Anfang 1943 auf der Außentreppe des »U«-förmigen Gebäudes, in dem die Büros der Hauptverantwortlichen untergebracht waren. Von den von 1 bis 20 durchnummerierten SS-Leuten und Zivilarbeitern konnten nur die folgenden identifiziert werden: 1: *Jährling,* Rudolf (Heizungstechniker), Zivilarbeiter; 7: *Jothann,* Werner (Hochbauingenieur), SS-Obersturmführer; 10: *Bischoff,* Karl (Bauleiter), SS-Hauptsturmführer oder SS-Sturmbannführer; 11: *Dejaco,* Walter (Architekt und Zeichner), SS-Untersturmführer; 15: *Gierisch,* (Architekt und Zeichner), SS-Schütze; 17: *Ertl,* Fritz (Hochbauingenieur), SS-Untersturmführer; 18: *Kirschneck,* Hans (Ingenieur), SS-Untersturmführer; 19: *Betzinger,* Ewald (Buchführung), SS-Oberscharführer. (Nach der Aussage des ehemaligen Häftlings Nr. 9307 *Serafini,* Stanislaw am 6. April 1961 im Museum Auschwitz bezüglich des Fotos.)

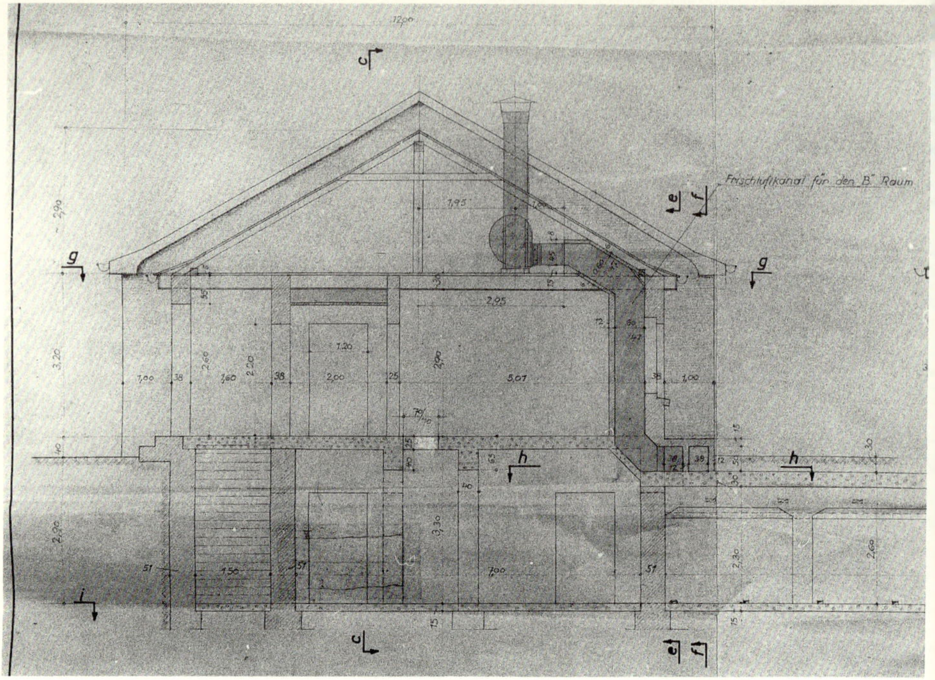

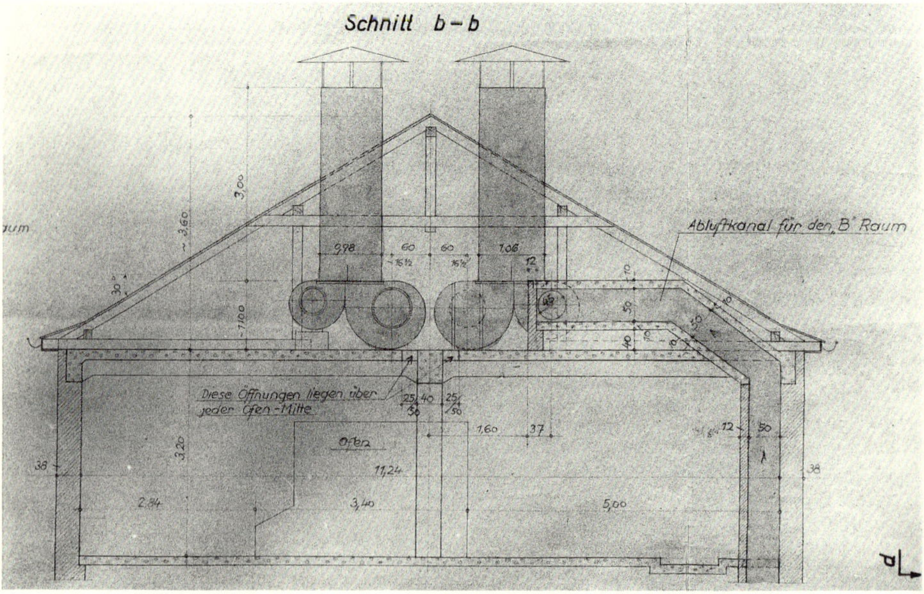

*14* (oben): Schnitt a-a: (nicht angegeben): Aufriß des Krematoriums. Schnittstelle: Lüftung des B-Raums (spätere Gaskammer).
*15* (unten): Schnitt b-b: Aufriß des Krematoriums mit den vier Entlüftungsanlagen (von rechts nach links): im B.-Raum (spätere Gaskammer), im O.-Raum, im L.-Raum (späterer Auskleideraum) und im S.-, W.-, A.-Raum (Sezierraum, Waschraum, Aufbahrungsraum).

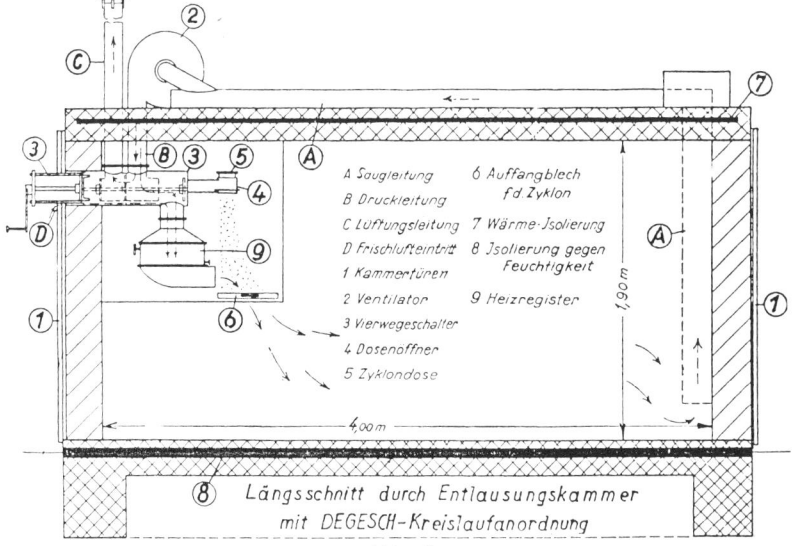

A Saugleitung
B Druckleitung
C Lüftungsleitung
D Frischlufteintritt
1 Kammertüren
2 Ventilator
3 Vierwegeschalter
4 Dosenöffner
5 Zyklondose
6 Auffangblech f.d. Zyklon
7 Wärme-Jsolierung
8 Jsolierung gegen Feuchtigkeit
9 Heizregister

4,00 m
1,90 m

Längsschnitt durch Entlausungskammer
mit DEGESCH-Kreislaufanordnung

Abb. 2.
Längsschnitt durch eine Entlausungskammer mit Kreislaufeinrichtung
(Vergl. Beschreibung der Arbeitsweise im Text)

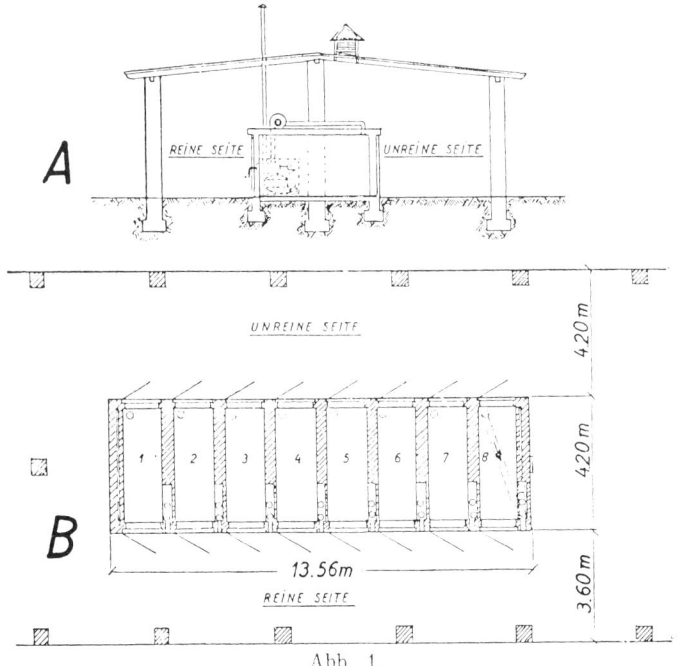

A

REINE SEITE    UNREINE SEITE

UNREINE SEITE

4,20 m
4,20 m
3,60 m

B

13.56m

REINE SEITE

Abb. 1.
Schema einer Begasungskammer-Anlage mit 8 Zellen.

*Dokumente 16–17:* Pläne, die dem Sonderdruck des Artikels von Dr. Gerhard Peters und E. Wüstinger von der Firma Degesch beigefügt waren, der Ende 1940 in der *Zeitschrift für hygienische Zoologie und Schädlingsbekämpfung* zum Thema »Entlausung mit Zyklon Blausäure in Kreislauf-Begasungskammern« erschienen war: Längsschnitt durch eine Entlausungskammer und Plan einer Begasungskammer-Anlage mit acht dieser Zellen.

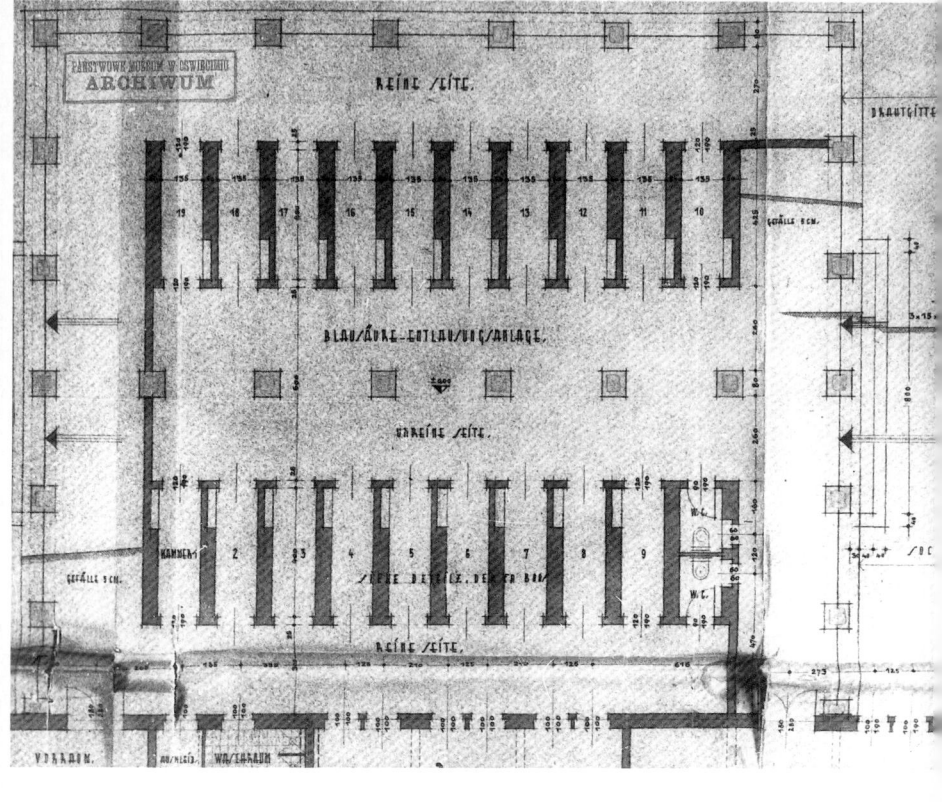

*Dokument 18:* Auszug aus dem Plan Nr. 916 der Bauleitung vom 30. Dezember 1941. Zeichnung des ZA W. Uhl der Häftlingsaufnahme des Stammlagers, die die geplante Blausäure-Entlausungsanlage mit neunzehn Kammern zeigt.

*Dokument 19* (rechte Seite): Plan des Interessengebietes des KL Auschwitz.

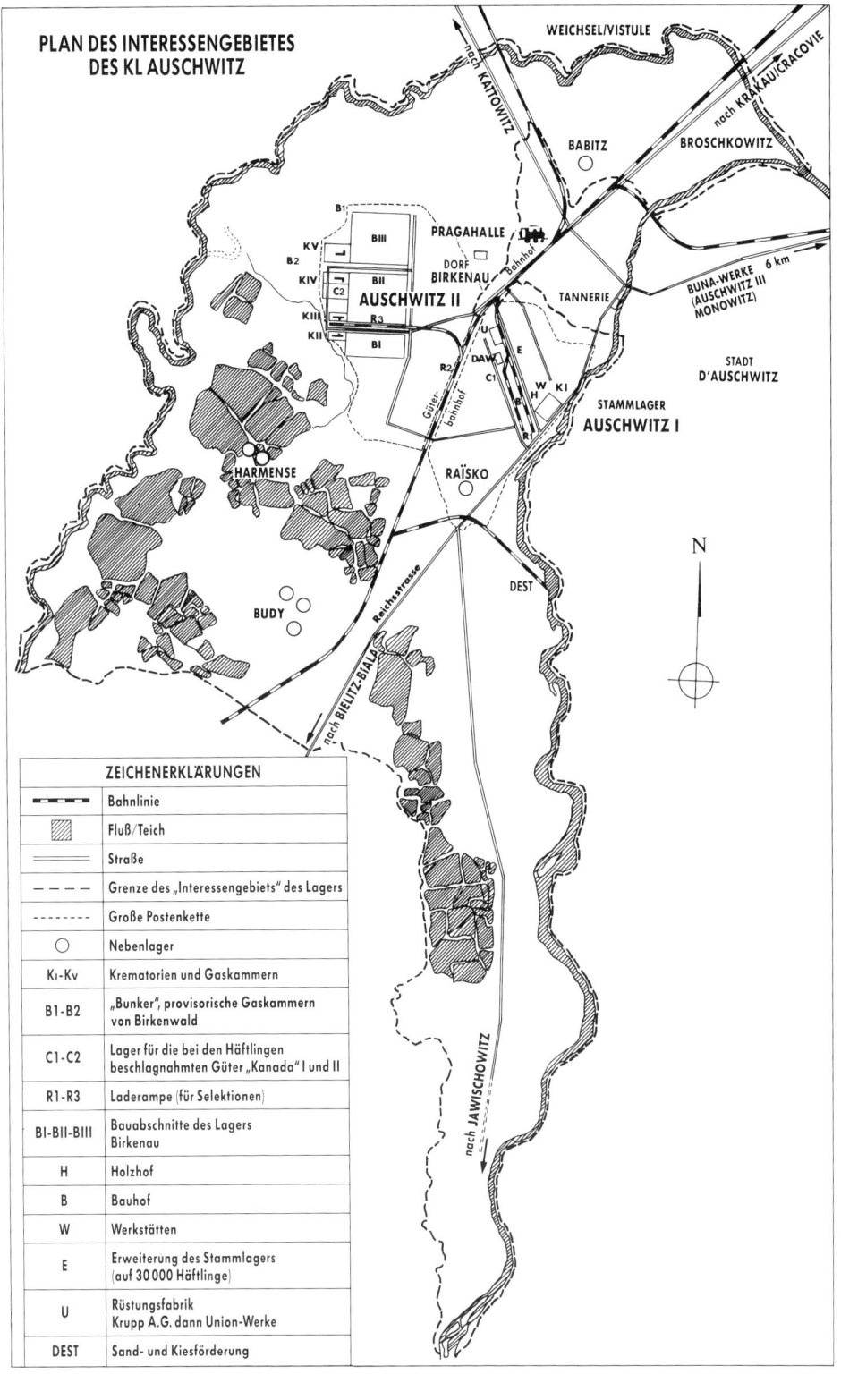

# PLAN DES INTERESSENGEBIETES DES KL AUSCHWITZ

WEICHSEL/VISTULE

nach KATTOWITZ

nach KRAKAU/CRACOVIE

BABITZ

BROSCHKOWITZ

B1

BIII

KV

B2

C2

KIV

BII

AUSCHWITZ II

KIII

R3

KII

BI

PRAGAHALLE

DORF BIRKENAU

Bahnhof

TANNERIE

BUNA-WERKE 6 km
(AUSCHWITZ III MONOWITZ)

STADT D'AUSCHWITZ

Güterbahnhof

R2

DAW

U

C1

E

W

H

B

KI

STAMMLAGER AUSCHWITZ I

HARMENSE

RAÏSKO

DEST

BUDY

Reichsstrasse

nach BIELITZ-BIALA

N

nach JAWISCHOWITZ

## ZEICHENERKLÄRUNGEN

| | |
|---|---|
| ▬▭▬ | Bahnlinie |
| ▨ | Fluß/Teich |
| ═══ | Straße |
| ─ ─ ─ | Grenze des „Interessengebiets" des Lagers |
| ┄┄┄ | Große Postenkette |
| ◯ | Nebenlager |
| K1-Kv | Krematorien und Gaskammern |
| B1-B2 | „Bunker", provisorische Gaskammern von Birkenwald |
| C1-C2 | Lager für die bei den Häftlingen beschlagnahmten Güter „Kanada" I und II |
| R1-R3 | Laderampe (für Selektionen) |
| BI-BII-BIII | Bauabschnitte des Lagers Birkenau |
| H | Holzhof |
| B | Bauhof |
| W | Werkstätten |
| E | Erweiterung des Stammlagers (auf 30 000 Häftlinge) |
| U | Rüstungsfabrik Krupp A.G. dann Union-Werke |
| DEST | Sand- und Kiesförderung |

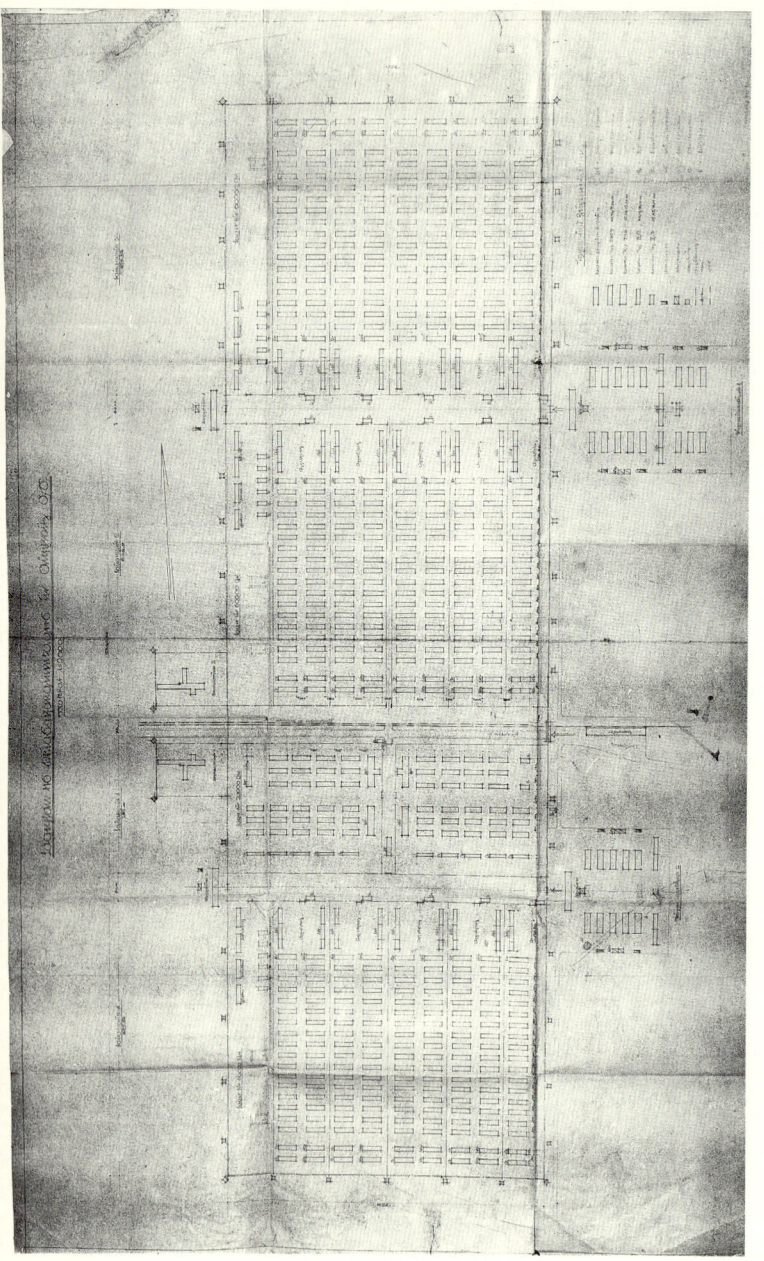

*Dokument 20:* Gesamtplan der Bauleitung für das Kriegsgefangenen-Lager Birkenau vom 15. August 1942. Das Lager war für 200000 Gefangene geplant und in vier Bauabschnitte aufgeteilt (I: 60000; II: 20000; III: 20000; IV: 20000); letztendlich umfaßte das KGL Birkenau nur drei Bauabschnitte, BI, BII und BIII. Lediglich die beiden ersten wurden fertiggestellt. BIII, das als Krankenlager dienen sollte, wurde nur mit einem Drittel der Baracken bebaut und diente vor allem im Sommer 1944 als Übergangslager (Ungarn-Aktion).

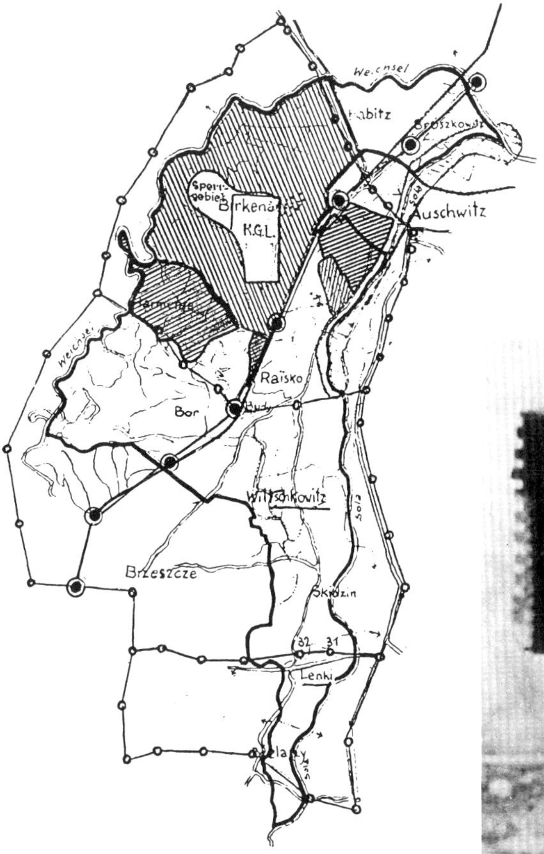
Übersicht der Geländeaufnahmen im Interesengebiet des K.L. Auschwitz.
Auschwitz, 2. Juni 1943.
Erläuterung:
Geländeaufnahme mit Kartierung 1940.
Solaaufnahme 1941.
Tachymeter Aufnahme mit Feinpolygon Jng. Steffek. Bielitz 1941.
Gelände- und Höhenaufnahme 1942
Gelände- und Höhenaufnahme 1943
Festpunkte I. Ordnung (polnisches Nivellement-Grundnetz)
Feineinwägungsnetz 1942.
Weichsel
Sperrgebiet
Birkenau
K.G.L.
Auschwitz
Sola
Raisko
Bor
Wittschkowitz
Brzeszcze
Lenki
Weichsel

*Dokument 21:* Übersicht der Geländeaufnahmen im Interessengebiet des Konzentrationslagers Auschwitz vom 2. Juni 1942. Man erkennt, daß die Zone, in der Bunker 1 und Bunker 2 mit ihren Massengräbern liegen, als »Sperrgebiet« deklariert ist.

*Dokument 22:* SS-Hauptsturmführer Dr. Eduard Wirths, Standortarzt des Lagers Auschwitz von September 1942 bis Januar 1945.

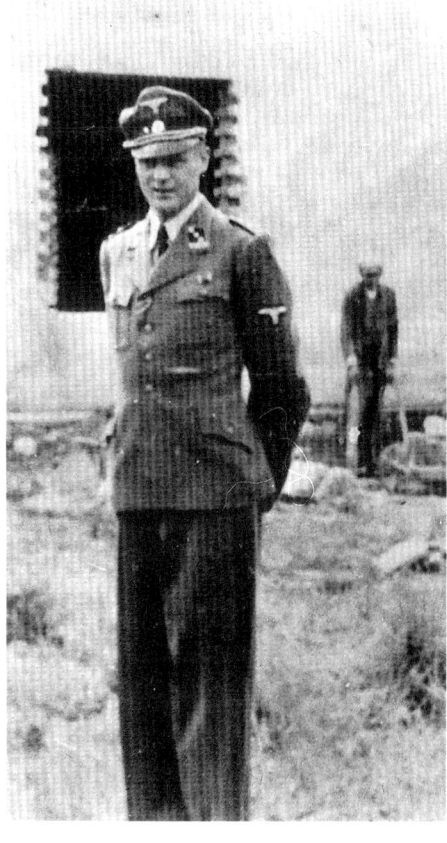

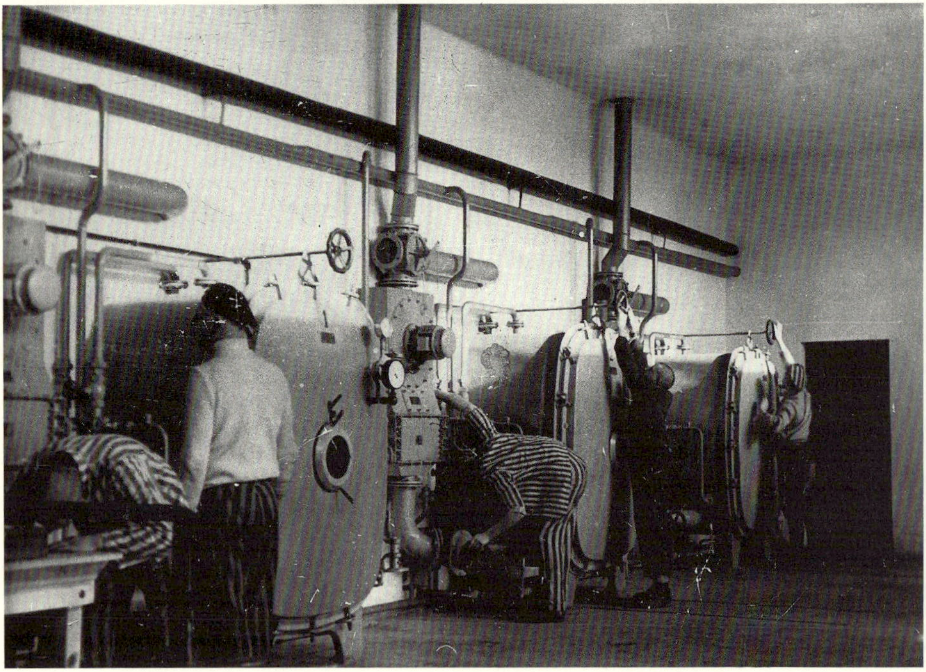

*Dokument 23* (oben): Zwei der vier Heißluftkammern zur Entlausung, die von der Firma Topf und Söhne für die Zentral Sauna in Birkenau gebaut wurden.

*Dokument 24* (unten): Die drei industriellen Autoklaven der Firma Goedecker aus München, die in der Zentral Sauna von Birkenau installiert waren.

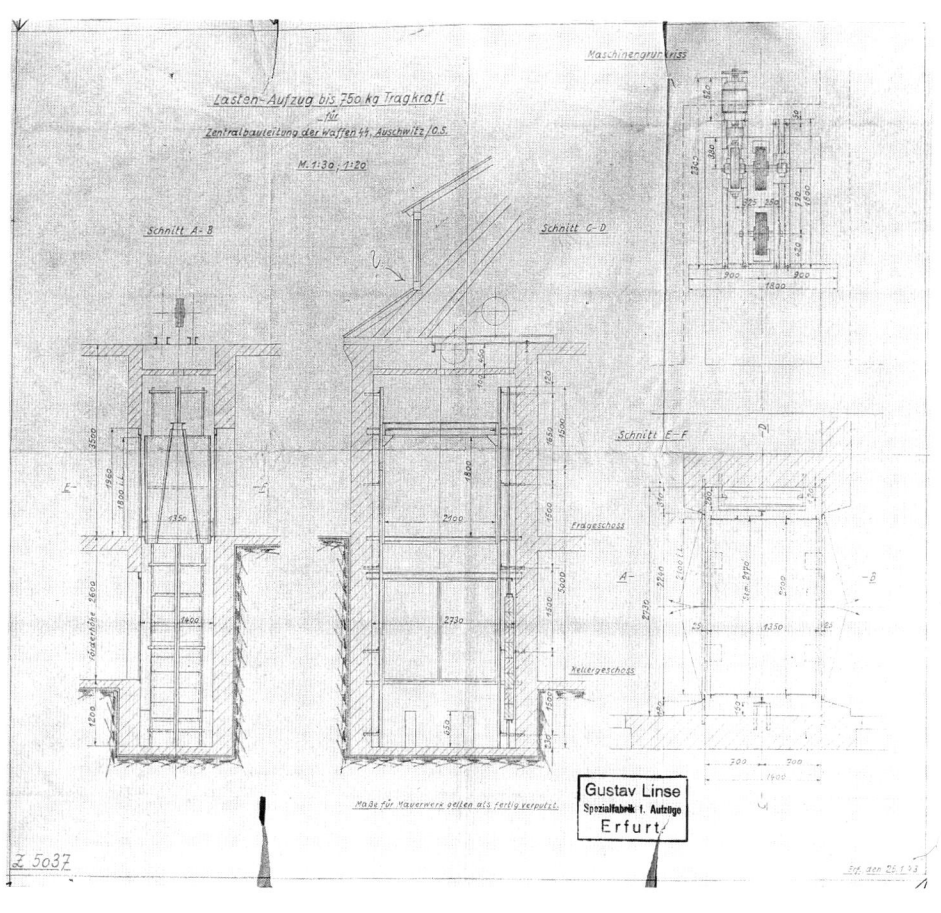

*Dokument 25:* Plan Nr. 5037 der Firma Gustav Linse aus Erfurt für einen Lastenaufzug mit einer Tragkraft von 750 kg (auf 1500 kg verstärkbar), der in Krematorium III von Heinrich Messing vom 17. Mai bis 6. Juni 1943 eingebaut wurde.

16123

**Abb. 409.** Ganz aus Holz hergestellter Ventilator von SULZER

*Dokument 26:* Gebläse aus Holz zur Extraktion korrosiver Dämpfe.

*Dokument 27:* Foto der Südansicht von Krematorium II in Birkenau mit dem Sammel-kamin der Lüftungen im Bau. Im Vordergrund, halb unter der Erde, der Leichenkeller 1 (die spätere Gaskammer), der noch nicht mit den Öffnungen für das Einstreuen von Zyklon B ausgestattet ist. Die Öfen sind in Betrieb, wie am Mittelteil des Daches, auf dem kein Schnee liegt, zu erkennen ist.

# J. A. TOPF & SOHNE

MASCHINENFABRIK: FEUERUNGSTECHNISCHE BAUUNTERNEHMUNG

An die

Zentral-Bauleitung der
Waffen-SS und Polizei,

Auschwitz /Ost-Oberschl.

| | Eingang: | Stellvertreter |
|---|---|---|
| | 15. MRZ. 1943 | |

ERFURT, den 2.3.43.

hes.

UNSERE ABTEILUNG: **D IV**

Betrifft:
Krematorium,
Gasprüfer.

Ihr Zeichen: -- Prf.

Wir bestätigen den Eingang Ihres Telegrammes,
lautend:

" Absendet sofort lo Gasprüfer wie besprochen
Kostenangebot später nachreichen ".

Hierzu teilen wir Ihnen mit, dass wir bereits
vor 2 Wochen bei 5 verschiedenen Firmen die
von Ihnen gewünschten Anzeigegeräte für
Blausäure-Reste angefragt haben. Von 3 Firmen
haben wir Absagen bekommen und von 2 weiteren
steht eine Antwort noch aus.

Wenn wir in dieser Angelegenheit Mitteilung erhalten, kommen wir Ihnen sofort näher, damit
Sie sich mit einer Firma, die diese Geräte
baut, in Verbindung setzen können.

H e i l   H i t l e r !
J. A. TOPF & SOHNE

ppa.

I.V.

Erledigt durch Schreiben
vom _____ 194__ Bftgb. Nr.

Reichsbank-Giro-Konto 75/851 — Postscheck-Konto Erfurt 1792
Telegramme: Topfwerke — Fernsprecher: Sammelnummer 251 25

*Dokument 28:* Brief der Topf an die ZBL von Auschwitz vom 2. März 1943.

*Dokument 29* (oben): Der Ofenraum des Krematoriums II mit seinen fünf Dreimuffel-öfen.

*Dokument 30* (unten): 500-g-Dose Zyklon B mit Kieselgur-Körnchen, um den flüssigen Cyanwasserstoff zu absorbieren.

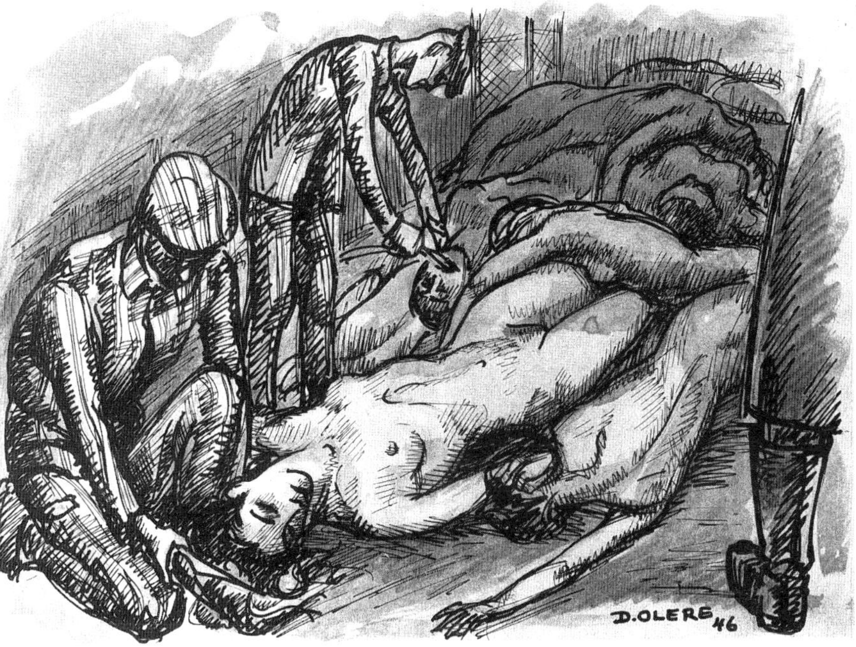

*Dokument 31* (oben): Zeichnung von David Olère, ehemaligem Mitglied des Sonderkommandos im Krematorium III: die »Friseure« und »Zahnärzte« bei der Arbeit in der Gaskammer. Im Hintergrund ein vergitterter Schacht zum Einstreuen von Zyklon B.

*Dokument 32* (unten): Zeichnung von David Olère: Herausholen der Leichen aus der Gaskammer des Krematoriums III und ihr Transport zum Aufzug (der Dreimuffelofen, der im Hintergrund teilweise zu erkennen ist, befand sich in Wirklichkeit im Erdgeschoß).

*Dokument 33* (oben): Zeichnung von David Olère: Einschieben einer Frauen- und mehrerer Kinderleichen in die Einäscherungskammer. Am Ende des Ofenraumes sieht man den Lastenaufzug der Firma Gustav Linse aus Erfurt.

*Dokument 35* (unten): Zeichnung von David Olère: Auskleideraum des Krematoriums III. An der Decke links das Entlüftungsrohr mit seinen Saugstutzen. Der Motor des Gebläses wurde nicht installiert.

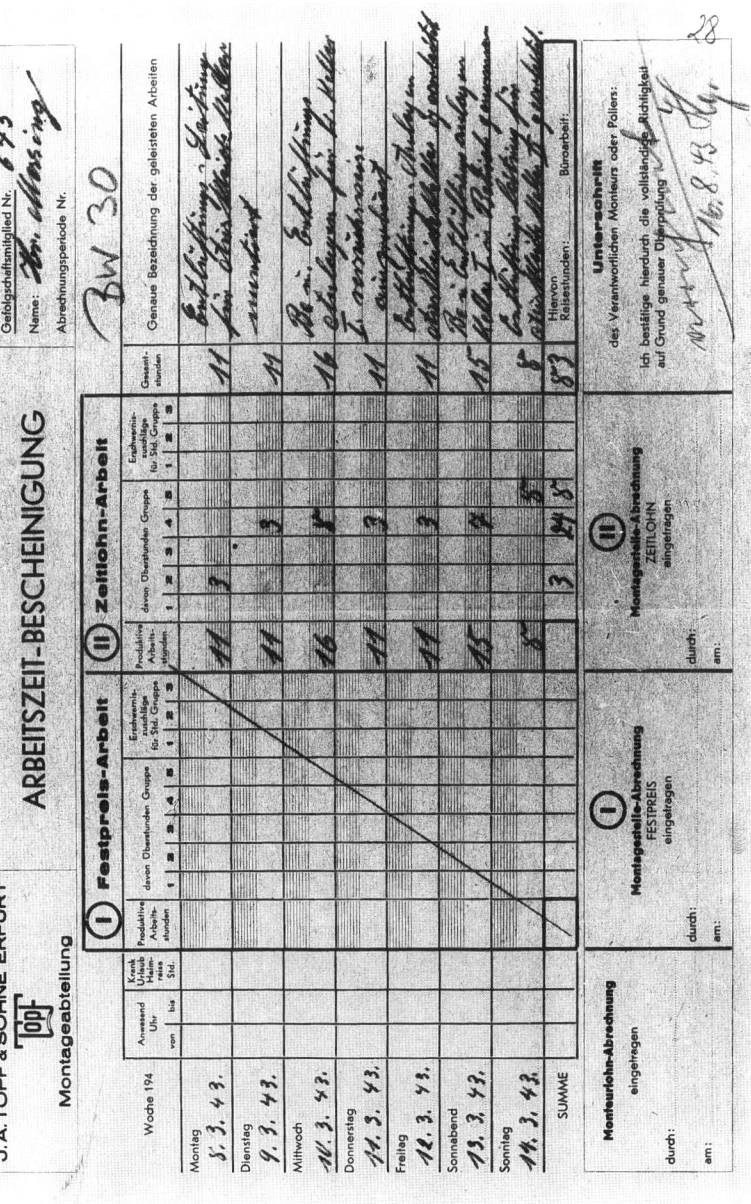

*Dokument 34*: Die von Heinrich Messing ausgefüllte (wöchentliche) Arbeitszeit-Bescheinigung vom 8. bis 14. März 1943, die seine Arbeiten im Krematorium II (BW 30) belegt.

**Das Krematorium IV oder B.W. 30b**

Süd- und Ostansicht, April 1943
(Übergabe durch die Bauleitung in funktionsfähigem
Zustand am 22. März 1943)

SS-Raum

WC und Waschraum

Ofenraum mit acht Einäscherungsmuffeln

Schleuse Kokslager

Oberlichte für Auskleide- und Leichenraum

"Ärzte"-Raum

gasdichte Tür

Gaskammern

**Das Krematorium V oder B.W 30c**

Süd- und Ostansicht, Mai–Juni 1943
(Übergabe durch die Bauleitung in
funktionsfähigem Zustand am 4. April 1943)

Kokslager

Eingang

SS-Raum

Schornsteine

Eingangstür und Fenster des Ofenraums mit acht Muffeln

Vestibül

Eingang für „Unbrauchbare"

Gas-kammern

# Werksatz

*Dokument 37:* Dach und Dachboden des Krematoriums II. Auszug aus dem Plan Nr. 2197 der Bauleitung vom 19. März 1943 im Maßstab 1:200, der für die Ausstattung des Gebäudes am 31. März erstellt worden war.
Zusammenfassung der Leistungen:

| für: | Krematorium II | | Krematorium III | |
|------|------|------|------|------|
| | Motor | Gebl. | Motor | Gebl. |
| Aufzug | 10 PS    o.    7,3 KW | - | [2 x 5,6 KW=]<br>15 PS    o.    11,2 KW | - |
| LKeller 1 (Belüftung) | 3,5 PS    o.    2,6 KW | 450 | 3,5 PS    o.    2,6 KW | 450 |
| LKeller 1 (Entlüftung) | 3,5 PS    o.    2,6 KW | 450 | 3,5 PS    o.    2,6 KW | 450 |
| LKeller 2 (Entlüftung) | nicht installiert<br>*(7,5 PS    o.    5,5 KW)* | 550 | nicht installiert | 550 |
| Ofenraum (Entlüftung) | 4,5 PS    o.    3,3 KW | 550 | 3,4 PS    o.    2,5 KW | 550 |
| S., W. u.A. Raum (Entl.) | 1,5 PS    o.    1,1 KW | 375 | 1,5 PS    o.    1,1 KW | 375 |

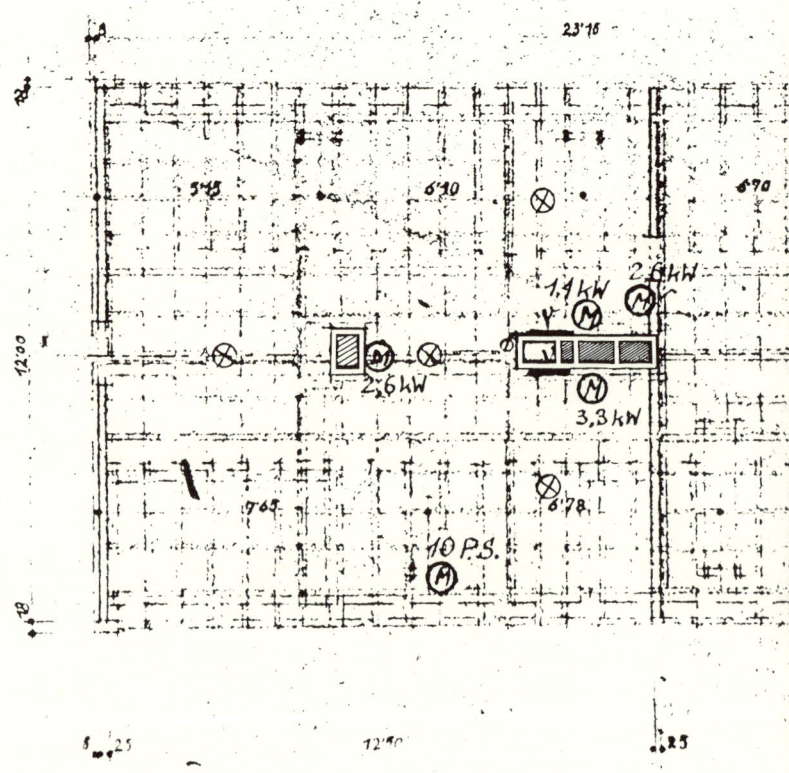

*Dokument 36* (vorhergehende Seite links): Das Krematorium IV nach seiner Übergabe durch die Bauleitung an die Lagerverwaltung.

*Dokument 38* (vorhergehende Seite rechts): Das Krematorium V nach seiner Übergabe.

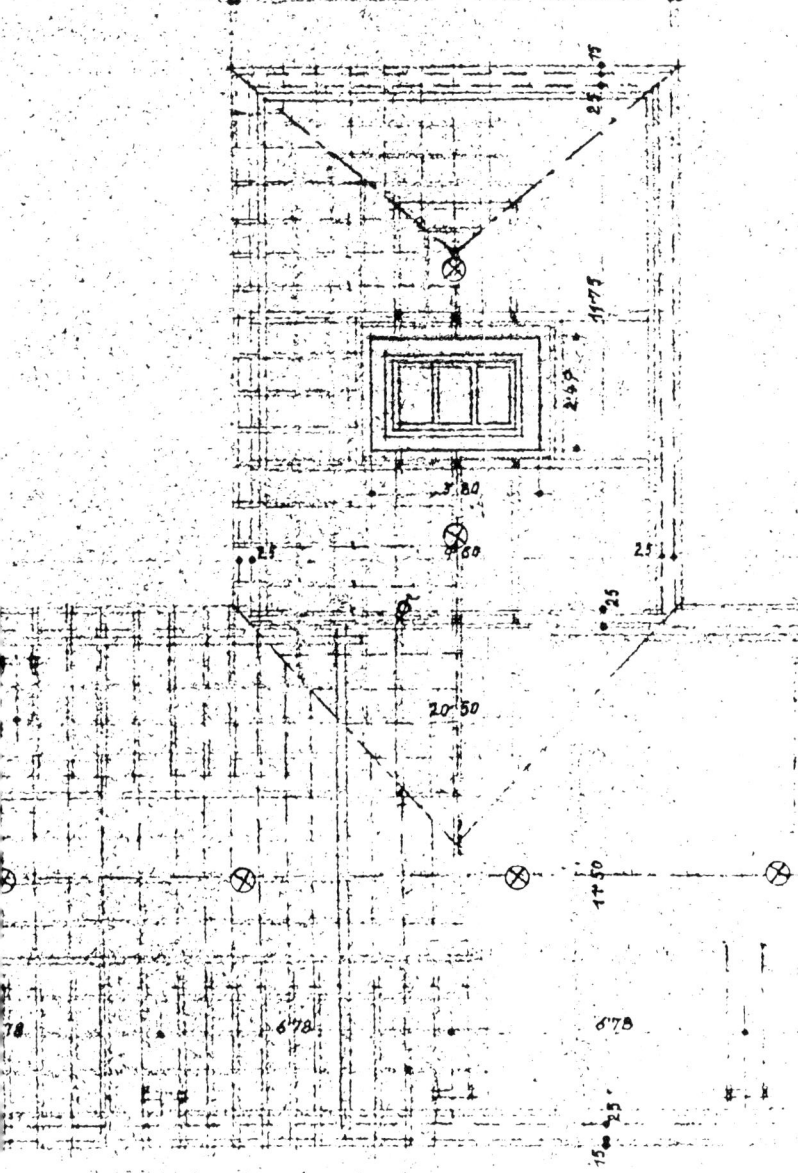

# West- und Südansicht des Krematoriums III oder B.W. 30a

im Juni 1943 (Übergabe in funktionsfähigem Zustand am 25. Juni 1943)

unterirdische Gaskammer oder Leichenkeller 1 von Kr. III mit Öffnungen zur Einschüttung von Zyklon B

Seitentür zur Leichenrutsche

Luftzufuhr für Gaskammer

Luftabzug Sezierraum

Warmluftabzug Ofenraum

Abzug für verbrauchte Luft aus der Gaskammer

Sammelschornstein Kr III

Kokslager

Eingangstor zum Hof

Raum für Abfallverbrennungsöfen

offizieller Eingang zum Krematorium

Zugangstreppe für SS zum Untergeschoß

Sezierraum

unterirdischer Auskleideraum oder Leichenkeller des Kr III

*Dokument 39:* Das Krematorium III bei seiner Übergabe.

*Dokument 40* (rechte Seite): Sieben der acht Entwesungskammern, die mit elektrischer Heißluft betrieben wurden, in einer Baracke des Zigeunerlagers.

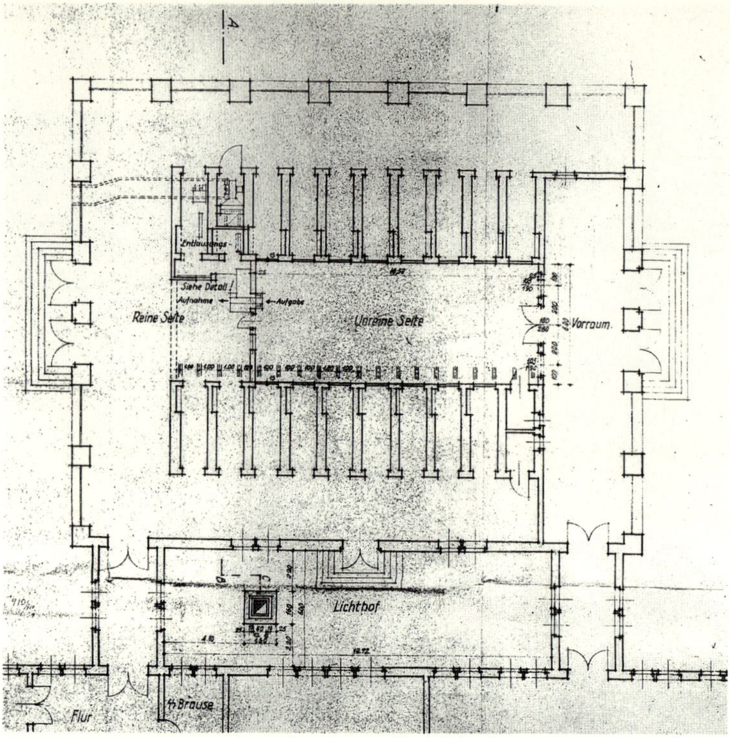

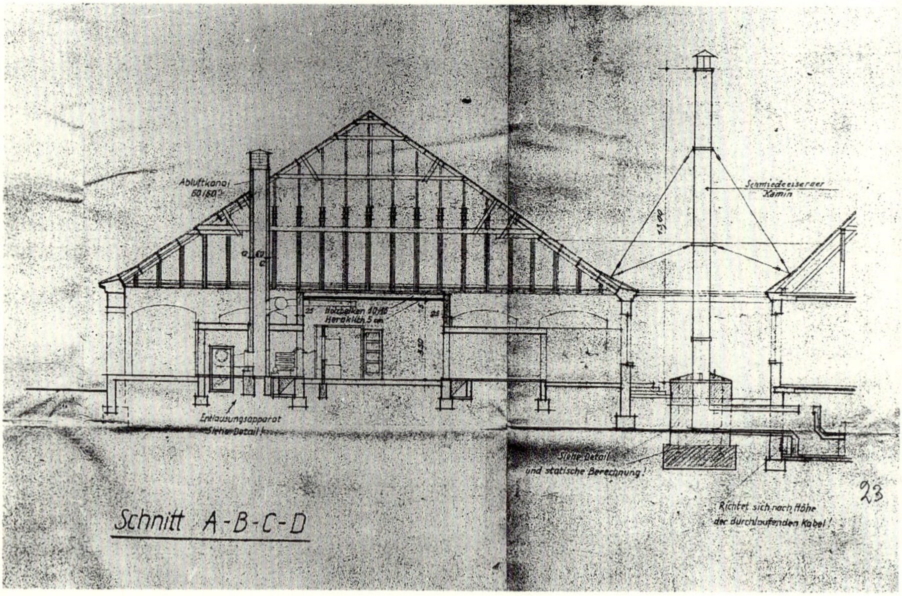

*Dokument 41–42:* Auszüge aus dem Plan Nr. 2693 der Bauleitung vom 5. August 1943 für den Einbau einer Siemens-Kurzwellen-Entlausungsanlage, hier mit einer Kammer (Plan und Schnittzeichnung); die Anlage erstreckt sich über insgesamt vier der ursprünglichen Zellen.

*Dokument 43–44:* Innen- und Außenansicht der neunzehn Blausäure-Entlausungszellen (Zyklon B) im Bauzustand. Weder die zirkulierende Lüftung noch die gasdichten Türen wurden je eingebaut.

*Dokument 45* (oben): Die neuen Pferdeställe des Kommandanten Höß sind baugleich mit den Pferdestall-Baracken, in denen auch die Häftlinge in Birkenau untergebracht waren. In der Mitte liegt auf einem viereckigen Platz ein Parcours mit Hindernissen. Dort übten sich die SS-Offiziere im Springreiten. Die neuen Stallungen liegen westlich von Kanada I, zwischen Stammlager und Güterbahnhof.

*Dokument 46* (links): Innenansicht der Pferdeställe des Kommandanten Höß. Sie waren besser eingerichtet als die Häftlingsbaracken des Lagers Birkenau.

*Dokument 47* (rechts): Nordost-Ansicht der Rüstungsfabrik der Krupp AG.

*Dokument 48* (oben): Nordost- und Nordwest-Ansicht der Rüstungsfarbik der Krupp AG, die später von den Weichsel-Union-Metallwerken übernommen wurde. Im Industriekomplex »Buna« der I. G. Farben wurden nur künstlicher Kautschuk und Methanol, das als Benzinersatz diente, produziert.

*Dokument 49* (unten): Das neue Kartoffellager am Güterbahnhof von Auschwitz. Die sogenannte »alte Rampe«, gebaut im Sommer 1942, an der die Juden die Waggons verließen, befand sich vor dem Gebäude.

*Dokument 50* (oben links): Die Trinkwasseraufbereitungsanlage des KGL Birkenau. Dahinter liegen die Wohnbaracken der SS-Männer.

*Dokument 51* (oben rechts): Einer der Schweineställe von Budy.

*Dokument 52:* Gesamtansicht der landwirtschaftlichen Versuchsstation Raïsko mit Gewächshäusern und bestellten Feldern.

*Dokument 53* (oben): Blick auf die Kläranlage von Broschkowitz.

*Dokument 54* (unten): Hauptallee des Männerlagers von Birkenau (Bild).

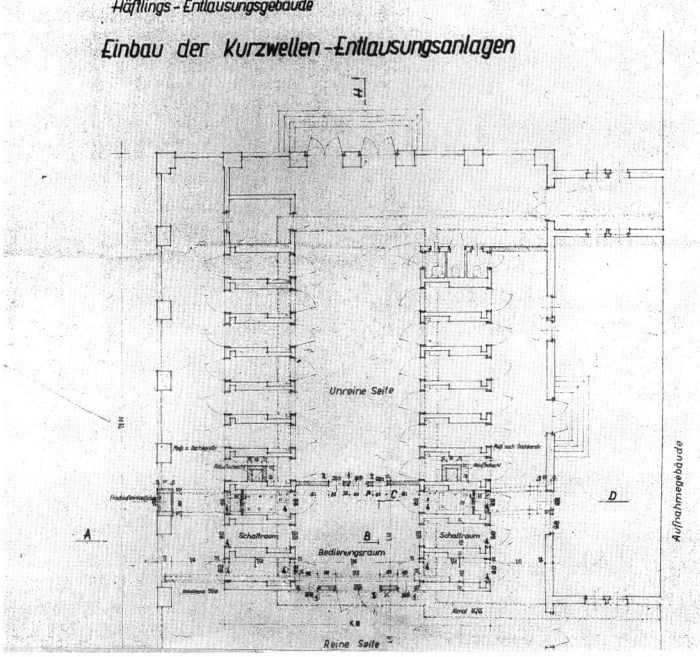

*Dokument 55* (oben): Das Fernheizwerk, Beheizung mit Dampf, im Bauzustand.

*Dokument 56* (unten): Auszug aus dem Plan Nr. 3139 der Bauleitung vom 6. November 1943, der die Anordnung von zwei Kammern der Entlausungsstation der Firma Siemens zeigt (Plan); die Anlage erstreckt sich über acht der ursprünglichen Zellen.

*Dokument 57:* Heimlich von einem unbekannten Mitglied des Sonderkommandos im Sommer 1944 gemachtes Foto. Es wurde von der nördlichen Gaskammer des Krematoriums V aus aufgenommen und zeigt eine Einäscherungsgrube unter freiem Himmel.

*Dokument 58* (rechte Seite): Die Metallteile des Achtmuffelofens des Krematoriums IV, die 1945 im Bauhof wiedergefunden wurden.

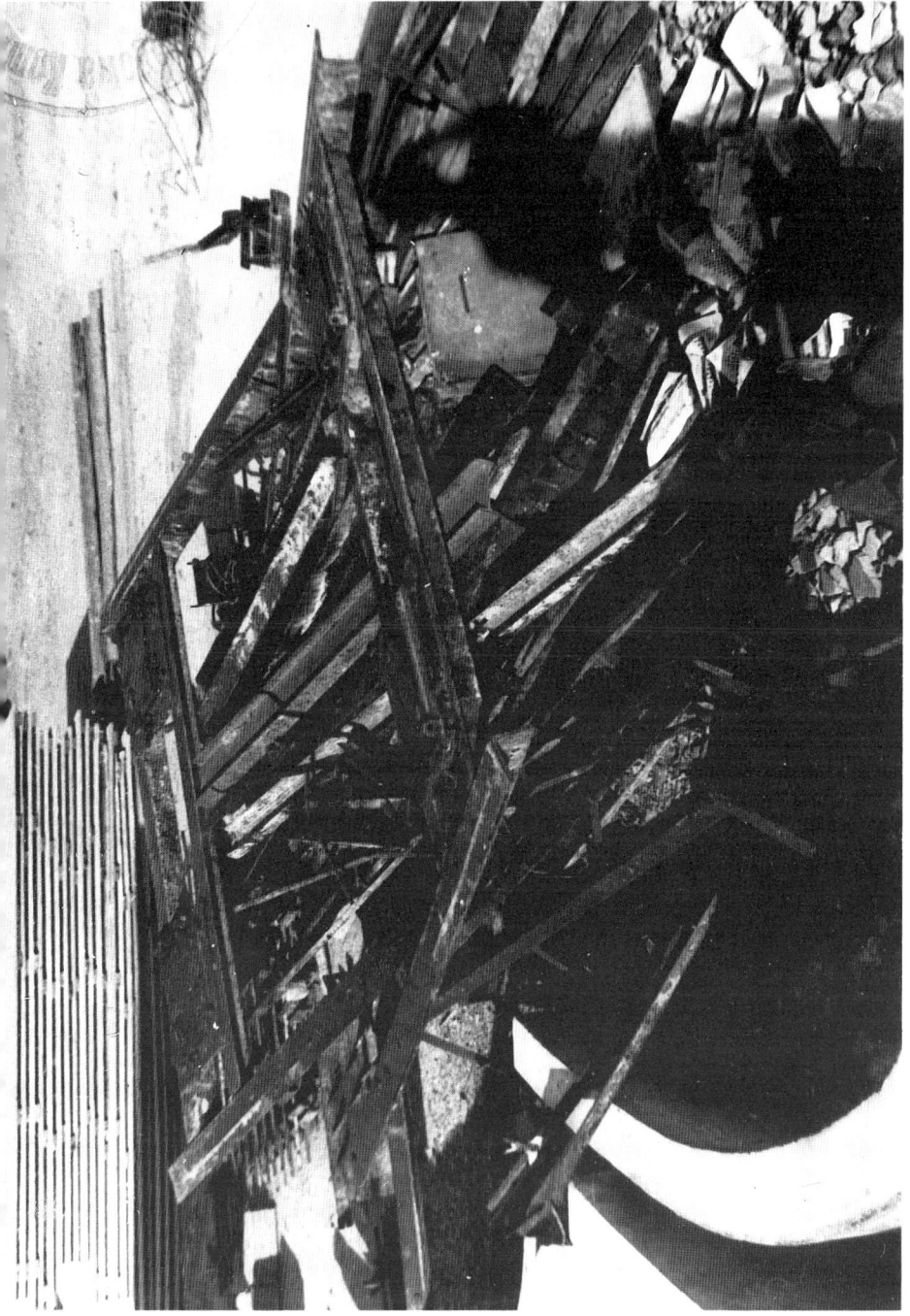

*Dokument 59* (oben): Der Bauschutt des Krematoriums V in Höhe des Achtmuffelofens, so wie es die Sowjets am 27. Januar 1945 vorfanden.

*Dokument 60* (unten): Zwei Einäscherungskammern eines Topf-Dreimuffelofens des neuen Krematoriums in Buchenwald, die mit menschlichen Gebeinen gefüllt sind, so wie die Amerikaner sie bei der Befreiung des Lagers vorfanden.

# Anhang

# Anmerkungen

AGB:       Archiv der Gedenkstätte Buchenwald
AGD:      Archiv der Gedenkstätte Dachau
AOR:      Archiv Oktiabrskoi Revolucii/Zentralarchiv der Oktober-Revolution, Moskau
APMO:    Archiwum Panstwowego Muzeum w Osciwiecimiu/Archiv des staatlichen Museums in Auschwitz
AYV:      Archiv Yad Vashem
BAK:      Bundesarchiv Koblenz
BDC:      Berlin Document Center
CDJC:     Centre de documentation juive contemporaine (Paris)
GKBZHwP: Glowna Komisja Badania Zbrodni Hitlerwoskich w Polsce/ Hauptkommission zur Untersuchung der Naziverbrechen in Polen
IFZ:       Institut für Zeitgeschichte, München
IHK:      Industrie- und Handelskammer Wiesbaden
INPI:      Institut national de la protection industrielle (Compiègne)
SAW:     Staats-Archiv Weimar
WAPK:    Wojewodzkie Archiwum Panstwowe w Katowicach/Staatliches Wojewodschaftsarchiv in Kattowitz
ZAM:     Zentralarchiv Moskau

## I. Die Vorgeschichte der Einäscherungen in den Konzentrationslagern

1. *Livre Brun sur l'incendie du Reichstag et la terreur hitlérienne*, Collection»Requisitoires«, Éditions du Carrefour, September 1939.

2. INPI, deutsches Patent, Klasse 24 d, Gruppe 1, Nr. 506 627 am 30. Oktober 1928 angemeldet.

3. SAW, persönliche Akte von Kurt Prüfer (2/555a und 2/555): in 2/555a, Brief der Topf vom 14. April 1936 an den Ingenieur J. F. B. Leisse aus Luxemburg.

4. AGD, Akten 943 und 2111 über den Kostenvoranschlag vom 2. Juni

127

1937, Bedienungsanleitung, Foto und Plan des Ofens von der Firma Walter Müller.

5. Joseph Billig, *Les camps de concentration dans l'économie du Reich hitlérien*, Presses Universitaires de France, 1973; Kapitel II, Statistik über den Personenbestand in den Konzentrationslagern.

6. Pohl war Oberzahlmeister, in der deutschen Marine wäre sein entsprechender Rang lediglich Oberleutnant zur See bzw. Kapitänleutnant gewesen. Die Machthaber im Dritten Reich konnten jeden rekrutieren, den sie wollten, indem sie ihm phantastische Aufstiegsmöglichkeiten (wie im Fall von Oswald Pohl oder Karl Bischoff) oder Blitzkarrieren (wie im Fall von Rudolf Höß) boten.

7. SAW, Bilanzen der Firma Topf und Söhne aus den Jahren 1937 bis 1945 (9 Hefte), Sequesterakte der Firma Topf »Land Thüringen, Amt zum Schutze des VE«, LK 4651, und Akte 2/555a.

8. SAW, 2/555a, Zusammenfassung der von Prüfer für die Abteilung D ausgehandelten Verträge von Januar 1938 bis Dezember 1940 (9 Seiten), S. 5, Auftrag Nr. 39 D 1218.

9. BAK, NS 4 Ma/54, Brief der Topf vom 1. November 1940.

10. BAK, NS/18-3, S. 18 u. 19 (Brief vom 18. Juni 1938).

11. Topf-Plan D 56 570 vom 21. Dezember 1939: CDJC; CXXXVIII-129. Plan und detaillierter Kostenvoranschlag: BAK, NS 3/18-3. Höhe der Verträge, deren Gesamtsumme leicht von dem Kostenvoranschlag abwich: SAW, 2/555a, Zusammenfassung... (wie Anm. 8), S. 5, Auftrag 55 D 1251 über 8 174 RM und S. 6, Auftrag 40 D 31 über 1645 RM.

12. SAW, 2/555a, Brief der Geschäftsleitung der Topf an Prüfer vom 13. April 1933.


## II. Der Drang nach Osten und das Wirtschaftsduell zwischen Topf und Kori

13. Annie und Henri de Montfort, *Pologne*, Les Guides Bleus, Librairie Hachette, 1939, S. 524; vgl. auch *Baedeker – Polen*, K. Baedeker, Ostfildern/Kemnat 1993, S. 315 ff.

14. SAW, 2/555a, Zusammenfassung... (wie Anm. 8), S. 6, Bestellungen 40 D 263 und 264 für den SS-HHB Berlin.

15. »Adjutant« bedeutete in der zeitgenössischen Militärsprache Stellvertreter. Höß war also der Stellvertreter des Lagerkommandanten von Sachsenhausen. Als Höß Kommandant des Lagers Auschwitz wurde, war sein erster Adjutant der SS-Obersturmführer Josef Kramer, dessen Nachfolge SS-Hauptsturmführer Robert Mulka antrat.

16. E. J. Gumbel, Berthold Jacob und Ernst Falck, *Les crimes politiques en Allemagne, 1919–1929*, »Les Documents bleus«, Nr. 38, NRF, Librairie

Gallimard, 1931 über Kadows Ermordung, siehe S. 149; auf dt. erschienen: *Verräter verfallen der Fehme, 1919–1929*, Berlin 1929.

17. ZAM, 502-1-327, S. 223, nicht datiertes Telegramm der Bauleitung, stammt jedoch vom 29. Juli 1940, gibt den Namen des Bauleiters an.

18. BAK, NS 4 Ma/54, Brief der Topf vom 25. Juli 1940.

19. ZAM, 502-1-327 Briefe der Topf vom 31. Mai und 11. Juni 1940.

20. SAW, 2/555 a Zusammenfassung ... (wie Anm. 8), S. 7, Bestellung 40 D 518.

21. *Ebenda*, S. 8, Bestellung 40 D 664/65.

22. ZAM, 502-1-214, Wochenberichte des SS-Manns Schlachter vom 5., 12., 20. und 26. Juli 1940.

23. ZAM, 502-1-327, Brief der Topf vom 11. Juni 1940.

24. ZAM, 502-1-327, Brief der Topf vom 31. Mai 1940.

25. BAK, NS 4 Ma/54, Brief der Topf vom 6. Januar 1941.

26. ZAM, 502-1-214, Wochenbericht des SS-Manns Schlachter vom 17. August 1940, und 502-1-327, S. 215.

27. ZAM, 502-1-327, Brief der Bauleitung vom 16. September 1940.

28. SAW, LK 6451 (Sequester der Topf), Fotokopie des Originalbriefs vom 14. Juli 1941, ursprünglich in der Akte BAK, NS 4 Ma/54; auch D 132 (S. 346) in *Macht ohne Moral*, Röderberg Verlag, Frankfurt am Main 1957, von Raimund Schnabel, der sich zweimal beim Abschreiben der Einäscherungsleistung des Doppelmuffelofens vertan hat, die er mit »10 bis 35 Leichen in zehn Stunden« angibt.

29. ZAM, 502-1-327, Briefe der Topf vom 18., 23. und 30. September 1940.

30. BAK, NS 4 Ma/54, Brief der Bauleitung Mauthausen vom 5. Juli 1940.

31. SAW, 2/555 a, Zusammenfassung ... (wie Anm. 8), S. 8, Bestellung 40 D 870.

32. BAK, NS 4 Ma/54, Brief der Bauleitung von Mauthausen vom 9. Oktober 1940.

33. BAK, NS 4 Ma/54, Brief der Topf vom 1. November 1940 (wie Anm. 9), und SAW, 2/555 a, Zusammenfassung der von Prüfer für die Abteilung D im Zeitraum von Januar bis März 1941 ausgehandelten Verträge (1 Seite), Bestellung 41 D 80 von 9003 RM.

34. BAK, NS 4 Ma/54, Brief der Topf vom 11. November 1940.

35. ZAM, 502-1-312, Brief der Bauleitung Auschwitz vom 7. November 1940, und BAK, NS 4 Ma/54, Brief der Topf vom 23. November 1940.

36. BAK, NS 4 Ma/54, Brief der Bauleitung Mauthausen vom 8. Mai 1941.

37. BAK, NS 4 Ma/54, handschriftlicher Vermerk von August Willing an das KL Dachau (ohne Datum, stammt von Ende Dezember 1940).

38. BAK, NS 4 Ma/54 Zusammenfassung der von Willing vom 26. Dezember 1940 bis 1. Januar 1941 durchgeführten Arbeiten.

39. BAK, NS 4 Ma/54, Rechnung der Topf vom 5. Februar 1941, mit Datenangabe über Anfang und Abschluß des Baus, in Höhe von 10 635,40 RM, versehen mit dem Vermerk »ungültig«, da 400 RM für Arbeitsstunden nicht mitberechnet worden waren.

40. BAK, NS 4 Ma/54, Brief der Topf vom 1. November 1940 (wie Anm. 9).

### III. Die ursprüngliche Gestaltung des Krematoriums I von Auschwitz

41. ZAM, 502-1-214.

42. ZAM, 502-1-214, Wochenbericht vom 12. Juli 1940.

43. Broschüre *Zyklon for pest control* der Firma Degesch aus Frankfurt am Main, 1972. Während des Krieges belieferte die Degesch die Kunden westlich der Elbe über ihren Zwischenhändler Heerdt-Lingler GmbH (Heli), während die Testa die Kunden östlich der Elbe belieferte.

44. ZAM, 502-1-214, Wochenberichte des SS-Manns Schlachter vom 20. und 27. Juni 1940.

45. BDC, Archiv SSO, Ernennungsvorschlag (vom SS-Untersturmführer zum SS-Obersturmführer) von Walter Urbanczyk vom 1. Juli 1943.

46. ZAM, 502-1-327, Brief und Kostenvoranschlag der Topf vom 13. November 1940.

47. ZAM, 502-1-312, Topf-Plan D 57 999 vom 30. November 1940.

48. ZAM, 502-1-312, Brief und Kostenvoranschlag der Topf vom 9. Dezember 1940.

49. ZAM, 502-1-327, Brief der Bauleitung vom 21. Januar 1941.

50. ZAM, 502-1-312, Telegramm der Bauleitung vom 13. Januar 1941.

51. ZAM, 502-1-327, Brief der Bauleitung vom 21. Januar 1941 (wie Anm. 49).

52. ZAM, 502-1-214, Wochenberichte des SS-Manns Schlachter vom 1., 10., 17. und 22. Februar 1941.

53. ZAM, 502-1-214, Wochenberichte des SS-Manns Schlachter vom 4., 14. und 28. Oktober 1940, in denen die Firma Boos erwähnt wird.

54. ZAM, 502-1-214, Wochenbericht des SS-Manns Schlachter vom 1. März 1941.

55. *Auschwitz vu par les SS. Höß, Broad, Kremer*, Edition du PMO, 1974; Aussage von Perry Broad, S. 166 (Massaker im alten Krematorium [I]); hier zit. nach *Hefte von Auschwitz 9*, Staatl. Museum Oswiecim 1966, S. 19.

56. ZAM, 502-1-312, Brief und Kostenvoranschlag der Topf vom 3. Februar 1941.

57. ZAM, 502-1-312, Brief der Bauleitung vom 15. Februar 1941.

58. ZAM, 502-1-327, Brief und Kostenvoranschlag der Topf vom 24. Februar 1941.

59. ZAM, 502-1-327, Brief der Bauleitung vom 15. März 1941 (S. 188).

60. ZAM, 502-1-327, Kostenvoranschlag der Topf vom 24. Februar 1941, 3. Seite des Kostenvoranschlags.

## IV. Die »Siedlung« Auschwitz und ihre Folgen

61. BAK, NS 19/1792, Tagesprogramm des 1. März 1941.

62. Albert Speer, *L'empire SS*, Robert Laffont, 1982, S. 28 (Protokoll eines Gesprächs am 16. März 1942 im Büro von Saur [BAK NS 19/jetzt 755]) und S. 31 (Brief von Himmler an Pohl vom 7. Juli 1942 [BAK NS 19/vormals 290]); auf dt. erschienen: *Der Sklavenstaat. Meine Auseinandersetzungen mit der SS,* Stuttgart 1981; hier S. 34 u. 37 f.

63. WAPK, Akte P1 GO/S, Sygn. 467.

64. APMO, 8 Kartons über das BW 173 (Neue Kommandantur), die die Akten BW 173/1 bis BW 173/38 enthalten.

65. ZAM, 502-1-312 Brief und Telegramm der Bauleitung vom 2. April 1941.

66. ZAM, 502-1-312, Brief der Topf vom 2. April 1941.

67. ZAM, 502-1-312, Brief des SS-Manns Grabner vom 7. Juni 1941.

68. ZAM, 502-1-214, Wochenbericht des SS-Manns Schlachter vom 28. Juni 1941.

69. BAK, NS 4 Ma/54, Briefe vom 18., 21., 25, 28. August und vom 4. September 1940.

70. ZAM, 502-1-312, Telegramm der Bauleitung vom 16. September 1940.

71. ZAM, 502-2-23, Brief und Kostenvoranschlag der Topf vom 25. September, und APMO, Neg. Nr. 20 818/1 und 21 033/1 für die Pläne D 59 042 vom 25. September 1941.

72. Die »Speermarken« autorisierten den Bahntransport eines bestimmten Gütergewichts. Die Beförderungsgeschwindigkeit hing von der Marke ab: 0, I, II, III. 0 hatte absoluten Vorrang, während III vollkommen unbedeutend war. Mit fortschreitender Kriegsdauer wurden Ladungen, die mit Speermarke III, später auch mit Speermarke II, überhaupt nicht mehr in den Güterzügen angenommen, da die wenigen, die noch verkehrten, dem Transport von Kriegsmaterial vorbehalten waren. Da der Empfänger die Transportmarken zu stellen hatte, bedeutete im Jahr 1942 der Versand einer Speermarke III, daß die entsprechende Ladung nie ihren Empfänger erreichen würde.

73. BAK, NS 4 Ma/54, Briefwechsel zwischen der Bauleitung von Mauthausen und der Topf im Zeitraum vom 24. September 1941 bis zum 28. August 1943. Im letzten Brief der Topf wurde um die Begleichung eines Betrages

von 550 RM gebeten, der seit dem 25. Januar 1943 unbezahlt war. Die Bauleitung von Mauthausen nahm erst im Dezember 1944 wieder Kontakt mit der Topf auf, und zwar wegen der Aufstellung eines koksbetriebenen Doppelmuffelofens, der im ersten Quartal 1945 im Untergeschoß der Häftlingskrankenstation aufgebaut wurde. Bei dieser Gelegenheit begab sich der Ingenieur Karl Schultze am 9. und 10. Januar 1945 nach Mauthausen, um die Möglichkeit für den Einbau einer Belüftung in einen Bergwerkstollen zu überprüfen, der als Luftschutzraum dienen sollte.

## V. Das neue Krematorium im Stammlager Auschwitz

74. BDC, Archiv SSO, Lebenslauf von Karl Bischoff vom 15. September 1941.

75. APMO, BW 2/1 (alt), Neg. Nr. 21 135/1.

76. ZAM, 502-1-313, Telegramm der Bauleitung vom 11. Oktober 1941.

77. ZAM, 502-1-313, Brief der Topf vom 14. Oktober 1941.

78. ZAM, 502-1-312, Versandanzeige der Topf vom 21. Oktober 1941.

79. ZAM, 502-1-313 und auch APMO, BW 30/27 (S. 27) und BW 30/34 (S. 116), Brief der Bauleitung vom 22. Oktober 41.

80. ZAM, 502-1-312, Brief der Topf vom 31. Oktober 1941.

81. APMO, Neg. Nr. 1034/7, S. 5 eines erläuternden Berichts über den Bau des KGL Birkenau, der vom SS-Mann Bischoff am 30. Oktober 1941 abgefaßt wurde.

82. APMO, Neg. Nr. 20 931/34, Plan des Stammlagers Auschwitz, wie er vom Amt C II des SS-HHB in Berlin am 19. Februar 1942 aufgestellt worden war und den Entwurf des neuen Krematoriums zeigt.

83. BDC, Archiv SSO, Beförderungsvorschlag vom 17. November 1941 und Feldurteil vom 19. März 1942 des SS-Manns Dejaco.

84. ZAM, 502-1-313, Brief der Topf vom 4. November 1941.

85. ZAM, 502-1-327, Rechnung-Kostenvoranschlag der Topf vom 27. Januar 1943.

86. ZAM, 502-1-327, Brief und Kostenvoranschlag der Topf vom 4. November 1941.

87. ZAM, 502-1-314, Brief des SS-Manns Bischoff vom 12. November, Brief von Kurt Prüfer vom 21. November und undatiertes (aber vom 28. November 1941 stammendes) Telegramm.

# VI. Der Mogilew-Vertrag und die ersten Tötungen durch Giftgas in Auschwitz

88. ZAM, 502-1-314, Brief von Kurt Prüfer vom 21. November 1941.

89. ZAM, 502-1-327, Brief des SS-Manns Wirtz (SS-HHB, Amt C II) vom 4. Dezember 1941.

90. François Bayle, *Croix gammée contre Caducée,* 1950. Tägliche stenographische Tagebucheintragungen des Generals Franz von Halder, Chef des Generalstabs der Armee. Notiz vom Februar 1942:»Dix mille cas de typhus [exanthematicus] et treize cent morts [dans la Wehrmacht sur le front Est]« (Zehntausend Fleckfieberfälle und dreizehntausend Tote [in der Wehrmacht an der Ostfront]; S. 1251).

91. *Deutsches Vorfeld im Osten,* Bilderbuch über das Generalgouvernement von Helmut Gauweiler, Buchverlag Ost GmbH, Krakau, [November] 1941, S. 54. Die Bildunterschrift oben ist eine dreiste Lüge. Gauweiler versichert, daß die»sogenannten barbarischen«Deutschen innerhalb weniger Wochen an der polnischen Bevölkerung Millionen von Fleckfieber-Impfungen vornahmen und schloß:»wohlgemerkt durchgeführt von Eroberern zugunsten eines besiegten Volkes!«Dabei lag die deutsche Produktion von Fleckfieberimpfstoff bis Dezember 1941 nicht über 35000 Dosen pro Monat (Verhör des Generaloberstabsarztes und Heeressanitätsinspekteurs der Wehrmacht Siegfried Handloser vor dem Ärztegericht am 12. Februar 1947).

92. *Croix gammée. . .* (wie Anm. 90), Erscheinen des Gerhard Rose, Generaloberstabsarzt der Luftwaffe, am 18. April 1943 vor dem Ärztegericht, S. 1252.

93. *Deutsches Vorfeld im Osten. . .* (wie Anm. 91), Illustration und Text auf S. 57.

94. *Croix gammée. . .* (wie Anm. 90), S. 1251.

95. *Ebenda,* Brief von Dr. Haagen an den Rektor der Universität Straßburg vom 7. Oktober 1943, in dem Dr. Haagen an den Forschungsauftrag erinnerte, der seinem Institut übertragen worden war, S. 132.

96. *Ebenda,* S. 1251.»La terrible catastrophe en Russie, parmi les prisonnier de guerre russes en 1941, en hiver, était en grande partie due au typhus [exanthematicus].«(Die furchtbare Katastrophe unter den russischen Kriegsgefangenen im Winter 1941 in Rußland ist zum großen Teil auf das Fleckfieber zurückzuführen; Erklärung des Gerhard Rose.)

97. ZAM, 502-1-327, Brief des SS-Manns Wirtz vom 4. Dezember 1941, a.a.O.

98. IFZ, München, Ref.: MA 3/7, Himmlerakten Nr. 1302, Lade 2, Akte 59, Brief vom 10. Februar 1942 (13 Seiten und ein Plan). Der Plan zeigt die Lage der drei zentralen SS-Bauinspektionen im Osten (mit Baustofflager und Transportpark): im Norden in Riga (Ostland/Lettland), im Zentrum Mogilew oder Mohilev (Weißrußland), im Süden Kiew (Ukraine).

99. ZAM, 502-1-313, Brief der Topf vom 31. August 1942.

100. ZAM, 502-1-327, Brief des SS-Manns Wirtz vom 4. Dezember 1941.

101. ZAM, 502-1-314, Brief der SS-Bauinspektion Reich-Ost in Posen vom 24. Juni 1943, und 502-1-327, Briefe der Bauleitung vom 2. und der Topf vom 7. Juli 1943.

102. ZAM, 502-1-312, Telegramm der Bauleitung vom 11. November 1941.

103. ZAM, 502-1-312, Telegramm der Topf vom 17. November 1941.

104. APMO, BW 11/1, Briefe der Bauleitung vom 5. Januar (S. 8: Brief und S. 9: Entwurf) und der Topf vom 9. Januar 1942 (S. 11); (auch in ZAM, 502-1-312, Brief der Bauleitung vom 5. Januar 1942).

105. ZAM, 502-1-312, Briefe der Topf vom 24. November und der Bauleitung vom 27. November, zwei Briefe der Topf vom 5. Dezember und einer der Bauleitung vom 8. Dezember 1941.

106. *Le Camp de Concentration d'Oswiecim-Brzezinka*, Wydawnictow Prawnicze, Warszawa 1957. Der Untersuchungsrichter Jan Sehn setzt die erste Tötung durch Giftgas von russischen kriegsgefangenen Kommunisten infolge der »Arbeiten« der Sonderkommission der Gestapo von Kattowitz an, die im November nach Auschwitz kam und etwa einen Monat blieb (S. 105). Er verweist, sich auf gesunden Menschenverstand stützend, darauf, daß der Block 11 nach den Vergasungen zwei Tage lang gelüftet werden mußte – eine unumgängliche physikalische Notwendigkeit, die durch die Lage im Untergeschoß und das Fehlen einer mechanischen Entlüftung vorgegeben war. – Aussage des Kazimierz Smolen vom 15. Dezember 1947 in Krakau (No. 5849).

107. Danuta Czech, *Kalendarium der Ereignisse im Konzentrationslager Auschwitz-Birkenau 1939–1945*, Rowohlt, Reinbek 1989, S. 117–119. Die Arbeit von Danuta Czech, die ohne Angabe von Gründen bestimmte Zeugenaussagen auf Kosten anderer bevorzugt und lieber Zeugenaussagen zuzieht, statt sich auf Dokumente zu stützen, bietet den Kritikern eine Angriffsmöglichkeit. Diese eigenartige historische Orientierung liegt auch der dritten Ausgabe (1. erschienen 1959–63, 2. erschienen 1989) des *Kalendariums*... von Czech zugrunde, die gerade in Polen erschienen ist. Auch der Bauleitungs-Fundus aus dem Moskauer Zentralarchiv wird nicht berücksichtigt. Diese Tatsachen mindern den Wahrheitsgehalt dieses fundamentalen Werkes, das leider unter einem zu sehr von den politischen Spannungen der 60er Jahre beeinflußten Blickwinkel entstanden ist.

108. ZAM, 502-1-312, Brief des SS-Manns Grabner vom 31. Januar 1942.

109. GKBZHwP, Foto aus der Serie Stanislaw Luczko, sygn. 5149.

110. ZAM 502-1-312, Telegramm der Bauleitung vom 3. Januar 1942.

111. APMO, BW 30/1 bis BW 30/7 (Pläne der Bauleitung Nr. 932 [Untergeschoß], 933 [Erdgeschoß], 934 [Schnitt], 935 [Westansicht], 936 [Nordansicht] 938 [Südansicht] und 980 [Werksatz (Dach)]).

112.  APMO, Plan 933 vom Erdgeschoß (noch nicht archiviert). Der Norden befindet sich hier links von dem im Stammlager vorgesehenen Bau. Nach der Entscheidung, das Krematorium nach Birkenau zu legen, wurde der Norden oben auf der Seite eingetragen.

113.  ZAM, 502-1-312, Brief des SS-Manns Grabner vom 31. Januar 1942 (wie Anm. 108).

114.  ZAM, 502-1-313 für das Vorsatzblatt des Kostenvoranschlags vom 12. Februar 1942 und APMO, BW 30/34, S. 31 bis 33 für den vollständigen Kostenvoranschlag.

115.  APMO, BW 30/25, S. 1.

116.  ZAM, 502-1-313 und 314, Brief der Bauleitung vom 30. März 1942 und APMO, BW 30/34, S. 115.

117.  ZAM, 502-1-312, Brief der Bauleitung vom 2. April 1942 und APMO, BW 11/1, S. 12.

118.  ZAM, 502-1-312, vierseitiger Brief der Topf vom 8. Mai 1942.

119.  ZAM, 502-1-313, Versandanzeige der Topf vom 16. April 1942.

120.  Die Daten sind nicht angegeben, jedoch aufgrund folgender Tatsachen sicher: 1) Ankunftsdatum des Waggons, der wieder Eisen-Metallteile für den 3. Ofen enthielt (Vertragsnr. 41 D 1980) am 30. April 1942 (ZAM, 502-1-313). – 2) Das Versanddatum, 8. Mai 1942, des ersten Erinnerungsbriefs der Topf (ZAM, 502-1-327) von insgesamt acht, um die Zahlung des 3. Ofens einzutreiben (die erste Anzahlung war am 31. Januar 1941 geleistet worden). – 3) Normale Montagedauer für einen Doppelmuffelofen: 15 Tage, Trockenzeit nicht inbegriffen (1 Monat insgesamt). – 4) Der Bericht des SS-Manns Pollock vom 30. Mai 1942 über die Schäden, die infolge der Überhitzung am Schornstein des Krematoriums I aufgetreten waren (ZAM, 502-1-312 und 313).

121.  ZAM, 502-1-312, Brief der Topf vom 6. Juni 1942.

122.  SAW, 2/555a, Brief von Kurt Prüfer vom 15. November 1942.

123.  *Kalendarium . . .* (wie Anm. 107), S. 186.

124.  APMO, BW 11/5, S. 3 bis 6 und BW 30/25, S. 3.

125.  ZAM, 502-1-312 und 313, Bericht des SS-Manns Pollock vom 30. Mai 1942.

126.  ZAM, 502-1-312, Telegramm des SS-Manns Kammler vom 2. Juni 1942.

127.  ZAM, 502-1-312, Brief von Robert Köhler vom 5. Juni 1942.

128.  ZAM, 502-1-312, Telegramm des SS-Manns Kirschneck vom 5. Juni 1942.

129.  ZAM, 502-1-312, Telegramm der Topf vom 6. Juni 1942.

130.  ZAM, 502-2-146, Topf-Plan D 59 463 von Kurt Prüfer gezeichnet am 26. November 1941 für einen anderen Kunden und Anfang Juni 1942 an die Bauleitung gesandt.

131.  ZAM, 502-1-318, handschriftlicher Vermerk vom 7. Dezember 1942, der die Anfangs- und Abschlußdaten der Bauarbeiten angibt, ebenso wie die von Zivilkräften und Häftlingen geleisteten Arbeitsstunden und Menge

und Art der verwendeten Materialien. Dieser Vermerk steht teilweise im Widerspruch zur Akte APMO Neg. Nr. 12012 über den Verbrauch von Koks (ab 1943 von Holz) in dem Zeitraum vom 16. Februar 1942 bis zum 25. Oktober 1943 in den Krematorien von Auschwitz-Birkenau. Tatsächlich konnten in der Zeit vom 12. Juni bis 8. August 1942 die Öfen des Krematoriums I nicht betrieben werden, da der alte Schornstein abgerissen und der neue noch im Bau war. Jedoch wurden vom 13. Juni bis zum 18. Juli regelmäßige Kokslieferungen für das Krematorium I vorgenommen. Dieser Koks wurde entweder bis zur Wiederinbetriebnahme des Krematoriums gelagert oder für andere Zwecke verwendet. Dieser vielleicht scheinbare Widerspruch belegt, daß die Akte APMO Neg. Nr. 12012 keine genauen täglichen Angaben über den Betrieb der Krematorien zuläßt und nur von allgemeiner Gültigkeit ist, was bereits bei der ursprünglichen historischen Auswertung offenkundig wurde.

## VII. Der Beginn des Massenmordes an den Juden und die Fleckfieber-Epidemie

132.   Höß wird laut seinen Aufzeichnungen von Himmler »im Sommer 1941« nach Berlin befohlen. Sein Bericht enthält eine grobe Unwahrscheinlichkeit, da der Reichsführer SS ihm darin angeblich eröffnet: »Die *bestehenden* Vernichtungsstellen im Osten [Belzec, Sobibor, Treblinka, deren Tötungsaktivitäten erst Anfang Sommer 1942 einsetzten] sind nicht in der Lage, die beabsichtigten großen Aktionen durchzuführen.« (Zit. nach Rudolf Höß, *Kommandant in Auschwitz. Autobiographische Aufzeichnungen*, hg. v. Martin Broszat, dtv-dokumente, München 1963, S. 237.) Also, ein deutlicher Anachronismus seitens Höß'. Häufig finden sich in Höß' Aufzeichnungen zeitliche Irrtümer, die manchmal sechs Monate (Bau des neuen Schornsteins von Krematorium I), ja sogar fast zwei Jahre ausmachen (angeblicher Besuch des Zigeunerlagers durch Himmler im Juli 1942, der statt dessen sicherlich von Pohl, dem Chef des SS-WVHA im Juni 1944 unternommen wurde). Was die von ihm angeführten Sterbeziffern betrifft, so sind sie in der Regel mit zwei oder drei multipliziert worden. Höß kann, trotz der wesentlichen Rolle, die er bei der »Endlösung« gespielt hat, heutzutage nicht mehr als verläßlicher Zeuge in bezug auf Daten und Zahlen angesehen werden. – Das mit Anfang Juni 1942 angegebene Datum für diese Zusammenkunft in Berlin ergibt sich aus der Chronologie des Einbaus der technischen Voraussetzungen zur Massenvernichtung in Birkenau.

133.   APMO, in Karton BW 1/2, Akte BW 1/16, S. 172 (5. August 1942) bis S. 273 (18. Mai 1942) und in Karton BW 1/6, Akte BW 1/31, S. 1 bis 4 (vom 15. bis 18. Juli 1942), Erwähnung eines »Schachtkommando Krematorium« in Birkenau.

134.   ZAM, 502-1-332, Dr. G. Peters und E. Wüstinger (Degesch), *Ent-*

*lausung mit Zyklon-Blausäure in Kreislauf-Begasungskammern,* Artikel, der in der *Zeitschrift für hygienische Zoologie und Schädlingsbekämpfung,* Heft 10/11, 1940 (Verlag Duncker & Humblot, Berlin) erschienen ist.

135. ZAM, 502-1-333, Vermerk der Firma Heerdt-Lingler GmbH vom 1. Juli 1941 und 502-1-332, Brief selben Datums.

136. APMO, BW 160, Plan Nr. 916 »Entwurf für Aufnahmegebäude mit Entlausungsanlage u. Häftlingsbad, Erdgeschoß« vom 30. Dezember 1941.

137. ZAM, 502-1-331, Plan der Degesch DK 200a vom 27. Dezember 1939 für die Installierung einer Entlausungsanlage mit 4 Kammern à 10 m³, die parallel zueinander angeordnet waren; Boos-Pläne Nr. 16591 vom 30. Juni 1942 (Längsschnitt einer Gaskammer von 10 m³) und Nr. 16600 vom 17. Juli 1942 [Datum durchgestrichen und durch 28. August 1942 ersetzt] (Quer- und Längsschnitt mit Plan der gesamten Anlage der 4 Gaskammern).

138. ZAM, 502-1-332; im Brief des Staatl. Gesundheitsamtes für den Kreis Bielitz vom 3. Juli 1942 werden die drei ersten Fälle von Fleckfieber namentlich genannt: Kocinski Heinrich, Stanclick Peter, Schropa Stefan (zivile Arbeitskräfte).

139. ZAM, 502-1-332, Bericht »Dienststelle Arbeitseinsatz« vom 2. Juli und vorangegangener Brief.

140. ZAM, 502-4-2 bis 502-4-47, Serie der 46 »Sterbebücher« des KL Auschwitz.

141. *Kalendarium . . .* (wie Anm. 107), S. 241 und S. 243.

142. APMO, dreißig Fotos von Himmler in Monowitz, Neg. Nr. 361 bis 390.

143. *Kalendarium . . .* (wie Anm. 107), S. 250 und 251.

## VIII. *Das Geschäft des Jahrhunderts: Die Krematorien II, III, IV und V*

144. ZAM, 502-1-223, »Erläuterungsbericht zum prov. Ausbau des Konzentrationslagers [Stammlager] Auschwitz O/S« vom 15. Juli 1942.

145. ZAM, 502-1-220 und 222, »Erläuterungsbericht zum Bauvorhaben Konzentrationslager Auschwitz O/S«, auf den 15. Juli 1942 vordatiert, da erst Ende Juli verfaßt und am 3. August 1942 nach Berlin übersandt (502-1-222, für den Versandbrief). Der Kostenvoranschlag bezog sich nur auf die Projekte zum Stammlager, beinhaltete jedoch auch gewisse Projekte für das KGL.

146. *Ebenda,* S. 17.

147. APMO, Mikrofilm Nr. 1061 (Fahrgenehmigungen).

148. ZAM, 502-1-333, Brief der SS-HHB (Amt III) vom 5. Juni 1940.

149. APMO, Sonderbefehl des Kommandanten Höß vom 12. August 1942.

150. APMO, Mikrofilm Nr. 1061 (Fahrgenehmigung) (wie Anm. 147).

151. ZAM, 502-1-313, Versandanzeige der Topf vom 18. Juni 1942.

152. ZAM, 502-1-327, Versandanzeige der Topf vom 6. August 1942.

153. AOR, 7021-108-32, S. 45 bis 47, Brief der Bauleitung vom 13. Oktober 1942.

154. APMO, BW 30/30, S. 23, Berechnung vom 13. Juli. In BW 30/26, S. 22 beläuft sich der Betrag am 6. August 1942 auf 133 756,65 RM.

155. APMO, Karton BW 1/2, Akte BW 1/16 (wie Anm. 133).

156. AOR, 7021-108-32, S. 46, Absatz: »Zu 3)«.

157. ZAM, 502-1-318, Vermerk vom 7. Dezember 1942 (wie Anm. 131).

158. ZAM, 502-1-308, Rechnung Robert Köhler vom 26. August 1942.

159. ZAM, 502-1-312, Kostenvoranschlag der Bauleitung vom 3. Juli 1942.

160. *Auschwitz vu par les SS. Höß, Broad, Kremer* (wie Anm. 55): *Les mémoires de Rudolf Höß*, S. 120 u. 121; vgl. *Kommandant* ... (wie Anm. 132), hier S. 243.

161. Verträge 41 D 2435 über 27 600 RM (Öfen der Kr. IV und V), 42/1422/3 über 3258 RM (Ofenzubehör) und 42/1454/1 über 53 702 RM (Öfen des Kr. III) für Prüfer und 42/1520/1 über 7 795 RM (Lüftungen des Kr. III) für Schultze.

162. ZAM, 502-1-313, Brief der Bauleitung vom 28. September 1942 wegen des Krematoriums II. Zwischen dem 1. April und dem 31. Dezember 1942 erhielt »Up a 2« die Summe von 6 000 000 RM (ZAM, 502-1-319, S. 32) von den Ende 1941 insgesamt bewilligten 7 700 000 RM für das KGL (ZAM, 502-1-233, S. 29). Bei früheren Zahlungen seitens der Verwaltung wurden die Krematorien unter folgenden Nummern geführt (ZAM, 502-1-281, Briefe der SS-WVHA [Amt C V] vom 23. und 24. Juni 1944 aus Berlin):

VIIIb Up a 1001: Krematorium II
VIIIb Up a 2003: Krematorium III
VIIIb Up a 2003: Krematorium IV
VIIIb Up a 2003: Krematorium V

Übrigens fiel die »Zentral Sauna«, BW 32, unter die Rubrik VIIIb Up a 1001, die beiden Entwesungsbaracken des BA III, BW 6c, hingegen unter VIIIb Up a 2003.

163. APMO, BW 30b-30c/22.

164. ZAM, 502-1-313, Versandanzeige der Topf vom 16. April 1942 (wie Anm. 119), Material abgelegt unter 41/1980/1.

165. APMO, BW 30/34, S. 31 bis 33 (wie Anm. 114).

166. ZAM, 502-1-146, Topf-Plan D 59463 vom 26. November 1941 für einen Schornstein von 15 Metern Höhe, unterschrieben von Ingenieur Prüfer; ZAM, 502-2-23, Pläne von Köhler, vom 20. Juni 1942 für einen Schornstein von 15 Meter Höhe und vom 11. August 1942, Rauchverbindungskanal (Doppelabzug) zwischen Schornstein und Krematorium I. Auf Köhlers Plan, ebenso wie auf dem der Topf, der ihm als Vorlage diente, ist im oberen Teil

138

des Schornsteins das Futter etwa drei Zentimeter von dem gemauerten Außen-
mantel entfernt. Dennoch gossen die Maurer der Topf diesen Abstand mit
Zement aus, was aufgrund der unterschiedlichen Wärmedehnung zwischen
dem Schornsteinfutter und dem gemauerten Außenmantel zu Schäden führte.
Es dauerte nur wenige Tage, bis der Zementring entfernt und die entstandenen
Schäden behoben waren.

167. ZAM, 502-1-313 und APMO BW 30/27, S. 13 und 14, Bericht des
SS-Manns Ertl vom 21. August 1942 über den 19. und 20.

168. *Ebenda*, handschriftliche Anmerkungen Ertls in seinem Bericht.

169. ZAM, 502-1-313, Brief von Robert Köhler vom 22. August 1942.

170. AYV, TR 10/1119, (Band 8a), Prozeß Dejaco-Ertl in Wien (20
Vr 3806/64, ON 484), 4. Verhandlungstag am 21. Januar 1972, Antwort des
Angeklagten Ertl bezüglich des Absatzes 4 seines Berichts vom 21. August
(S. 120).

## IX. Die Einrichtung von Gaskammern in den Krematorien

171. Patentanmeldung vom 26. Oktober 1942, eingereicht von Fritz Sander am 27.; am 4. November korrigiert und am 5. erneut unter der provisorischen Nummer T 58 240 Klasse 24 eingereicht. Während des Krieges wurde
die Akte zerstört und später für diese Anmeldung kein Patent vergeben.

172. ZAM, 502-1-312, Brief des SS-Manns Kirschneck vom 12. Juni
1942 (Beispiel).

173. Jean-Claude Pressac, *Auschwitz: Technique and operation of the gas
chambers,* The Beate Klarsfeld Foundation, New York 1989, S. 348–352
(Kr. II und III) und S. 404 bis 412 (Kr. IV und V). Für die Continentale
Wasserwerks-Gesellschaft m.b.H.: ZAM, Anzahl und Kategorie der zivilen
Firmen und Arbeitskräfte, die im KGL anwesend waren, Zusammenfassung
vom 13. März 1943 und vom 29. Januar 1944 [mit Anschrift] (502-1-72).

174. APMO, BW 30/30: Akte Vedag/Huta/Bauleitung.

175. ZAM, 502-1-313, Brief des SS-Manns Bischoff vom 9. Oktober
1942.

176. ZAM, 502-1-312, Brief der Bauleitung vom 15. September und 502-
1-313, Brief der Topf vom 22. September [Kostenvoranschlag vom 2. September 1942].

177. ZAM, 502-1-313, Versandanzeige der Topf vom 8. September
1942.

178. ZAM, 502-1-336 und APMO, BW 30/25, S. 6, Reisebericht des SS-
Mannes Dejaco vom 17. September 1942.

179. AYV, TR 10/1119, Prozeß Dejaco-Ertl, 3. Verhandlungstag am
20. Januar 1972, Antwort des Angeklagten Dejaco über seine »Dienstfahrt
nach Litzmannstadt«.

180. Beruht auf der Anzahl der von Juli bis Ende August 1942 getöteten

Juden und der in den Sterbebüchern registrierten Toten, die während der Bauarbeiten für den neuen Schornstein und der Reparaturen des Innenfutters im Krematorium I des Stammlagers nicht eingeäschert werden konnten.

181.  *Auschwitz vu par* . . . (wie Anm. 55): *Les mémoires de Rudolf Höß,* S. 120; vgl. *Kommandant* . . . (wie Anm. 132), hier S. 243. Was die russischen Kriegsgefangenen angeht, so konnten sie nicht in Birkenau begraben werden, da mindestens 9170 bereits zwischen Oktober 1941 und Ende Mai 1942 im Krematorium des Stammlagers eingeäschert worden waren.

182.  *Auschwitz vu par* . . . (wie Anm. 55): *Journal de Johann Paul Kremer,* S. 233.

183.  *Ebenda,* S. 234.

184.  ZAM, 502-1-327, Rechnungen der Topf vom 27. Mai 1943, Nr. 728 über die fünf Öfen des Kr. III und Nr. 729 über die Lüftungen.

185.  APMO, BW 30/27, S. 17, Brief des SS-Manns Bischoff an den SS-Mann Kammler vom 18. Dezember 1942.

186.  ZAM, 502-1-313, Telegramm und Brief der Topf vom 27. Oktober 1942.

187.  ZAM, 502-1-313, Kostenvoranschlag der Topf vom 16. November 1942.

188.  ZAM, 502-1-313, handschriftlicher Vermerk der Schlosserei der DAW vom 15. September 1942.

189.  APMO, BW 30/34, S. 96.

190.  ZAM, 502-1-313, Vermerk des SS-Manns Wolter vom 27. November 1942.

191.  ZAM, 502-1-314, Brief des ZA Jährling vom 30. November 1942.

192.  APMO, BW 1/19.

193.  ZAM, 502-1-332, Brief des Kreisrats von Bielitz vom 17. November 1942.

194.  ZAM, 502-1-332, Brief des SS-Arztes Dr. Wirths vom 4. Dezember 1942.

195.  *Ebenda,* Brief vom 15. Dezember.

196.  *Ebenda,* Brief vom 17. Dezember.

197.  APMO, BW 30/37, S. 86 (Beispiel).

198.  ZAM, 502-1-332, Brief vom Bischof vom 18. Dezember.

199.  APMO, BW 30/27, S. 17 (wie Anm. 185).

200.  APMO, BW 30/27, S. 19.

201.  APMO, BW 30/12.

202.  APMO, BW 30/41 für Messings »Tagebuch«, vom Autor vollständig veröffentlicht in *Auschwitz: Technique* . . . (wie Anm. 173), S. 370.

203.  APMO, Henryk Taubers Aussage vom 24. Mai 1945, vom Autor vollständig veröffentlicht in *Auschwitz: Technique* . . . (wie Anm. 173), S. 481 bis 502.

204.  ZAM, 502-1-313, Versandanzeige der Topf vom 16. April 1942, Material abgelegt unter 41/1980/1 (wie Anm. 119).

205. APMO, BW 30b–30c/24.
206. APMO, BW 30b–30c/23.
207. ZAM, 502-1-313, Brief des SS-Manns Kammler vom 11. Januar 1943.
208. ZAM, 502-1-313, Brief und Bericht des SS-Manns Bischoff vom 23. Januar 1943.
209. APMO, BW 30/30, S. 6 und ZAM, 502-1-313, Brief des SS-Manns Mulka (Adjutant des Kommandanten Höß) vom 29. Januar 1943.
210. APMO, PW 30/34, S. 100 (Brief Bischoff), S. 101 u. 102 (Bericht von Prüfer) [auch ZAM, 502-1-313], S. 105 u. 106 (Bericht von Kirschneck); auch AOR, 7021-108-32, S. 51 bis 54 (Kopien).
211. ZAM, 502-1-327, Rechnung der Topf Nr. 1314 vom 23. August 1943.
212. ZAM, 502-1-327, Mahnung der Topf vom 16. April 1943 bzgl. der Verträge 43/145/1, -/2, -/3 (zwei elektrische Aufzüge und ein provisorischer).
213. Für Krematorium VI, Kopie des Kostenvoranschlags vom 1. April 1943, D 133 (S. 351) in *Macht ohne Moral* (wie Anm. 28). Über den Verbleib des Originals ist nicht bekannt.
214. ZAM, 502-2-27, Kostenvoranschlag der Topf vom 5. Februar 1943 (für BW 32, die »Zentral Sauna«).
215. ZAM, 502-1-332, Brief der Kori und Kostenvoranschlag vom 2. Februar 1943. In 502-2-148 der Plan der »Kori-Entlausungs-Anlage«, zum Teil zerrissen und undatiert, der ursprünglich dem Kostenvoranschlag beilag.
216. APMO, BW 30/34, S. 97 u. 98 (handschriftliche Notizen).
217. APMO, BW 30/34, S. 84 und auch BW 30/27, S. 29.
218. APMO, BW 30/25, S. 8.
219. APMO, BW 30/34, S. 84 und BW 30/27, S. 29, a.a.O.
220. ZAM, 502-1-332, Brief des SS-Manns Pollok (Bauleitung von Auschwitz) vom 12. Februar 1943 an den SS-Mann Dr.-Ing. Kammler in Berlin.
221. APMO, BW 30/34, S. 48.
222. APMO, BW 30/34, S. 55.
223. APMO, Henryk Taubers Aussage (wie Anm. 203).
224. APMO, BW 30/25, S. 7.
225. ZAM, 502-1-311, Rechnung der Topf Nr. 717 vom 24. Mai 1943.
226. ZAM 502-1-327, Mahnung der Topf vom 18. Dezember 1943.
227. APMO, BW 30/41, S. 28.
228. *Kalendarium* ... (wie Anm. 107), S. 440. (Die von Czech angegebene Zahl »etwa 2000« ist möglicherweise zu hoch und beruht lediglich auf einer Zeugenaussage. Es ist möglich, daß diese Zahl eher bei 1500 liegt, was 1000 »Arbeitsunfähige« und 500 »Arbeitsfähige« ergeben würde.)
229. ZAM, 502-2-54, S. 8.
230. APMO, Henryk Taubers Aussage (wie Anm. 203).

# X. Anlieferung und Umwandlung der Krematorien von Birkenau

231.  ZAM, 502-2-54, Übergabeverhandlung vom 19., unterschrieben am 22. März 1943.

232.  ZAM, 502-1-281, Brief des SS-WVHA Berlin vom 14. Juni 1944 und APMO, BW 30/43, S. 31 und 32.

233.  APMO, BW 30/28, S. 73 und 68.

234.  *L'Album d'Auschwitz*, The Beate Klarsfeld Foundation, 1980, Foto Nr. 112 (Blick auf die Nordfassade des Krematoriums IV im Hintergrund).

235.  Diese Schlußfolgerung ergibt sich aus dem unterschiedlichen Abstand (etwa 35 cm) zwischen den Achsen der beiden Muffeln der Baueinheit des Topf-Achtmuffelofens des Krematoriums IV und V. Die Messungen wurden anhand der Reste des Ofens in den Ruinen des Krematoriums V in Birkenau vorgenommen, ebenso wie anhand des Fotos APMO, Neg. Nr. 888, das den Metallrahmen des Ofens im Krematorium IV zeigt. (Da das Gebäude im Oktober 1944 abgetragen wurde, wurden die Ofenteile auf dem Bauhof gelagert, und so wurden sie bei der Befreiung des Lagers vorgefunden.)

236.  APMO, BW 30/34, S. 42.

237.  *Auschwitz vu par*... (wie Anm. 55): *Les mémoires de Rudolf Höß*, S. 128; vgl. *Kommandant*... (wie Anm. 132), hier S. 249; die endgültige Stillegung wird zweimal erwähnt.

238.  *Kalendarium*... (wie Anm. 107), S. 445.

239.  APMO, BW 30/25, S. 8.

240.  ZAM, 502-2-54, Übergabeverhandlung vom 31. März 1943.

241.  ZAM, 502-1-281, Brief des SS-WVHA Berlin vom 23. Juni 1944.

242.  ZAM, 502-2-54, S. 8 (wie Anm. 240).

243.  APMO, BW 30/25, S. 14.

244.  APMO, BW 30/26, S. 27.

245.  APMO, BW 30/34, S. 40.

246.  Prüfers Anwesenheit an jenem 19. Mai in Auschwitz wird belegt durch seine Unterschrift im »Quittungsbuch über ausgegebene Lichtpausen« der Bauleitung (APMO).

247.  ZAM, 502-2-26, Brief und Kostenvoranschlag der Topf vom 9. Juni 1943.

248.  ZAM, 502-1-313, Brief von Köhler vom 21. Mai 1943.

249.  APMO, BW 30/34, S. 38.

250.  ZAM, 502-2-54, Übergabeverhandlung am 24. Juni 1943.

251.  ZAM, 502-2-54, S. 87.

252.  ZAM, 502-1-324 und APMO, BW 30/42, S. 2, Brief der Bauleitung vom 28. Juni 1943.

253.  *Auschwitz vu par*... (wie Anm. 55): *Les mémoires de Rudolf Höß*, S. 129; dt. Zit. nach: *Kommandant*... (wie Anm. 132), S. 250.

254.  APMO, BW 30/34, S. 17.

255. APMO, BW 30/25, S. 11 und 12.

256. Die Begriffe »Sondermaßnahme« und »Sonderbaumaßnahmen« beziehen sich auf Maßnahmen im Sanitär- oder Baubereich (z. B. Wasserversorgung, Hygienemaßnahmen für die Gefangenen etc.) Die »Zentral Sauna« gehörte zu den »Sonderbaumaßnahmen« (ZAM, 502-1-336, Brief der Bauleitung vom 4. Juni 1943). Diese Begriffe stehen in keinem verbrecherischen Zusammenhang, wie man es vielleicht annehmen könnte.

257. Tadeusz Szymanski, Danuta Szymanska und Tadeusz Snieszko, »L'hôpital du camp des Tziganes in Auschwitz-Birkenau«, *Anthologies bleues* des CIA, Warschau 1969, Bd. II, 2. Teil (auf polnisch *in Przeglad Lekarski* Nr. 1/1965), S. 18, über den Beginn der Fleckfieber-Epidemie.

258. ZAM, 502-1-336, Brief der Bauleitung (ZA Jährling) vom 4. Juni 1943.

259. APMO, Plan der Bauleitung Nr. 2437 vom 31. Mai 1943, »Entwesungs-Baracke im KGL«, und Foto Neg. Nr. 20995/420; ZAM 502-1-336, Gebrauchsanleitung für die Heißluftzellen, eingegangen am 2. Juli 1943.

260. ZAM, 502-1-333, Aktenvermerk des SS-WVHA vom 10. Juni 1943. Die Tatsache, daß die Archive der ehemaligen Bauleitung Auschwitz vom KGB »geheimgehalten« wurden, wobei sie ebensogut in das Archivzentrum »Oktoberrevolution« hätten aufgenommen werden können, das für Historiker »offener« war, könnte sich – doch das ist nur eine Hypothese – durch diese experimentelle Siemens-Entlausungsanlage erklären, die die Sowjets 1945 entdeckt hatten. Sie wurde sogleich demontiert und in die UdSSR geschickt. Seither war die Versuchsanlage aus der »Erinnerung« von Auschwitz gelöscht, sowohl in den Zeugenaussagen der ehemaligen SS-Häftlinge, als auch in den Akten der Bauleitung, die zurückgeblieben waren. Durch die Öffnung der KGB-Archive im Jahr 1990 konnte ihre Existenz aufgedeckt werden.

261. ZAM, 502-1-333, Aktenvermerk des SS-Manns Kirschneck vom 1. Juli 1943.

262. ZAM, 502-1-333, Brief der Siemens vom 24. Juli 1943.

263. ZAM, 50s-1-333, Aktenvermerk des ZA Jährling vom 12. August 1943.

264. ZAM 502-1-333, Bauantrag (für BW 160) der Bauleitung vom 16. August 1943 und Brief des Amtsleiters C III des SS-WVHA vom 19. August.

265. ZAM, 502-1-324, Brief des SS-Manns Bischoff vom 16. Juli 1943.

266. ZAM, 502-1-336, Brief des SS-Untersturmführers Schwarzhuber vom 22. Juli 1943.

267. ZAM, 502-1-336, Brief des SS-Manns Janisch vom 4. August 1943.

268. ZAM, 502-1-232, Hausverfügung Nr. 125 des SS-Manns Pollok vom 16. August 1943.

269. ZAM, 502-2-60a, Verkauf von Pferden aus der landwirtschaftlichen

Abteilung des Lagers durch die »Verband Schleswiger Pferdezuchtverbände e.V.« (mit Liste der gekauften Pferde).
270. ZAM, 502-1-233, Aktenvermerk des SS-Manns Kirschneck vom 17. August 1943.

## XI. Grauen, Bürokratismus und Spurenvernichtung

271. SAW, Belegschaft der Topf laut Bilanz vom 31. Dezember 1943, erstellt von Dr. Zerban-Jähnert aus Erfurt.
272. ZAM, 502-1-313, Brief der Topf und beigefügte Anlagen vom 20. August 1943.
273. ZAM, 502-1-327, undatierter handschriftlicher Vermerk (Ende Dezember 1943), von SS-Oberscharführer Wegener (Leiter des Bauhofs) gegengezeichnet.
274. ZAM, 502-1-333, Aktenvermerk des SS-Unterscharführers Swoboda vom 28. Oktober 1943.
275. ZAM, 502-1-333, Aktenvermerk des SS-Unterscharführers Swoboda vom 11. Dezember 1943.
276. ZAM, 502-1-333, Telegramm von Swoboda an den SS-Mann Pambor vom 15. Februar 1944.
277. ZAM, 502-1-333, Telegramm des ZA Jährling an die Boos vom 7. März 1944.
278. ZAM, 502-1-333, Brief von Friedrich Boos vom 4. Mai 1944.
279. ZAM, 502-1-333, Brief der Boos an die Tesch & Stabenow vom 4. Mai 1944.
280. ZAM, 502-1-333, Brief des SS-Arztes Dr. Wirths vom 20. Mai 1944.
281. ZAM, 502-1-333, eingeschriebener Brief des ZA Jährling vom 8. Juni 1944.
282. ZAM, 502-1-333, Brief der Tesch & Stabenow vom 13. Juni 1944.
283. ZAM, 502-1-354, Brief und Kostenvoranschlag von Ewald Berninghaus vom 9. Juli 1942.
284. ZAM, 502-1-354, Brief des ZA Teichmann vom 5. Mai 1944.
285. ZAM, 502-1-354, Bestätigungsschreiben des ZA Jährling vom 20. Juni 1944.
286. ZAM, 502-1-333, Brief des SS-Manns Jothann vom 21. November 1944.
287. ZAM, 502-1-333, Telegramm des SS-Manns Kammler vom 25. Mai 1944.
288. ZAM, 502-1-332, Brief des SS-Manns Swoboda vom 7. November 1944.
289. APMO, BW 30/34, S. 18, dann ZAM, 502-1-313, Telegramm der

Bauleitung vom 12. Mai 1944, und schließlich ZAM, 502-1-327, Brief des SS-Manns Betzinger (Buchhaltung) vom 15. Juni 1944.

290. ZAM, 502-1-327, Brief des SS-Manns Betzinger vom 13. Juni 1944, 3. Absatz.

291. ZAM, 502-1-327, Rechnung u. Kostenvoranschlag der Topf vom 23. Dezember 1943.

292. AOR, sowjetischer Plan im Maßstab 1:1000 vom 3. März 1945 von Bunker 2 (»Standort der Gaskammern Nr. 2 und Einäscherungsgrube in Birkenau«).

293. Hermann Langbein, *Der Auschwitz-Prozeß. Eine Dokumentation,* Band I, Europa Verlag, Wien 1965, S. 88.

294. ZAM, 502-1-232, Aktenvermerk des SS-Manns Jothann vom 17. Juni 1944.

295. ZAM, 502-1-333, Brief des SS-Arztes Dr. Wirths vom 10. August 1944.

296. ZAM, 502-1-314, aufgrund des Briefes der Bauleitung Rußland-Mitte vom 2. Juni 1943, handschriftliche Anmerkungen des ZA Jährling vom 31. Januar und 21. Februar 1944.

297. ZAM, 502-1-314, Brief vom 11. August 1944.

298. APMO, Foto Neg. Nr. 888.

299. ZAM, Aktenvermerk vom 7. Dezember 1944.

300. *Kalendarium...* (wie Anm. 107), S. 981 und Erklärung von Otto Klein, einer ehemaligen Versuchsperson bei den Zwillingsexperimenten des SS-Arztes Mengele, die dieser dem Autor gegenüber Ende 1986 in Birkenau während der Dreharbeiten für eine Sendung des Fernsehens der französischen Schweiz machte: Magazin *Temps présent,* »A propos de l'affaire Paschoud: Les faussaires de l'histoire« [»Zur Affäre Paschoud: Die Geschichtsfälscher«] (wurde am 19. Februar 1987 um 20.05 h ausgestrahlt).

301. Otto Wolken, »La libération du camp de concentration d'Auschwitz-Birkenau«, *Anthologies bleues* des CIA, Warschau 1969, Band II, 2. Teil, S. 102 (auf polnisch in *Przeglad Lekarski* Nr. 1/1965).

302. Die Gesamtzahl von 800000 Opfern, die in der französischen Ausgabe des vorliegenden Buches (September 1993) angegeben wird, basierte auf der von F. Piper genannten Zahl der nach Auschwitz-Birkenau deportierten ungarischen Juden. Eine kritische Analyse der beiden Ausgaben des *Kalendariums* ... von D. Czech (wie Anm. 107) führte zu einer Berichtigung, wobei die Zahl der tatsächlich in Auschwitz-Birkenau eingetroffenen Transporte ungarischer Juden im Jahre 1944 berücksichtigt wurde, und zwar auf der Grundlage des aktuellen historischen Kenntnisstandes.

303. SAW, 2/555 a, Notiz der Personalabteilung der Topf vom 18. Juni 1945.

304. SAW, 211, S. 3, Bilanz der Firma Topf für das Jahr 1945, und LK 4651, Brief des Oberbürgermeisters von Erfurt vom 7. Februar 1946.

305. SAW, 2/555 a, Vermerk vom 18. Juni 1945 (wie Anm. 303).

306. SAW, 2/555, Bericht des Gustav Braun vom 11. Oktober 1945.

307. Nach Studium der Personalakte von Kurt Prüfer, in der alle nach März 1941 ausgehandelten Verträge fehlen (dies trifft nicht auf Paul Erdmanns Akte zu).

308. AGB, 64-0-2, Brief von Ernst-Wolfgang Topf vom 25. September 1945.

309. IHK Wiesbaden, Akte der Firma Topf vom 6. Januar 1948.

310. SAW, 2/555, Bericht des Gustav Braun vom 11. Oktober 1945 (wie Anm. 306).

311. SAW, in 2/555 (Kurt Prüfer) und 2/381 (Gustav Braun), Anmerkungen vom 24. April 1946 von Machemehl, Sekretär der Topf-Geschäftsleitung.

312. SAW, Personalakte des Paul Erdmann (Akte 2/938 und 2/938 a): Personalfragebogen für die Nagema vom 12. Oktober 1949.

313. Die *Prawda* Nr. 109 vom 7. Mai 1945. Französische Übersetzung des Artikels in *Forfaits hitlériens. Documents officiels,* Cahier de Traits 6–7, Trois collines, Genf–Paris, 1945 mit dem Titel »Oswiecim (Auschwitz)«, S. 277–310, auf S. 309 über Prüfer Absatz: »Ceux qui devront rendre comptes de leurs crimes«, und APMO, BW 30/25, S. 11 u. 12 (wie Anm. 255).

314. Informationen von Gerald Fleming (London), und für Gustav Braun: ZAM, Internierungsakte Nr. 236334.

315. IHK Wiesbaden, Akte der Firma Topf, Verfügung vom 19. Mai 1963.

316. INIP, deutsches Patent, Klasse 24 d, Gruppe 1, Nr. 861731, angemeldet am 24. Juni 1950 für die Firma J. A. Topf und Söhne in Wiesbaden.

317. Victor Débuchy, *L'étrange histoire des armes sectètes allemandes,* Editions France-Empire, 1978, S. 338.

318. Zum erstenmal seit 1945 haben die Sowjets Dokumente aus dem heutigen ZAM zur Verfügung gestellt, eine Organisation, die es zu jener Zeit offiziell nicht gab, da es sich um die »Zentralen Sonderarchive«, das heißt um die des KGB, handelte.

# Chronologischer Überblick

### 1928
*30. Oktober:* In Deutschland melden die Ingenieure Hans Volckmann und Karl Ludwig das Patent für einen Einäscherungsofen ohne Rekuperator an, der mit kalter Druckluft arbeitet. Titel: *»Verfahren und Vorrichtung zur Einäscherung«.*

### 1933
*28. Februar:* Unterzeichnung der »Notverordnung zum Schutz von Volk und Staat«, die die Schutzhaft politischer Gegner zur Folge hat.

*22. März:* Einrichtung des KL Dachau (bei München).

### 1934
Die Abteilung »Krematoriumsbau« der Firma J. A. Topf und Söhne aus Erfurt, deren Leitung dem Ingenieur Kurt Prüfer untersteht, entwickelt einen Einmuffel-Einäscherungsofen ohne Rekuperator, der mit warmer Druckluft arbeitet und mit Gas beheizt wird.

### 1935
Die Firma Topf aus Erfurt installiert sieben Öfen ihres Modells von 1934.

### 1936
*Juli:* Einrichtung des KL Sachsenhausen (im Norden Berlins).

### 1937
*Juni:* Unterbreitung eines Angebots für einen Einmuffel-Einäscherungsofen mit Koksfeuerung und Druckluftvorrichtung von der Firma Walter Müller aus Allach für das KL Dachau. Mit diesem Ofen kann fortlaufend unter Verwendung von wenig Brennstoff eingeäschert werden. Der Entwurf wurde nicht realisiert.

*Juli:* Einrichtung des KL Buchenwald (östlich von Weimar).

147

## 1938

| | |
|---|---|
| *Mai:* | Einrichtung des KL Flossenbürg (an der tschechischen Grenze, zwischen Bayreuth und Pilsen). |
| *18. Juli:* | Die Bauleitung Buchenwald fordert die KL-Inspektion in Berlin auf, im Lager ein Krematorium zu errichten. |

## 1939

| | |
|---|---|
| *März:* | Einrichtung des KL Mauthausen (nahe bei Linz in Österreich). |
| *April:* | Der SS-Mann Oswald Pohl übernimmt die Leitung des »SS-Hauptamts Haushalt und Bauten« (SS-HHB) und des »SS-Hauptamts Verwaltung und Wirtschaft« (SS-HVW). |
| *November:* | Das SS-HHB bestellt einen mobilen, ölbeheizten Doppelmuffelofen bei der Firma Topf in Erfurt für das KL Dachau. |
| *Dezember:* | Das SS-HHB bestellt einen stationären Doppelmuffelofen bei der Firma Topf für das KL Buchenwald. |
| *6. Dezember:* | Der Ingenieur Kurt Prüfer meldet ein Patent mit dem Titel »*Einäscherungs-Ofen mit Doppelmuffel*« an. (Das Patent wird bei der Bombardierung Berlins vernichtet.) |
| *21. Dezember:* | Kostenvoranschlag der Topf für den Bau eines Doppelmuffelofens für das KL Buchenwald, der mit Koks oder Öl beheizt werden kann. |
| *Ende 1939:* | Installierung eines mobilen, ölbeheizten Topf-Doppelmuffelofens im KL Dachau. |

## 1940

| | |
|---|---|
| *Januar:* | Bau des stationären, ölbeheizten Topf-Doppelmuffelofens im KL Buchenwald. |
| *21. Februar:* | Es wird die Entscheidung gefällt, in Auschwitz ein Quarantänelager für 10000 polnische Häftlinge einzurichten. |
| *März:* | Das SS-HHB in Berlin bestellt bei der Topf zwei mobile Doppelmuffelöfen mit Ölbefeuerung, einen für das KL Flossenbürg, den anderen für das zukünftige KL Auschwitz. |
| *April:* | Installierung von zwei mobilen Einmuffelöfen mit Ölbefeuerung im KL Sachsenhausen durch die Firma Heinrich Kori aus Berlin. |
| *29. April:* | Der SS-Hauptsturmführer Rudolf Höß wird zum Kommandanten des zukünftigen KL Auschwitz ernannt. |
| *Mai:* | Gründung einer neuen Bauleitung für Auschwitz, deren Führung SS-Unterscharführer Schlachter übernimmt. |
| *5. Mai:* | Im KL Mauthausen wird ein stationärer Einmuffelofen mit Koksbefeuerung der Firma Heinrich Kori aus Berlin in Betrieb genommen. |

| | |
|---|---|
| *10. Mai:* | Die deutschen Streitkräfte greifen im Westen an. Flüssige Brennstoffe werden rationiert. |
| *20. Mai:* | Die ersten 30 Häftlinge treffen in Auschwitz ein. Es sind deutsche Kriminelle, die die zukünftigen polnischen Häftlinge des Lagers mit beaufsichtigen sollen. |
| *27. Mai:* | Anfrage der Bauleitung Auschwitz bei der Firma Topf, die vorhandene Ölbefeuerung des Doppelmuffelofens durch eine Beheizung mit Koks zu ersetzen. |
| *5. Juni:* | Die Abteilung II des SS-HHB weist die Bauleitungen der KL wegen der Rationierung von gasdichten Materialien an, keine Entlausungsanlagen auf der Basis von Cyanwasserstoff einzurichten, sondern statt dessen solche zu verwenden, die mit Heißluft arbeiten. |
| *28. Juni:* | Beginn der Arbeiten für das Krematorium [I] von Auschwitz. |
| *Juli:* | Umbau des Topf-Doppelmuffelofens im KL Buchenwald auf Koksfeuerung durch Anbringen von zwei Generatoren auf der Rückseite des Ofens. |
| *5. Juli:* | Die Bauleitung Mauthausen informiert die Topf, daß der Ofen, der für Flossenbürg bestimmt war, in Gusen aufgestellt werden soll. |
| | Zwei Vorarbeiter der Topf beginnen mit den Aufbauarbeiten des ersten stationären Topf-Doppelmuffelofens mit Koksbefeuerung im Krematorium [I] von Auschwitz. Einer von ihnen ist Wilhelm Koch. |
| *5./11. Juli:* | Erste Verwendung von Zyklon B in den Unterkünften der SS-Wachmannschaften von Auschwitz, um Ungeziefer zu beseitigen. Gegen den Inhalt des Rundschreibens vom 5. Juni wird nicht verstoßen, da der Cyanwasserstoff dazu verwendet wird, um ein Gebäude auszuräuchern, und nicht, um Kleidungsstücke zu entlausen. |
| *25. Juli:* | Der Aufbau des ersten stationären Topf-Doppelmuffelofens mit Koksbefeuerung im Krematorium [I] von Auschwitz ist beendet. |
| *Anfang August:* | Errichtung des Schornsteins von Krematorium [I] in Auschwitz. |
| *15. August:* | Erste Einäscherung eines Häftlings in Auschwitz. |
| *Ende Oktober:* | Der Ingenieur Prüfer der Topf fährt nach Mauthausen. SS-Oberscharführer Büchner von der Bauleitung bestellt bei ihm zwei weitere Topf-Öfen: einen Ofen Typ »Auschwitz« für Gusen und einen weiteren für Mauthausen, wußte aber noch nicht, ob einen Einmuffel- oder einen Doppelmuffelofen. |
| *7. November:* | Die Bauleitung Auschwitz bestellt bei der Topf in Erfurt |

| | |
|---|---|
| | einen zweiten Doppelmuffelofen mit Koksbefeuerung für das Krematorium [I]. |
| *19. November:* | Der Ingenieur Prüfer fährt nach Auschwitz, um dort den vorgesehenen Standort für den zweiten Doppelmuffelofen und für die gemeinsame Entlüftung des Sezier- und Leichenraums im Krematorium [I] zu besichtigen. |
| *Dezember:* | Umbau des mobilen Topf-Ofens des KL Dachau auf Koksbefeuerung durch seitliches Anbringen von zwei Generatoren durch den Vorarbeiter August Willing. |
| *9. Dezember:* | Erster Entwurf zur Entlüftung des Krematoriums [I] von Auschwitz (Sezier- und Leichenraum), der von Ingenieur Karl Schultze der Topf vorgelegt wird. |
| *26. Dezember:* | August Willing beginnt mit dem Aufbau des mobilen Topf-Doppelmuffelofens und dem seitlichen Anbringen der Koksgeneratoren in Gusen (Nebenlager von Mauthausen). |

## 1941

| | |
|---|---|
| *13. Januar:* | Der erste Topf-Ofen des Krematoriums [I] von Auschwitz weist Schäden auf. |
| *20. Januar:* | Reparatur des ersten Topf-Ofens und Beginn des Aufbaus des zweiten Topf-Doppelmuffelofens mit Koksfeuerung im Krematorium [I] von Auschwitz. |
| *21. Januar:* | Die Bauleitung von Auschwitz lehnt den Entwurf zur Entlüftung des Krematoriums [I] der Topf ab und verlangt einen neuen, der den Ofenraum mit einbezieht. |
| *3. Februar:* | Zweiter Entwurf zur Entlüftung des Krematoriums [I] von Auschwitz von Ingenieur Schultze (Sezier-, Leichen- und Ofenraum). |
| *4. Februar:* | Ende der Aufbauarbeiten des Topf-Doppelmuffelofens mit Koksbefeuerung in Gusen. |
| *15. Februar:* | Die Bauleitung von Auschwitz lehnt den zweiten Entwurf Schultzes ab. Die abgesaugte Luft soll nicht durch einen separaten Kamin, sondern durch den Rauchabzug des Ofenraums abgeleitet werden. |
| *22. Februar:* | Ende der Aufbauarbeiten des zweiten Topf-Ofens im Krematorium [I]. |
| *23. Februar/ 1. März:* | Montage einer provisorischen Entlüftung durch die Firma Friedrich Boos aus Köln-Bickendorf im Krematorium [I] von Auschwitz (Leichen- und Ofenraum; der Sezierraum erhält ein Gebläse). |
| *24. Februar:* | Dritter Entwurf zur Entlüftung des Krematoriums [I] von Auschwitz von Ingenieur Schultze. Die abgesaugte Luft des Sezier-, Leichen- und des Ofenraums wird durch ein Sammelrohr zum Schornstein des Ofenraums geführt. |

| | |
|---|---|
| *1. März:* | Himmler inspiziert zum ersten Mal Auschwitz. Er sieht als Belegung des KL 30000 Gefangene vor und ordnet den Bau eines Lagers für 100000 Kriegsgefangene in Birkenau an. |
| *6. April:* | 1249 Häftlinge aus Lublin treffen in Auschwitz ein. Einige haben Fleckfieber. Die SS isoliert sofort die Infizierten und verhindert somit ein Ausbreiten der Krankheit im Lager. |
| *8. Mai:* | Bauleiter Büchner aus Mauthausen entscheidet sich für den Topf-Doppelmuffelofen mit Koksfeuerung, Typ »Auschwitz«, für Mauthausen. |
| *Juni:* | Hans Kammler, Baudirektor und Oberregierungsrat im Reichsluftfahrtministerium, wird im Juni 1941 zum Leiter der Abteilung II des SS-HHB (Bauten) ernannt. |
| *22. Juni:* | Angriff der deutschen Streitkräfte im Osten. |
| *23./28. Juni:* | Als Folge einer zu intensiven Nutzung wird das Krematorium [I] von Auschwitz außer Betrieb gesetzt, sein Schornstein zeigt Risse. Die Risse werden ausgebessert und der Schornstein mit Eisenbändern ummantelt. |
| *3. Juli:* | Ungeachtet des Verbotes, mit Cyanwasserstoff zu entlausen, und aufgrund einer Empfehlung der Firma Boos aus Köln-Bickendorf, fordert die Bauleitung von der Firma Heerdt-Lingler GmbH aus Frankfurt a. M. zwei Sonderdrucke von Artikeln an: einer ist von Dr. Gerhard Peters und E. Wüstinger von der Firma Degesch. Dieser Artikel war Ende 1940 in der *Zeitschrift für hygienische Zoologie und Schädlingsbekämpfung* zum Thema »Entlausung mit Zyklon Blausäure in Kreislauf-Begasungskammern« erschienen. Der andere stammt von M. Kaiser aus der *Wiener klinischen Wochenschrift* mit dem Titel »Zweck und Ziel der gesundheitlichen Überwachung größerer Menschenmengen aus seuchenverdächtigen Gegenden (Fleckfieberverhütung durch das Zyklonverfahren)«. In dem Artikel der Mitarbeiter der Firma Degesch wird eine Entlausungsanlage vorgestellt, die aus 8 Gaszellen à 10 m$^3$ besteht, die nebeneinander angeordnet sind. Pro Durchlauf wird eine Menge von 200 g Cyanwasserstoff empfohlen, das ergibt eine Konzentration von 20 g/m$^3$. |
| *18. August:* | Der neue Bauleiter von Mauthausen, der SS-Obersturmführer Naumann, storniert die Bestellung von zwei Topf-Doppelmuffelöfen seines Vorgängers. |
| *28. August:* | Nach einer Rückfrage der Topf stimmt der Bauleiter von Mauthausen der Lieferung eines Ofens zu, will aber keinen zweiten. |
| *16. September:* | Die Bauleitung von Auschwitz bestellt bei der Topf in |

|                    | Erfurt die Einrichtung eines dritten Doppelmuffelofens für das Krematorium [I] von Auschwitz. |
| --- | --- |
| *24. September:* | Bauleiter Naumann von Mauthausen fragt wegen der Reperatur des defekten Ofens von Gusen an. |
| *25. September:* | Ingenieur Prüfer erstellt einen Kostenvoranschlag für den dritten Topf-Ofen, und Ingenieur Schultze erarbeitet einen vierten Entwurf für die Entlüftung des Krematoriums [I] von Auschwitz. |
| *1. Oktober:* | Berufung des SS-Hauptsturmführers Karl Bischoff an die Spitze einer »Sonderbauleitung für den Aufbau eines Kriegsgefangenenlagers« in Birkenau für 125 000 Menschen. |
| *11. Oktober:* | August Willing beginnt mit der Reparatur des Ofens von Gusen. |
| *16. Oktober:* | SS-Oberscharführer Heider vom SS-HHB befiehlt Bauleiter Naumann von Mauthausen den Kauf des zweiten, im August abbestellten Topf-Ofens. |
| *21./22. Oktober:* | Erste Unterredung zwischen dem SS-Mann Bischoff und dem Ingenieur Prüfer wegen der Errichtung eines neuen Krematoriums für das KL Auschwitz (Stammlager) und das KGL Birkenau. Prüfer schlägt eine Krematoriumsstätte mit fünf Topf-Dreimuffelöfen vor, die mit Koks befeuert und mit Druckluft betrieben werden. Das ergibt fünfzehn Einäscherungskammern, in denen man theoretisch 1440 Leichen in 24 Stunden verbrennen könnte. Er kümmert sich auch um die Lüftung des Gebäudes, das zwei Leichenkeller bekommen soll, von denen der eine belüftet und der andere zugleich be- und entlüftet werden soll. Er läßt Bischoff zwei Entwürfe der zukünftigen Anlage da. |
| *24. Oktober:* | Der SS-Rottenführer Walter Dejaco fertigt zwei Baupläne für das neue Krematorium des Stammlagers an. |
| *November:* | Der zivile Architekt Werkmann des SS-HHB in Berlin zeichnet zwei weitere Pläne für das neue Krematorium des Stammlagers. |
| *Anfang/Ende November:* | Eine Sonderkommission der Gestapo aus Kattowitz teilt die sowjetischen Kriegsgefangenen, die seit dem 7. Oktober in Auschwitz eintreffen, in verschiedene Kategorien ein, um unter ihnen ›gefährliche Elemente‹ ausfindig zu machen. |
| *4. November:* | Die Topf erstellt Kostenvoranschläge für die fünf Öfen und die Lüftung des neuen Krematoriums von Auschwitz. |
| *Mitte November:* | Prüfer wird vom SS-Sturmbannführer Wirtz des SS-HHB nach Berlin bestellt. Wirtz beauftragt Prüfer mit dem Bau einer »Einäscherungsstätte« in Mogilew (Rußland-Mitte), um die Leichen der Fleckfieberopfer zu verbrennen. Der |

|  | Ingenieur schlägt vor, dort vier Stück Doppel-Viermuffel-öfen, d. h. 32 Einäscherungskammern zu bauen, was genehmigt wird. |
|---|---|
| 20. November: | August Willing schließt die Reparaturarbeiten am Ofen in Gusen ab. |
|  | Der Vorarbeiter Albert Mähr beginnt mit der Arbeit am Fundament des dritten Doppelmuffelofens im Krematorium [I] von Auschwitz. |
| Ende November: | Die Sonderkommission der Gestapo hat ihre Aufgabe beendet. Die politisch Belasteten und die »fanatischen« Kommunisten sollen auf Grund einer Direktive der Militär- und Polizeibehörden Berlin vom 17. Juli 1941 liquidiert werden. |
| 1. Dezember: | Bischoff legt seine Sonderbauleitung für das KGL mit der Bauleitung des KL zusammen, um die »Zentralbauleitung der Waffen-SS und Polizei, Auschwitz O/S« zu bilden. Auf diese Weise kann er Bauleiter Schlachter ausschalten. |
| 4. Dezember: | Das Fundament für den dritten Ofen des Krematoriums [I] von Auschwitz ist fertig, doch die Arbeiten müssen unterbrochen werden, da die Schamotte (hitzebeständiges Material) fehlt. |
| 5./Ende Dezember: | Erste Tötung durch Giftgas in den Kellern von Block 11 des KL Auschwitz. Unheilbar Kranke und »fanatische« Kommunisten fielen ihr zum Opfer. Die Tötung durch Einstreuung von Zyklon B soll sich zwei Tage lang hingezogen haben. |
| 30. Dezember: | Lieferung der Hälfte eines Topf-Viermuffelofens nach Mogilew, der anschließend aufgebaut wird. |
|  | Entwurf einer Blausäure-Entlausungsanlage mit 19 Zellen à 10 m$^3$ für die Häftlingsaufnahme des Stammlagers. |

### 1942

|  |  |
|---|---|
| Januar: | Umbau des entlüfteten Leichenraums des Krematoriums [I] von Auschwitz in eine Gaskammer, um somit leichter die Liquidierung der »fanatischen« Kommunisten und der unheilbar Kranken mittels Einstreuen von Zyklon B fortführen zu können. Geschah sporadisch bis Ende April. |
| 3. Januar: | Die Schamotte für den dritten Topf-Ofen des Krematoriums [I] trifft in Auschwitz ein. |
| Mitte Januar/ Anfang Februar: | Der SS-Unterscharführer Ulmer zeichnet acht Pläne für das neue Krematorium von Auschwitz, das in das Stammlager integriert werden soll. |
| 20. Januar: | Wannsee-Konferenz in Berlin über die Umsiedlung der Juden in den Osten. |

153

| | |
|---|---|
| *31. Januar:* | Unterredung zwischen Prüfer und Bischoff über die Einrichtung eines provisorischen Krematoriums im KGL Birkenau. Es soll mit zwei vereinfachten Dreimuffelöfen ohne Druckluft ausgestattet werden. |
| | Der SS-Untersturmführer Maximilian Grabner von der Politischen Abteilung des KL Auschwitz nutzte Prüfers Anwesenheit im Lager dazu, um die Bauleitung aufzufordern, den defekten zweiten Ofen des Krematoriums [I] reparieren zu lassen. |
| *1. Februar:* | Einrichtung des SS-Wirtschaftsverwaltungshauptamtes (SS-WVHA), das unter der Leitung von Oswald Pohl steht und durch die Zusammenlegung des SS-HHB und des SS-HVW entstanden ist. |
| *27. Februar:* | SS-Oberführer Hans Kammler vom SS-WVHA, der direkte Vorgesetzte von Bischoff, inspiziert die Zentralbauleitung in Auschwitz. Es wird beschlossen, das neue Krematorium des Stammlagers nach Birkenau zu verlegen und den Plan eines Krematoriums mit vereinfachten Dreimuffelöfen fallenzulassen. |
| *10. März:* | Ingenieur Schultze von der Topf legt einen neuen Plan für die Lüftungsanlage des zukünftigen Krematoriums vor. Die Leistungsfähigkeit der Gebläse für die Be- und Entlüftung hat sich, verglichen mit dem ersten Entwurf, praktisch verdoppelt. |
| *11. März:* | Es wird trotz allem weiter in den Lagern mit Zyklon B entlaust, obwohl das SS-WVHA in Berlin mit Zustimmung des Direktors des Zentralen Hygieneinstituts, SS-Obersturmbannführer Mrugowsky, lediglich die Entlausung mit Heißluft oder Dampf genehmigt, solange die behelfsmäßigen Anlagen nicht über die notwendigen Sicherheitsvorrichtungen verfügen. Es wird noch einmal daran erinnert, daß die Verwendung von Cyanwasserstoff in den Entlausungsanlagen unterbleiben soll. |
| *30. April:* | In Auschwitz trifft die gesamte Entlüftungsanlage der Topf für das Krematorium [I] ein. Sie wird niemals installiert. Die Lieferung enthält auch Eisen-Metallteile für einen Doppelmuffelofen in Mauthausen, die irrtümlich nach Auschwitz geschickt wurden. |
| *Anfang Mai:* | Es wird wieder am Aufbau des dritten Doppelmuffelofens für das Krematorium [I] in Auschwitz gearbeitet. |
| | Der Polier Martin Holik beginnt mit dem Aufbau von zwei Dreimuffelöfen der Topf (gleiches Modell wie in Auschwitz) im neuen Krematorium des KL Buchenwald. |
| *Im Mai:* | Umbau eines kleinen Gehöfts in Birkenau. Die Gaskammer |

154

des Krematoriums [I] wird wegen der anfallenden Bauarbeiten dorthin verlegt. Die Anlage, die später als »Bunker 1« bezeichnet werden wird, besteht aus zwei Kammern und verfügt über keine mechanische Lüftung. Die Leichen der Vergasten werden in ausgehobenen Massengräbern auf einer Lichtung im Birkenwald verscharrt.

*17. Mai:* Ein Kommando von 100 Häftlingen beginnt mit den Erdarbeiten für das neue Krematorium in Birkenau.

*30. Mai:* Inbetriebnahme des dritten Doppelmuffelofens des Krematoriums [I] des Stammlagers. Die Umreifung des Schornsteins löst sich, und es haben sich bereits Risse gebildet. Der Schornstein ist bei starkem Wind einsturzgefährdet.

*Anfang Juni:* Himmler bestellt Höß zu sich nach Berlin. Der Reichsführer SS setzt ihn davon in Kenntnis, daß sein Lager für die Judenvernichtung ausgewählt worden sei, und zwar wegen seiner günstigen Schienenanbindung und weil es in Birkenau bald ein außerordentlich leistungsfähiges Krematorium geben werde.

*2. Juni:* Kammler ordnet die sofortige Instandsetzung des Schornsteins von Krematorium [I] des Stammlagers an.

*6. Juni:* Die Kommandantur von Auschwitz untersagt den SS-Leuten wegen der drohenden Typhusgefahr das Trinken von Leitungs- oder Quellwasser.

*12. Juni:* Die Firma Robert Köhler aus Myslowitz reißt den alten Schornstein des Krematoriums [I] des Stammlagers ein, um mit dem Bau eines neuen beginnen zu können.

*Im Juni:* In Birkenau wird ein zweites Gehöft zur Gaskammer umfunktioniert. Dabei orientiert man sich an den Entlausungsanlagen der Firma Degesch aus Frankfurt a. M. (die Kammern werden parallel zueinander angeordnet). Die Anlage, die später als »Bunker 2« bezeichnet wird, besteht aus vier parallel angeordneten Kammern mit einer Gesamtfläche von 105 m$^2$ und verfügt über keine mechanische Entlüftung. In Bunker 2 werden arbeitsunfähige Juden vergast.

*1. Juli:* Der erste Fall von Fleckfieber wird im Gemeinschaftslager der Zivilarbeiter der Firmen Huta und Lenz & Co. auf dem Gelände des KGL Birkenau gemeldet.

*3. Juli:* Drei weitere Fälle werden unter den Zivilarbeitern registriert. In Auschwitz bricht die erste Fleckfieber-Epidemie aus.

*4. Juli:* Erstmalig wird ein Transport slowakischer Juden selektiert. Sie werden in Arbeitsfähige (Männer und junge Frauen ohne Kinder) und Arbeitsunfähige (Kinder, Frauen und alte Menschen) eingeteilt.

| | |
|---|---|
| *10. Juli:* | Es wird eine partielle »Lagersperre« über das Lager Auschwitz wegen der Fleckfieber-Epidemie verhängt. |
| *17./18. Juli:* | Himmler inspiziert Auschwitz zum zweitenmal. Am 17. besichtigt er das »Interessen-Gebiet« des Lagers, wohnt einer Tötung durch Giftgas in Birkenau bei und fährt nach Monowitz, zur Baustelle der I.G. Farben. Am 18. besichtigt er das Stammlager. Er befiehlt dem Kommandanten Höß, die Zahl der Häftlinge des KGL auf 200 000 zu erhöhen und die Massengräber im Birkenwald zu leeren. |
| *23. Juli:* | Über Auschwitz wird wegen der Fleckfiebererkrankungen eine totale »Lagersperre« verhängt (Standortbefehl Nr. 19/42). |
| *3. August:* | Bischoff beantragt beim SS-WVHA in Berlin die Summe von 60 000 RM für den Bau von »4 Stück Baracken für Sonderbehandlung der Häftlinge in Birkenau« (Auskleideräume der Bunker 1 und 2). |
| *5. August:* | Die Erdarbeiten für das neue Krematorium in Birkenau sind beendet. |
| *8. August:* | Der neue Schornstein des Krematorium [I] des Stammlagers ist fertig. Die drei Doppelmuffelöfen werden sogleich in Betrieb genommen. |
| *10. August:* | Die Huta aus Kattowitz beginnt mit dem Bau der Keller für das Krematorium II. |
| *13. August:* | Der neue Schornstein von Krematorium [I] wird beschädigt. |
| *15. August:* | Entwurf für das Lager in Birkenau, in dem 200 000 Kriegsgefangene untergebracht werden sollen. Um die voraussichtliche Sterblichkeit in den Griff zu bekommen, wird die Einäscherungskapazität verdoppelt und liegt durch die jetzt doppelt so groß konzipierte Krematoriumsanlage von Birkenau bei dreißig Einäscherungskammern. |
| *19. August:* | In der Zentralbauleitung von Auschwitz treffen sich SS-Untersturmführer Fritz Ertl, SS-Unterscharführer Hans Kirschneck, Ingenieur Prüfer und Ingenieur Köhler. Wegen der Fleckfieber-Epidemie und der unaufhörlich eintreffenden Judentransporte wird, wie oben bereits ausgeführt, beschlossen, zwei Krematorien mit je fünf Dreimuffelöfen für die 200 000 Häftlinge (die Krematorien II und III) und zwei weitere Krematorien (die Krematorien IV und V) mit je zwei vereinfachten Dreimuffelöfen [dieser Plan wird Ende März verworfen] zu errichten, um die Leichen aus Bunker 1 und 2 zu verbrennen. Wegen der Dringlichkeit schlägt Prüfer vor, die vier vereinfachten Dreimuffelöfen durch zwei Doppelöfen mit vier Muffeln, die für Mogilew |

bestimmt waren, zu ersetzen und den Doppelmuffelofen für Mauthausen, der irrtümlich geliefert worden war, in Birkenau aufzustellen. Kirschneck und Köhler regeln die Schadensfrage des Kamins von Krematorium I, der vor dem 31. August repariert werden wird.

20. *August:* Besichtigung der Baustelle des Krematoriums II in Birkenau durch SS-Sturmmann Josef Janisch und Ingenieur Köhler (ob Prüfer mit dabei war, ist ungewiß). Prüfer verlangt bzgl. seiner Vorschläge eine rasche Entscheidung.

23. *August:* Inbetriebnahme des ersten Dreimuffelofens in Buchenwald.

24. *August:* Das SS-WVHA genehmigt, daß Öfen aus dem Mogilew-Kontingent für die Krematorien IV und V von Birkenau abgezogen werden, lehnt aber die Montage des Doppelmuffelofens, der eigentlich für Mauthausen bestimmt war, ab.

*Anfang September:* Baubeginn des Krematoriums III.

6. *September:* Dr. Eduard Wirths, SS-Obersturmführer, wird zum Standortarzt des Lagers Auschwitz ernannt, um die Fleckfieber-Epidemie einzudämmen.

7. *September:* Der Polier Martin Holik der Firma Topf beginnt mit dem Fundament für die fünf Dreimuffelöfen des Krematoriums II.

7./11. *September:* Die erste Fleckfieber-Epidemie von Auschwitz erreicht ihren Höhepunkt (375 Tote pro Tag).

9. *September:* Bauleiter Bischoff besichtigt die Baustelle des Krematoriums II, wo die Bauarbeiten eingestellt werden, da kein Bitumen vorhanden ist, um die Leichenkeller 1 und 2 gegen Feuchtigkeit abzudichten.

10. *September:* Der Monteur Wilhelm Koch der Firma Topf beginnt mit dem Fundament für die fünf Dreimuffelöfen des Krematoriums II.

11. *September:* Die Zentralbauleitung ersucht die Huta, den Monteuren der Topf fünf Maurer zur Verfügung zu stellen, um die Öfen für das Krematorium II aufzubauen.

16. *September:* Kommandant Höß besichtigt in Begleitung der SS-Untersturmführer Franz Hößler und Walter Dejaco in der Nähe von Litzmannstadt eine »Sonderanlage« zur Verbrennung von Leichen unter freiem Himmel, die dem SS-Standartenführer Paul Blobel untersteht.

21. *September:* Die Leerung der Massengräber im Birkenwald und die Verbrennung der Leichen beginnt unter der Leitung des SS-Manns Hößler.

22. *September:* Die Eisen-Metallteile des Doppelmuffelofens, die versehentlich nach Auschwitz geliefert worden sind, werden

nach Mauthausen geschickt, wo sie am 3. Oktober eintreffen.

*23. September:* Oswald Pohl inspiziert Auschwitz und empfiehlt dringend den Bau einer großen Kläranlage bei Broschkowitz (nördlich der Stadt Auschwitz gelegen), um das Typhusrisiko zu verringern.

*25. September:* Der SS-Reichsarzt Ernst Grawitz besucht Auschwitz. Die Zentralbauleitung bestellt offiziell bei der Topf fünf Dreimuffelöfen für das zukünftige Krematorium III.

*Oktober:* Einrichtung eines SS-Hygieneinstituts in Raïsko zur Bekämpfung von Malaria.

*3. Oktober:* Inbetriebnahme des zweiten Dreimuffelofens in Buchenwald.

*27. Oktober:* Der Ingenieur Fritz Sander, Prüfers Vorgesetzter, meldet ein Patent mit dem Titel *»Kontinuierlich arbeitender Leichen-Verbrennungs-Ofen für Massenbetrieb«.*

*Ende Oktober:* Bischoff bekommt das Bitumen, mit dem die Leichenkeller 1 und 2 der Krematorien II und III gegen Feuchtigkeit gesichert werden können.

*November:* Baubeginn der Krematorien IV und V.

*Mitte November:* Ende der ersten Fleckfieber-Epidemie in Auschwitz. Ihr sind in viereinhalb Monaten schätzungsweise 20000 Menschen zum Opfer gefallen.

*27. November:* SS-Untersturmführer Wolter von der Zentralbauleitung macht einen Vermerk, in dem er den Leichenkeller 1 des Krematoriums II als »Sonderkeller« bezeichnet.

*Ende November:* Die Leerung der Massengräber im Birkenwald ist beendet. Ungefähr 50000 Leichname sind eingeäschert worden.

*10. Dezember:* Im Gemeinschaftslager der Huta und der Lenz & Co. tritt ein neuer Fleckfieberfall auf. Er wird der SS nicht gemeldet.

*16. Dezember:* Der Standortarzt des Lagers, Wirths, erfährt von dem neuen Fleckfieberfall unter den Zivilarbeitern, der vor ihm seit dem 10. Dezember geheimgehalten wird. Das hat zur Folge, daß er die Beurlaubung der Zivilarbeiter zu den bevorstehenden Festtagen auf den 31. Dezember verschiebt. Diese sind bereits seit dem 23. Juli im Lager und haben schon drei Wochen Quarantäne hinter sich.

*17. Dezember:* Die Zivilarbeiter, die über Dr. Wirths' Entscheidung ungehalten sind, verweigern die Arbeit. Die Baustellen sind verwaist.

*18. Dezember:* Die Politische Abteilung des Lagers (die Gestapo) greift ein (Sonderaktion), um den Streik niederzuwerfen. Nach Absprache mit den verantwortlichen Zivilfirmen, die für die

|  | SS arbeiten, gewährt die Zentralbauleitung generell Urlaub vom 23. Dezember 1942 bis zum 4. Januar 1943. |
|---|---|
| *19. Dezember:* | SS-Untersturmführer Walter Dejaco, Chef der Planungsabteilung der Zentralbauleitung, zeichnet den Plan für das Untergeschoß des Krematoriums II neu. Jetzt ist die Treppe der einzige Zugang zu den Leichenkellern, was bedeutet, daß die Toten gewissermaßen zu Fuß dorthin hätten hinabsteigen müssen. |
| *23. Dezember:* | Die Arbeit auf den Baustellen der Krematorien II, III, IV und V wird eingestellt, weil Poliere fehlen, um die Häftlinge einzuweisen. |

## 1943

| *5. Januar:* | Nach dem Ende des Urlaubs der Zivilarbeiter wird die Arbeit auf den Baustellen der vier Krematorien von Birkenau wieder aufgenommen. Heinrich Messing, Monteur der Topf, trifft in Auschwitz ein. Er soll die Saugzüge in den Schornstein, die Gebläse der Dreimuffelöfen und die Ventilationen in die Räume der Krematorien II und III einbauen. |
|---|---|
| *1. Januar:* | Kammler verlangt von Bischoff einen wöchentlichen Bericht über den Stand der Arbeiten auf den vier Baustellen, der ihm via Funk übermittelt werden soll. Der Adjutant des Lagerkommandanten Höß, SS-Hauptsturmführer Robert Mulka, verweigert für diese Art der Übermittlung der Genehmigung. |
| *14./19. Januar:* | Die Eisen-Metallteile und die fehlenden Schamotte zum Bau der zwei Doppelmuffelöfen von Mauthausen und Gusen treffen schließlich am 14. Januar ein, und die Topf schlägt für die Montage den 16. als Anreisetermin für die Poliere vor. Die Bauleitung von Mauthausen antwortet am 19., daß die Öfen nicht aufgestellt werden sollen. |
| *18. Januar:* | Ab diesem Datum ist die Anwesenheit des Monteurs Wilhelm Koch von der Firma Topf sicher belegt. Er ist in Birkenau für den Aufbau des Müllverbrennungsofens des Krematoriums II zuständig. |
| *23. Januar:* | Erster Bericht, der Kammler über den Stand der Arbeiten auf den vier Krematoriums-Baustellen geschickt wird. Verfaßt hat ihn SS-Unterstürmführer Fritz Ertl zwei Tage vor seiner Abreise aus Auschwitz. |
| *29. Januar:* | Inspektion der vier Krematoriums-Baustellen durch Bischoff, Prüfer und Ertls Nachfolger, den SS-Untersturmführer Hans Kirschneck. Kirschneck verfaßt den Bericht über den Stand der Arbeiten. Prüfer erstellt einen eigenen, |

indem er Kirschnecks Bericht vereinfacht und ankündigt, daß das Krematorium II am 15. Februar fertiggestellt sei, daß die Öfen von Nr. III am 17. April in Betrieb genommen werden könnten und daß die von Nr. IV am 28. Februar fertig seien. In dem Brief an Kammler, dem Prüfers Bericht beiliegt, bezeichnet Bischoff den Leichenkeller 1 des Krematoriums II als »Vergasungskeller«.

*Ende Januar:* Beginn der zweiten Fleckfieber-Epidemie in Auschwitz.

*1. Februar:* Ankunft der beiden Monteure der Topf, Arnold Seyffarth und Martin Holik, die die fünf Dreimuffelöfen des Krematoriums III bauen sollen. Der erste wird sich um die Rauchkanäle der Öfen kümmern, während der zweite die Öfen baut. Koch, der die Montage des Müllverbrennungsofens in Krematorium II beendet hat, wird an den zwei Achtmuffelöfen der Krematorien IV und V arbeiten, wobei ihm drei Maurer der Firma Josef Kluge helfen.

*8. Februar:* Mit dem Standortbefehl Nr. 2/43 ordnet Höß eine Lagersperre an, da sich eine zweite Fleckfieber-Epidemie ausbreitet. Den zivilen Arbeitern und Angestellten, die für die Bauleitung tätig sind, wird angedroht, daß sie einem Sondergericht übergeben werden, falls sie sich nicht an die empfohlenen Sanitärvorschriften halten. (Diese Warnung ist verständlich, weil nämlich die erste Fleckfieber-Epidemie im Juli 1942 im Gemeinschaftslager der Arbeiter zweier Zivilfirmen, die für die Bauleitung arbeiteten, begonnen hatte.)

*11. Februar:* Heinrich Messing, der Techniker der Topf, beginnt mit der Montage der Belüftungs- (8000 m$^3$/h) und der Entlüftungsanlage (8000 m$^3$/h) des Leichenkellers I (der späteren Gaskammer) des Krematoriums II.

*12. Februar:* Die Topf aus Erfurt erwähnt ein Holzgebläse (mit dem aggressive, korrosive Gase extrahiert werden können) im Zusammenhang mit der Lüftung des Krematoriums II.
Über das gesamte Gelände des KL Auschwitz wird wegen des Ausmaßes der zweiten Fleckfieber-Epidemie eine totale Lagersperre verhängt.

*19. Februar:* Mit der überschüssigen Hitze, die durch die drei Saugzüge des Sammelschornsteins von Krematorium II freigesetzt wird, soll man, so schlägt es Ingenieur Prüfer vor, den Leichenkeller 1 heizen, ein Raum, in dem es eigentlich vor allem kühl sein muß.

*26. Februar:* Die Zentralbauleitung bittet die Topf um sofortige Zusendung von »10 Gasprüfer[n] wie besprochen« für Krematorium II.

160

| | |
|---|---|
| *28. Februar:* | Die Arbeiter der Firma Riedel und Sohn aus Bielitz setzen gasdichte »Fenster« in Krematorium IV ein. |
| *1. März:* | Ingenieur Karl Schultze trifft in Auschwitz ein, um die entsprechende Lieferung für die Be- und Entlüftung des Leichenkellers 1 (Gaskammer) sicherzustellen. |
| *2. März:* | Die Arbeiter von Riedel und Sohn betonieren den Boden in der »Gaskammer« von Krematorium IV. |

*2. März:* Der SS-Obersturmbannführer Liebehenschel, Leiter der Abteilung DI des SS-WVHA (Leitung der Konzentrationslager), gibt in einem Telegramm an das KL Buchenwald den Befehl, den Kapo August Brück ins KL Auschwitz zu überstellen. Brück ist Spezialist für den Betrieb von Topf-Dreimuffelöfen und wurde von Prüfer und seinen Vorarbeitern in Buchenwald ausgebildet.

*2./18. März:* Höhepunkt der zweiten Fleckfieber-Epidemie in Auschwitz (250 bis 300 Tote täglich).

*3. März:* Antwortschreiben der Topf an die Zentralbauleitung bzgl. der »10 Gasprüfer«. Die Firma aus Erfurt gibt an, daß es ihr bis jetzt nicht gelungen ist, das »von Ihnen gewünschte Anzeigegerät für Blausäure-Reste (wird von der Degesch unter dem Namen Zyklon B vertrieben)« zu beschaffen.

*4. März:* Ingenieur Prüfer kommt nach Auschwitz, um bei der Anfeuerung der fünf Dreimuffelöfen des Krematoriums II anwesend zu sein, wo fünfundvierzig Leichen aus Bunker 2 eingeäschert werden. Nach Aussage eines Zeugen dauert die Einäscherung vierzig Minuten. Prüfer empfiehlt, die Öfen noch länger trocknen zu lassen und sie dafür leer zu beheizen.

*5. März:* Kapo Brück trifft in Auschwitz ein und wird Ober-Kapo des Krematoriums II.

*6. März:* Die Bauleitung von Auschwitz stimmt dem »Vorheizen« von »Keller 1« (Gaskammer) mittels der heißen Luft, die von den drei Saugzügen abgestrahlt wird, zu. Die Topf aus Erfurt beginnt mit der Fertigung des Rohres.

*13. März:* Nachdem Heinrich Messing und Karl Schultze die Be- und Entlüftung des Leichenkellers 1 (Gaskammer) fünfzehn Stunden lang getestet und eingestellt haben, funktioniert sie einwandfrei.

*13./14. März:* In der Nacht werden 1492 arbeitsunfähige Juden aus dem Krakauer Ghetto im Leichenkeller 1 des Krematoriums II nach Einstreuen von 6 Kilo Zyklon B vergast. Das ergibt eine Konzentration von ungefähr 20 g Blausäure pro $m^3$ und entspricht den Empfehlungen der Degesch für ihre Entlausungsanlagen. Die Einäscherung dauert zwei Tage.

| | |
|---|---|
| *14. März:* | Nach der ersten Tötung durch Giftgas in Krematorium II vermerkt Heinrich Messing, daß er unter der Woche im »Auskleidekeller II« des Krematoriums II gearbeitet habe, anstatt »Leichenkeller 2« zu schreiben. |
| *17. März:* | Der Zivilarbeiter Rudolf Jährling setzt den Koksverbrauch für die vier Krematorien von Birkenau nach den Angaben der Topf fest: 7840 kg Koks bei einem 12stündigen Betrieb der Öfen. Der Dreimuffelofen hat zwei Generatoren, der Achtmuffelofen vier, und für jeden Generator benötigt man 35 kg Koks pro Stunde, wobei man ein Drittel einsparen kann, wenn der Ofen ununterbrochen in Betrieb ist. Bei einem 21stündigen Betrieb täglich (wovon 3 Stunden auf die Wartung entfallen) sind fast 14 Tonnen Koks für die vier Krematorien erforderlich. |
| *20./22. März:* | Vergasung und Einäscherung von 2191 arbeitsunfähigen griechischen Juden in Krematorium II. |
| *22. März:* | Übergabe des Krematoriums IV (oder BW 30b) an die Lagerverwaltung durch die Zentralbauleitung zum Preis von 203000 RM. |
| *25. März:* | Die Einäscherung der griechischen Juden hatte zu einem Brand in der Kammer mit den Saugzügen geführt. Im Anschluß an eine Versammlung der Bauleitung mit Bischoff, Kirschneck, Prüfer und Schultze wird beschlossen, die Saugzüge abzumontieren, das Vorheizen von Leichenkeller 1 (Gaskammer) wegfallen zu lassen und außerdem das Holzgebläse für die Entlüftung dieses Kellers durch ein Schmiedeeisengebläse zu ersetzen. |
| *31. März:* | Offizielle Übergabe des Krematoriums II (oder BW 30) an die Lagerverwaltung durch die Zentralbauleitung zum Preis von 554500 RM. Der Leichenkeller 1 (Gaskammer) enthält 1 gasdichte Tür, 4 »Drahtnetzeinschiebevorrichtungen« (für das Zyklon B) und 4 »Holzblenden«. |
| *1. April:* | Die Topf erstellt einen Kostenvoranschlag für eine Einäscherungsanlage unter freiem Himmel, die als Krematorium VI bezeichnet, aber nie realisiert wird. |
| *4. April:* | Übergabe des Krematoriums V (oder BW 30c) durch die Zentralbauleitung an die Standortverwaltung zum Preis von 203000 RM. |
| *10. April:* | Einer der Direktoren der Topf, Ernst-Wolfgang Topf, setzt die Bauleitung von Auschwitz davon in Kenntnis, daß der Achtmuffelofen des Krematoriums IV nur zwei Monate Garantie hat, also bis zum 22. Mai. |
| *Mitte April:* | Plötzliche Eindämmung der zweiten Fleckfieber-Epidemie von Auschwitz. Sie soll in den zweieinhalb Mona- |

162

ten ungefähr 12000 Menschen das Leben gekostet haben.

16./17. April: Arbeiter der Firma Huta setzen in Krematorium V Gastüren in die Gaskammern ein.

Anfang Mai: Man stellt fest, daß in Krematorium II der Schieber zum Regulieren des Luftzugs nicht einwandfrei funktioniert, da er teilweise geschmolzen ist, und daß sich Teile des Innenfutters des Sammelschornsteins gelöst haben.

Mitte Mai: Beginn der dritten und letzten Fleckfieber-Epidemie in Auschwitz, die sich auf das »Zigeunerlager« in Birkenau beschränkt (90 bis 95 Tote pro Tag).

Probleme mit den Schornsteinen des Krematoriums IV (die wahrscheinlich auf einen Brand wegen Überbeanspruchung zurückzuführen sind).

[18.]/19./ 20. Mai: Prüfer reist nach Auschwitz und verspricht der Firma Köhler, die mit der Reparatur beauftragt ist, rasch einen Plan mit entsprechenden statischen Berechnungen für einen neuen Schornstein für Krematorium II zu schicken. Er bekommt den Auftrag, die Gaskammern der Krematorien IV und V mit einer mechanischen Entlüftung auszustatten. Die Einäscherungseinheit des Krematoriums IV wird endgültig als nicht mehr funktionsfähig eingestuft, nachdem der beschädigte Ofen und die Schornsteine, die verbrannt sein sollen, inspiziert wurden.

22./23. Mai: Außerbetriebnahme des Krematoriums II. Man beginnt, den Schutt seines Schornsteins abzutransportieren.

29. Mai: Voraussichtliches Ende dieser Aufräumarbeiten. Der Beginn der Instandsetzung verzögert sich, da die Topf aus Erfurt die versprochenen Pläne und statischen Berechnungen nicht beibringt. Die Bauleitung soll die Reparaturarbeiten bis zum 11. Juni zurückstellen.

9. Juni: Erstellung eines Kostenvoranschlags für die Entlüftungsanlagen der Gaskammern in den Krematorien IV und V, der von einem der Direktoren der Topf, Ludwig Topf, unterzeichnet ist. Jede Anlage kann 8000 m³ Luft pro Stunde extrahieren.

11. Juni: Bestätigung, daß das Krematorium II außer Betrieb ist.

21. Juni: Die Pläne und statischen Berechnungen der Topf für das neue Innenfutter des Schornsteins von Krematorium II treffen ein.

22. Juni: Die Firma Köhler beginnt mit den Instandsetzungsarbeiten am Schornstein des Krematoriums II, die einen Monat dauern sollen.

24. Juni: Übergabe des Krematoriums III (oder BW 30a) an die

Standortverwaltung durch die Zentralbauleitung zum Preis. von 554500 RM. Der Leichenkeller 1 ist mit einer gasdichten Tür und vierzehn (falschen) Brausen ausgestattet.

*28. Juni:* Auf Verlangen des SS-WVHA in Berlin berechnet SS-Untersturmführer Josef Janisch, Bauleiter von Birkenau, die tägliche Einäscherungsleistung der Krematorien:

|  |  | ange-geben: | tat-sächlich: |
|---|---|---|---|
| Krematorium I | (Stammlager) | 340 | 250 |
| Krematorium II | (KGL) | 1440 | 1000 |
| Krematorium III | (KGL) | 1440 | 1000 |
| Krematorium IV | (KGL) | 768 | 500 |
| Krematorium V | (KGL) | 768 | 500 |

*30. Juni:* Erstes Treffen in der Zentralbauleitung bzgl. der Installierung einer stationären Kurzwellen-Entlausungsanlage zu Versuchszwecken im Aufnahmegebäude des Stammlagers. Die Anlage, mit der pro Tag voraussichtlich zwischen 13000 bis 15000 Kleidungsstücke entlaust werden können, ist von der Siemens-Schuckertwerke AG in Berlin entwickelt worden.

*Anfang Juli:* Ende der Fleckfieber-Epidemie im »Zigeunerlager«. Es sollen 2000 bis 2500 Menschen in anderthalb Monaten gestorben sein. Gelegentlich werden noch einige Fälle von der SS in Birkenau (Sektor BI) bis Ende Juli registriert. Von August bis Dezember liegt die tägliche Sterbeziffer bei 50 bis 70 Fällen.

*7. Juli:* Zwei SS-Männer, die in Birkenau (»Zigeunerlager« und Lager BI) Dienst hatten, sind an Fleckfieber erkrankt. Kommandant Höß ordnet an, daß sich die im Zigeunerlager und in Sektor BI diensttuenden SS-Männer täglich nach Dienstschluß baden und entlausen müssen.

*17. Juli:* Die Bauleitung fordert die Topf auf, die unterirdischen Rauchkanäle der Öfen von Krematorium II zu reparieren, die die Topf gebaut hat und deren Gewölbe teilweise eingestürzt sind.

*20. Juli:* Voraussichtliches Ende der Instandsetzungsarbeiten, die von der Firma Köhler am Innenfutter des Sammelschornsteins von Krematorium II vorgenommen wurden.

*23. Juli:* Bei der Firma Topf bestreitet man den Einsturz der Gewölbe der von ihnen gebauten Rauchkanäle des Krematoriums II und tut so, als läge eine Verwechslung mit dem Einbruch des Schornsteininnenfutters vor.

164

| | |
|---|---|
| *Ende Juli:* | Der Betrieb des Krematoriums I wird auf Geheiß des SS-Manns Grabner, Chef der Politischen Abteilung des Lagers, eingestellt. |
| *Anfang August:* | Voraussichtlicher Beginn der Instandsetzungsarbeiten an den unterirdischen Rauchkanälen des Krematoriums II. |
| *17. August:* | Oswald Pohl inspiziert eingehend das »Interessen-Gebiet« des KL Auschwitz. Die Zementfabrik in Golleschau wird ebenfalls besichtigt. |
| *10. September:* | Als das Krematorium II Ende August oder Anfang September wieder in Betrieb genommen wird, inspiziert Prüfer es zusammen mit Mitgliedern der Bauleitung und spricht mit den Ober-Kapos der Krematorien, von denen er den Kapo Brück persönlich kennt. Brück bestätigt ihm, daß die Gewölbe der Rauchkanäle tatsächlich eingebrochen waren. |
| *11. September:* | Prüfer, Köhler und wahrscheinlich Bischoff treffen sich in der Bauleitung, um festzulegen, wer die Kosten für das neue Schornsteinfutter und die Instandsetzung der Rauchkanäle des Krematoriums II zu tragen habe. In der Unterredung vertritt Robert Köhler die Ansicht, daß die Schäden am Kamin von der Überlastung des Krematoriums durch die SS herrühren. Da man sich nicht einigen kann, werden die entstandenen Kosten durch drei geteilt (die Zentralbauleitung, die Topf und Köhler zahlen jeweils ein Drittel). |
| *21. Oktober:* | Nach einer Unterredung mit Bischoff weist Kommandant Höß die Zentralbauleitung an, einen Grüngürtel um die Krematorien II und III herum anzulegen, der einen natürlichen Zaun zwischen ihnen und dem Lager Birkenau bilden soll. |
| *25./26. Oktober:* | Lieferung und Inbetriebnahme von zwei Entwesungsbaracken (BW 5a und 5b) im ersten Bauabschnitt (BI) von Birkenau. |
| *28. Oktober:* | Zweites Treffen in der Zentralbauleitung bzgl. der Installierung einer stationären Siemens-Entlausungsanlage im Aufnahmegebäude des Stammlagers. Ingenieur Franke von Siemens erklärt den SS-Männern der Zentralbauleitung die Anordnung der Anlage und welche Arbeiten für eine Montage erforderlich sind. |
| *25. November:* | Die Laubbäume für den Grüngürtel, der rund um die Krematorien II und III angelegt werden soll, sind noch nicht geliefert worden. Sie sind vermutlich erst nach der Frostperiode gepflanzt worden. |
| *11. Dezember:* | Drittes Treffen wegen der Ultrakurzwellen-Entlausungsanlage. Das erforderliche Material und die Apparate sind von der Firma Siemens geschickt worden. |

165

| | |
|---|---|
| *21. Dezember:* | In Erfurt schickt man eine Entlüftungsanlage für die Krematorien IV und V ab. Sie wird im Bauhof von Auschwitz gelagert und nicht montiert. |

### 1944

| | |
|---|---|
| *29. Januar:* | Lieferung und Inbetriebnahme der »Zentral Sauna« bzw. einer Anlage zur Entwesung (BW 32) in Birkenau, die mit zwei Topf-Entwesungs-Öfen mit Doppelkammer und drei Industrie-Autoklaven der Firma Gödecker aus München ausgestattet ist. |
| *30. Januar:* | Die Verbindungsstücke zwischen Heizungskanälen und Mauerwerk der Topf-Heißluftkammern der »Zentral Sauna« haben sich gelöst. Die Bauleitung fordert deshalb Prüfer und Holik auf, unverzüglich nach Auschwitz zu kommen. |
| *Anfang Februar:* | Ingenieur Prüfer und der Polier Holik begeben sich nach Auschwitz, um die Schäden, die sich seit der Inbetriebnahme der Heißluftkammern der »Zentral Sauna« eingestellt haben, zu beleben. |
| *10. Februar:* | Die Topf-Heißluftkammern der »Zentral Sauna« sind repariert. |
| *17. Februar:* | Lieferung und Inbetriebnahme einer Baracke zur Entwesung (BW 7b) im »Zigeunerlager« von Birkenau (BII e), die von der Firma Boos aufgebaut wird und aus acht Heißluftzellen besteht, die die Firma Umluft-Apparatebau GmbH aus Berlin geliefert hat. |
| *Ende April/<br>Anfang Mai:* | Auf Ersuchen des SS-Obersturmführers Jothann, Bischoffs Nachfolger, reisen die Ingenieure Kurt Prüfer und Karl Schultze ein letztes Mal nach Auschwitz, um die Krematorien IV und V wieder in Gang zu bringen. Obwohl es unmöglich ist, den Ofen von Nr. IV zu reparieren, und die Struktur von Nr. V. zu instabil ist, ist dennoch eine Montage der Entlüftungsanlage für die Gaskammern der beiden Krematorien vorgesehen. |
| *3. Mai:* | In Ungarn setzen sich die ersten Transporte mit ungarischen Juden in Bewegung. |
| *9. Mai:* | Die Zentralbauleitung fordert beim SS-WVHA in Berlin als »Sicherungsmaßnahmen« die Genehmigung zur Errichtung eines Maschendrahtzauns an, der um die vier Krematorien von Birkenau herum gezogen werden soll. |
| *12. Mai:* | Kammler erteilt die Genehmigung und gibt die für die Errichtung eines Maschendrahtzauns um die vier Krematorien erforderlichen Materialien frei. |
| *Mitte Mai/* | Installation der Entlüftungsanlagen für die Gaskammern |

| | |
|---|---|
| *Ende Juni:* | des Krematoriums V, die 8000 m³/h extrahieren. Die Entlüftung für Nr. IV wird letztendlich nicht eingebaut. |
| *16. Mai:* | Der Plan für die Umzäunung der vier Krematorien wird gezeichnet. |
| *17. Mai:* | Bauinspektor Bischoff ersucht die Zentralbauleitung von Auschwitz, die Anträge für die kontingentierten Produkte und Materialien zu stellen, die zur Realisierung der »Sicherheitsmaßnahmen für die Krematorien (Tarnung)« erforderlich sind. Die Kosten dafür sollen sich auf 18 000 RM belaufen. |
| *25. Mai:* | In Breslau wird eine mobile Kurzwellen-Entlausungsstation abgeschickt. |
| *8. Juni:* | Bezüglich der Einrichtung von elf Blausäure-Entwesungszellen mittels Zyklon B zusätzlich zur Siemens-Anlage bezeichnet der Zivilarbeiter der Zentralbauleitung Rudolf Jährling in einem Brief an die Firma Tesch und Stabenow in Hamburg diese als »Normalgaskammern«. |
| *16. Juni:* | Oswald Pohl inspiziert zum letzten Mal Auschwitz-Birkenau. In Birkenau leiden zahlreiche Zigeunerkinder an der schrecklichen Seuche Noma. |
| *30. Juni:* | Inbetriebnahme der stationären Kurzwellen-Entlausungsanlage der Firma Siemens im Stammlager. Ihre tatsächliche Leistung liegt bei 2000 Kleidungsstücken täglich. |
| *8. Juli:* | Die letzten Transporte ungarischer Juden treffen ein. Vom 8. Mai bis 8. Juli sind 438 000 Juden in 1415 Zügen deportiert worden. |
| *7. Oktober:* | Verzweifelte Revolte von Mitgliedern des Sonderkommandos. Das Krematorium IV wird in Brand gesteckt. Es wird im Oktober abgerissen. Die Metallteile des Ofens werden gesammelt und im Bauhof eingelagert. Während des Aufruhrs soll der Ober-Kapo August Brück bei lebendigem Leibe verbrannt worden sein, als ihn Mitglieder des Sonderkommandos in eine Einäscherungskammer schoben. |
| *Ende November:* | Auf Geheiß Himmlers werden die Tötungen durch Giftgas eingestellt. |
| *1. Dezember:* | Bildung eines Abbruchkommandos, das sich aus den überlebenden Mitgliedern des Sonderkommandos rekrutiert. Man beginnt damit, die Krematorien II und III abzutragen. |

### 1945

| | |
|---|---|
| *Anfang Januar:* | Ein Topf-Doppelmuffelofen wird im Untergeschoß der Häftlingsreviergebäude des KL Mauthausen aufgestellt. |
| *18. Januar:* | Evakuierung des KL Auschwitz (Stammlager Auschwitz, KGL Birkenau und KL Monowitz). |

| | |
|---|---|
| *20. Januar:* | Mittags werden die Überreste der Krematorien II und III gesprengt. |
| *22. Januar:* | Das Krematorium V wird mit Dynamit in die Luft gesprengt. |
| *27. Januar:* | Befreiung des Konzentrationslagerkomplexes Auschwitz durch die sowjetische Armee. |
| *11. April:* | Befreiung des KL Buchenwald durch die 3. amerikanische Armee unter Führung von General George S. Patton. |
| *15. April:* | General George S. Patton besichtigt das KL Buchenwald. Die zwei Topf-Dreimuffelöfen des Krematoriums fallen besonders auf. Auf einer angebrachten Tafel wird der Hersteller angegeben,»Maschinenfabrik J. A. Topf & Söhne, Erfurt«, zusammen mit der Fertigungs- und der Kontrollnummer. |
| *7. Mai:* | Die Amerikaner erreichen Mauthausen. Dort finden sie einen brandneuen Doppelmuffelofen der Firma»J. A. Topf & Söhne, Erfurt«. |
| *8. Mai:* | Kapitulation des Dritten Reichs. |
| *30. Mai:* | In der Topf in Erfurt wird der Ingenieur Kurt Prüfer von der amerikanischen Militärpolizei festgenommen. |
| *30./31. Mai:* | Nachdem er sein Testament gemacht hat, das er noch durch einen Zusatz vervollständigte, nimmt sich in dieser Nacht der ältere der Direktoren der Firma Topf, Ludwig Topf, das Leben. |
| *13. Juni:* | Ingenieur Prüfer wird von den Amerikanern freigelassen, nachdem er sie von der nichtkriminellen Nutzung seiner Einäscherungsöfen und ihrer Bedeutung für die Zukunft überzeugt hat. |
| *14./20. Juni:* | Ingenieur Prüfer und der zweite Direktor der Topf, Ernst-Wolfgang Topf, vernichten gezielt alle seit April 1941 mit der SS-Bauleitung von Auschwitz abgeschlossenen Verträge. |
| *21. Juni:* | Ernst-Wolfgang Topf nutzt die Tatasche, daß die Amerikaner vor dem Eintreffen der Sowjets die wichtigsten thüringischen Industriellen samt ihrer Habe evakuieren, und gelangt auf diese Weise in den Westen. |
| *3. Juli:* | Die Sowjets besetzen Erfurt und richten die sowjetische Militärverwaltung ein. |
| *11. Oktober:* | Ein russischer Militär holt bei der Topf Erkundigungen über Ludwig und Ernst-Wolfgang Topf sowie über Ingenieur Prüfer ein. |
| *20. November:* | Die Firma Topf aus Erfurt wird von der sowjetischen Militärverwaltung beschlagnahmt (Kriegsgewinn und weil ohne Besitzer; der eine der Direktoren war verstorben und der andere Richtung Westen geflohen). |

## 1946

**4. März:** Die Sowjets verhaften Gustav Braun (einstweiliger Direktor der Topf), Fritz Sander (Prüfers Vorgesetzter), Kurt Prüfer (Einäscherungsöfen) und Karl Schultze (Lüftungsanlagen der Krematorien in Birkenau).
Schultze wurde als erster vom Smersh (sowjetischer Spionageabwehr-Dienst) zur Be- und Entlüftung in den Krematorien verhört.

**5.–9. März:** Kurt Prüfer wird viermal von den Sowjets durch den Smersh verhört.

**7.–21. März:** Fritz Sander wird dreimal von den Sowjets durch den Smersh verhört.

**25. März:** Vor oder während seines vierten Verhörs wird Sanders Gesundheitszustand wegen einer Herzschwäche bedenklich.

**26. März:** Sander stirbt durch Herzstillstand in Karlshorst (Ostdeutschland).

**30. August:** Die Topf aus Erfurt wird von den zivilen kommunistischen Behörden Thüringens verurteilt, weil sie»die Krematorien für sämtliche Konzentrationslager« hergestellt hat – was nicht stimmt – und weil ihre»bedeutenden Kriegsgewinne (...) zu einem Großteil auf der Menschenvernichtung in den KZ« basieren – was falsch ist. Sicherlich wurden nicht unbeträchtliche Gewinne gemacht, aber im Jahr 1941 durch die Produktion von Material für die Armee (Granaten) und nicht aufgrund der von 1942 bis 1943 mit den Konzentrationslagern geschlossenen Verträge, die gerade einmal 2% des Umsatzes der Firma ausmachten und von denen einige Verlustgeschäfte waren.

**10. Mai:** Die J. A. Topf & Söhne aus Erfurt wird verstaatlicht und zu einem»Landeseigenen Betrieb«.

## 1947–1948

Ernst-Wolfgang Topf gründet ein Ingenieurbüro namens J. A. Topf & Söhne in Wiesbaden (Kapellenstraße 39).

## 1948

**18. Februar –11. März:** Karl Schultze wird erneut von den Sowjets in Moskau dreimal verhört.

**3. April:** Die Ingenieure Prüfer und Schultze sowie der einstweilige Direktor der Topf, Braun, werden zu je 25 Jahren Gulag in der UdSSR verurteilt.

**1. Juli:** Die J. A. Topf und Söhne wird verstaatlicht und wird zu einem volkseigenen Betrieb mit dem Namen»Nagema Topfwerke Erfurt VEB« umgewandelt.

## 1950

*24. Juni:* Ingenieur Martin Klettner aus Recklinghausen meldet für die Firma Topf aus Wiesbaden ein Patent für einen stationären Einäscherungs-Einmuffelofen mit dem Titel *»Verfahren und Vorrichtung zur Verbrennung von Leichen, Kadavern und Teilen davon«* an.

## 1951

*16. August:* Eintrag der neuen Gesellschaft J. A. Topf & Söhne aus Wiesbaden ins Handelsregister. Sie wird von Ernst-Wolfgang Topf geleitet.

## 1952

*24. Oktober:* Kurt Prüfer stirbt im Gulag an einer Hemiplegie.

## 1955

*5. Oktober:* Karl Schultze und Gustav Braun werden von den Sowjets freigelassen.

## 1957

Die »Nagema Topfwerke Erfurt VEB« wird zur »Erfurter Mälzerei und Speicherbau (EMS)«.

## 1963

*18. März:* Auflösung der Firma J. A. Topf & Söhne aus Wiesbaden (Wilhelmstraße 50).

## 1972

*18. Januar:* In Wien Beginn des Prozesses gegen Walter Dejaco und Fritz Ertl, die als die ›Architekten der Krematorien von Auschwitz‹ angesehen werden.

*10. März:* Ende des Prozesses gegen die sogenannten ›Architekten der Krematorien von Auschwitz‹. Die acht österreichischen Geschworenen sprechen die beiden österreichischen Angeklagten frei.

# Die Namen der wichtigsten erwähnten Personen, SS-Organisationen und Zivilfirmen

## SS-Organisationen:

*SS-Hauptamt Haushalt und Bauten (HHB)*
Abteilung I (Haushalt) und Abteilung II (Bauten)
und
*SS Hauptamt Verwaltung und Wirtschaft (HVW)*
Abteilung III (SS-Unternehmen)
*Unter den Eichen 127–129, Berlin-Lichterfelde-West*
    später:
*SS-Wirtschafts-Verwaltungshauptamt (WVHA)*
Bestehend aus fünf Ämtern: A, B, C, D, und W. C entspricht der früheren
Abteilung II des HHB und ist in 6 Sektionen aufgeteilt:
    C I:      Allgemeine Bauaufgaben
    C II:     Sonderbauaufgaben
    C III:    Technische Fachgebiete
    C IV:     Künstlerische Fachgebiete
    C V:      Zentrale Bauinspektion
    C VI:     Bauunterhaltung und Betriebswirtschaft
*Unter den Eichen 126–135, Berlin-Lichterfelde-West*

*Pohl, Oswald:* 1892 in Duisburg geboren, SS-Obergruppenführer und General der Waffen-SS. War als Mitglied der Kriegsmarine 1912 während des Ersten Weltkriegs an Bord der *Condor* im Fernen Osten und im Pazifik eingesetzt. Nahm 1919–20 als Zahlmeister an den Aktionen der Brigade »Löwenfeld« in Berlin, Oberschlesien und an der Ruhr teil. Trat während seiner Marine-Verwaltungstätigkeit 1923 in die NSDAP ein, schloß sich 1926 der SA-Marineeinheit an, wo er Sturmführer wurde. 1933 wurde er von Himmler für die SS rekrutiert und zum Leiter des SS-WVH und des SS-HHB ernannt. Ab Februar 1942 war er Leiter der SS-WVHA. 1947 in Nürnberg zum Tode verurteilt und im Juni 1951 gehängt.

*Kammler, Hans,* Dr.-Ing., 1901 in Stettin geboren, SS-Gruppenführer und Generalleutnant der Waffen-SS. 1919 freiwilliger Grenzschutz Ost im Freikorps Roßbach. Von 1919–1923 Studium als Städtebauingenieur in Danzig und München. 1931 Abteilungsleiter im Arbeitsministerium, ab 1933 im

Reichsversorgungsamt. 1931 Eintritt in die NSDAP, 1933 in die SS. Baudirektor und Oberregierungsrat im Reichsluftfahrtministerium (1936 bis 1941). Als aktiver SS-Oberführer wird er 1941 zum Leiter der Abteilung II des SS-HHB (Bauten) ernannt, später dann zum Leiter der Amtsgruppe C des SS-WVHA (Bauten). Hat durch seinen Mittelsmann Bischoff vollkommene Kontrolle über Planung und Bau der Krematorien und Gaskammern in Auschwitz-Birkenau. Später verantwortlich für die Produktion des Programms A4 (Raketen V2) und von Flugzeugen mit Strahltriebwerk. Soll im Mai 1945 gestorben sein.

*Werkmann,* Zivilarchitekt der Abteilung II des SS-HHB, später bei der Amtsgruppe C des SS-WVHA. Arbeitet im November 1941 auf der Grundlage der Entwürfe von Ingenieur Prüfer zwei vollständige Pläne für das neue Krematorium Auschwitz aus, die von Kammler angenommen werden. Wird von Juli 1942 bis Januar 1943 nach Auschwitz abgestellt, um den Aufbau der SS-Siedlung zu organisieren. Doch er entwirft, in Zusammenarbeit mit dem Architekten und Zeichner SS-Schütze Gierisch, lediglich einen monumentalen Plan für die künftige Kommandantur.

*Heider,* SS-Oberscharführer der Abteilung II des SS-HHB (Bauten), wahrscheinlich Prüfers Kontaktmann in Berlin.

*Wirtz,* SS-Sturmbannführer, Chef der Abteilung II/7/3, für technische Fragen im SS-HHB verantwortlich, später Chef der Amtsgruppe C III im SS-WVHA. Beauftragt 1941 Ingenieur Prüfer mit dem Bau einer leistungsstarken »Krematoriumsstätte« in Mogilew (Weißrußland) zur Verbrennung der an Fleckfieber Verstorbenen.

*Wittwer,* SS-Unterscharführer, gehörte der Abteilung II/7/3 des SS-HHB an. Wurde als Fachmann von SS-Sturmbannführer Wirtz beauftragt, sich in Zusammenarbeit mit Ingenieur Prüfer um die mit dem Mogilew-Vertrag zusammenhängenden Fragen zu kümmern.

*Weber,* SS-Obersturmführer des Amtes C V (Zentralinspektion Bauten) des SS-WVHA. Freund von Bischoff. Setzte sich für die Freigabe des Bitumens ein, das zur Abdichtung der Krematorien II und III von Birkenau benötigt wurde.

*Willing,* Prof. Dr.-Ing., SS-Hauptsturmführer (F) des Amtes C III im SS-WVHA (Technische Belange). Setzte sich für die Kurzwellen-Entlausungsanlage der Firma Siemens ein.

*Pambor, Erich,* SS-Untersturmführer des SS-WVHA, Stellvertreter von Willing, kümmerte sich um technische Fragen und den Einsatz der Siemens-Entlausungsanlagen.

## Konzentrationslager Auschwitz-Birkenau:
## Schutzhaftlager Auschwitz – Kriegsgefangenenlager Birkenau

### Kommandantur

*Höß, Rudolf,* geboren 1900 in Baden-Baden, SS-Obersturmbannführer. Von Mai 1940 bis November 1943 erster Kommandant des KL Auschwitz. Bei seiner Versetzung war das Konzentrationslager in drei Abschnitte aufgeteilt:

KL Auschwitz I: Stammlager
KL Auschwitz II: KGL Birkenau
KL-Auschwitz III: Monowitz (Buna der I.G. Farben) und seine Nebenlager.

Höß verläßt das Lager im Dezember 1943, da er zum Chef des Amtes D I im SS-WVHA ernannt wird (Konzentrationslager). Führt zahlreiche Besuche und Inspektionen in verschiedenen Lagern durch. Überwacht im Mai/Juni 1944 in Auschwitz die »Ungarn-Aktion«. Versucht Ende 1944 mit Hilfe seines ehemaligen Adjutanten, SS-Hauptsturmführer Josef Kramer, die infolge der Fleckfieber-Epidemie katastrophalen Zustände im Lager Bergen-Belsen zu verbessern. Dieses Vorhaben scheitert jedoch, wie die Engländer später feststellen, vollkommen. Versucht im Januar 1945 erfolglos, die Evakuierung der Lager Auschwitz und Groß-Rosen ins Innere des Reichs zu ordnen und ihre mörderische Brutalität zu mildern. Leitet die Evakuierung von Sachsenhausen und Ravensbrück und bittet das Internationale Komitee des Roten Kreuzes, die Häftlinge mit Lebensmitteln zu versorgen. Versteckt sich hinter Himmlers Befehl, um dem IKRK den Zutritt zum Lager zu verwehren. Vor dem Zusammenbruch taucht er unter, ändert seinen Namen und geht zur Kriegsmarine. Im März 1946 wird er von den Engländern festgenommen mehrmals heftig verprügelt und kommt nur knapp mit dem Leben davon. Als er begreift, daß er aufgrund der irrsinnigen Befehle, die er ausgeführt hat, verloren ist und daß man ihn zum Sündenbock für die Judenvernichtung machen wird, unterzeichnet er ein im großen und ganzen (inhaltlich) richtiges Geständnis, daß jedoch von aufgezwungenen und freiwilligen Irrtümern gespickt ist: er nimmt zu Unrecht an, daß diese bald auffallen und er somit Gelegenheit bekommen würde, die Dinge richtigzustellen, die eigene Verantwortung für das Massaker zu erklären und gleichzeitig abzuschwächen. Während der Nürnberger Prozesse tritt er als Entlastungszeuge für Kaltenbrunner auf und seine auf Englisch abgefaßte »Eidesstattliche Erklärung« (Nr. PS-3868) erregt großes Aufsehen. Im Mai 1946 wird er an Polen ausgeliefert. Während seiner Haft in Krakau verfaßt er dank des feinfühligen Vorgehens des Untersuchungsrichters Jan Sehn seine »Memoiren«. Allerdings kann er dabei auf keine Dokumente zurückgreifen, und vor allem konnte damals niemand den Wahrheitsgehalt der Niederschrift überprüfen. Am 11. Mai 1947 beginnt sein Prozeß in Warschau und endet am 2. April mit einem Todesurteil. Wird am 16. April hinter dem Krematorium I des Stammlagers Auschwitz gehängt.

## Politische Abteilung (Abteilung II)

*Grabner, Maximilian,* geboren 1905 in Wien, SS-Untersturmführer und Kriminal-Sekretär. Bis Dezember 1943 Leiter der Politischen Abteilung des Lagers. Wird von SS-Richter Konrad Morgen angeklagt, 2000 Häftlinge widerrechtlich ermordet zu haben. Im Oktober 1944 wird von den SS-Instanzen in Weimar ein Prozeß gegen ihn angestrengt, der jedoch ergebnislos blieb. Nach dem Krieg wird Grabner in Krakau von den Polen zum Tode verurteilt und im Dezember 1947 gehängt.

*Broad, Perry,* geboren 1921 in Rio de Janeiro, SS-Rottenführer. Meldet sich 1941 zur Waffen-SS. Soll am Kampf in der Waffen-SS-Division »Nord« teilnehmen, wird dann jedoch aufgrund seiner Kurzsichtigkeit zum Wachdienst nach Auschwitz abkommandiert. Für diese Aufgabe zu intelligent, wird er im Juni 1942 in die Politische Abteilung des Lagers versetzt. Sucht mit Vorliebe die »Häftlings-Prostituierten« für das Bordell im Stammlager (Block 24, erster Stock) aus. Versucht, zum Offizier aufzusteigen, was jedoch wegen seiner Kurzsichtigkeit unmöglich ist. Bleibt bis Januar 1945 in Auschwitz. Ergibt sich im Mai den Briten und stellt sich in ihre Dienste. Aus der Erinnerung verfaßt er einen Bericht, dessen eigenartige Formulierung ihm wahrscheinlich von einem Polen aus London angeraten wurde, mit dem er im Munsterlager Kontakt hatte. 1947 wird er freigelassen und arbeitet weiter für die Engländer. Er denunziert alle anderen, um die eigene Haut zu retten, und tritt in den Prozessen von Nürnberg und Hamburg ebenso wie in dem gegen Bruno Tesch als Zeuge auf. Wird schließlich 1964 verhaftet, bei den Frankfurter Auschwitz-Prozessen angeklagt und zu vier Jahren Zuchthaus verurteilt.

## Schutzhaftlagerführung (Abteilung III)

*Hößler, Franz,* geboren 1906, SS-Hauptsturmführer. Nimmt als Untersturmführer mit Höß und Dejaco im September 1942 an der »Reise nach Litzmannstadt« teil. Leitet anschließend die »Leerung« der Massengräber im Birkenwald und verbrennt innerhalb von 2 Monaten 50000 Leichen. Von Juli 1944 bis Januar 1945 Chef des KL Auschwitz I (Stammlager). Wird von den Engländern in Bergen-Belsen gefangengenommen, vom Lüneburger Militärgericht zum Tode verurteilt und 1945 hingerichtet.

174

*SS-Standortarzt (Abteilung IV)*

*Wirths, Eduard,* geboren 1909 in Würzburg, SS-Sturmbannführer. Praktischer Arzt mit Interessengebiet Gynäkologie. Tritt in die NSDAP ein. Wird 1933 Mitglied der SA und 1934 der SS. Wird zum Arzt des Büros für Rassenuntersuchungen bei Eheschließungen, Thüringen, in Weimar ernannt. Wird 1939 zur Waffen-SS abkommandiert. Dient in Norwegen und bis April 1942 an der Ostfront. Wird dann wegen Herzbeschwerden für frontuntauglich befunden und praktiziert in den KL Dachau und Neuengamme. Ab September 1942 ist er SS-Standortarzt im KL Auschwitz, um dort die Fleckfieber-Epidemie zu bekämpfen. Im Sommer 1943 gelingt es ihm, die Seuche zu stoppen. Wird von den SS-Leuten und den Häftlingen für einen ausgezeichneten Arzt gehalten. Läßt wegen der vielen von Grabner begangenen Morde von SS-Richter Morgen ein Verfahren gegen den Untersturmführer der Lagergestapo einleiten. Erwirkt im Frühjahr 1943, in der Hoffnung, den Mißbrauch einzuschränken, die Erlaubnis, daß die »Aussonderungen« nur noch von den Lagerärzten durchgeführt werden und nimmt, wenngleich er diese Praktik innerlich zutiefst ablehnt, selbst aktiv an den Selektionen teil. 1944 kümmert er sich um den Bau eines SS-Militärkrankenhauses und erprobt die Siemens-Entlausungsanlagen. Gerät in englische Gefangenschaft. Höchstwahrscheinlich nachdem ein britischer Nachrichtenoffizier ihm mit den Worten »Jetzt habe ich einem Mann die Hand geschüttelt, der (. . .) die Verantwortung für den Tod von vier Millionen Menschen trägt« die Hand gereicht hat, erhängt er sich und stirbt nach einer mehrere Tage andauernden Agonie im September 1945.

*Bauleitungen des KL Auschwitz-Birkenau (Abteilung VI)*

1. *SS-Neubauabteilung KL Auschwitz/Oberschlesien:*

*Schlachter,* SS-Unterscharführer, Bauleiter von Mai 1940 bis November 1941.

*Urbanczyk, Walter,* 1901 in Takczany (Ungarn) geboren, SS-Obersturmführer (F). Unteroffizier der Reserve der SS-Totenkopfstandarte 3 »Thüringen« (Buchenwald/Weimar). Wird ab Oktober 1940 als Stellvertreter von Schlachter zur neuen Bauleitung von Auschwitz versetzt. Überwacht den Aufbau des 2. und 3. Topf-Doppelmuffelofens im Krematorium I des Stammlagers und den Einbau der Boos-Entlüftung in den Leichenraum. Wird 1941 zum SS-Untersturmführer (Sonderführer) ernannt. Wird später SS-Obersturmführer und Chef des Materiallagers der vier Bauleitungen Rußland-Mitte (Ende 1943).

*Dejaco, Walter [I],* 1909 in Mühlau (Innsbruck, Österreich) geboren, SS-Untersturmführer (F). Architekt (Diplom 1930), spricht Englisch, Französisch und Italienisch. Wird zweimal aufgrund der wirtschaftlichen Lage entlassen. 1932 verdient er seinen Lebensunterhalt im Winter als Skilehrer und im Sommer als Bergführer. Tritt im Juli 1933 in die (illegale) österreichische SS ein. Wird 1934 verhaftet. Nach seiner Entlassung Flucht nach Italien, dann nach Frankreich. Kommt nach Deutschland und arbeitet dort als Zeichner bei einem Architekten in Garmisch-Partenkirchen. Nach dem »Anschluß« kehrt er nach Österreich zurück. Wird 1939 zum 8. Regiment der SS nach Krakau eingezogen, im Juni 1940 zur neuen Bauleitung nach Auschwitz versetzt und im September 1940 ins SS-HHB nach Berlin. Im April 1941 Ernennung zum Rottenführer.

*Ertl, Fritz [I]*, 1908 in Breitbrunn (Linz) geboren, SS-Untersturmführer (F). Hochbauingenieur und Architekt. Übernimmt zwischen den beiden Kriegen zusammen mit seinen Brüdern das Familien-Bauunternehmen. Wird im November 1939 zum 8. SS-Regiment von Krakau eingezogen und im Mai 1940 aufgrund seiner Kompetenzen zur neuen Bauleitung nach Auschwitz versetzt, wo er im Januar 1941 zum SS-Rottenführer ernannt wird.

## 2. *SS-Sonderbauleitung für die Errichtung eines neuen KGL (Birkenau):*

*Bischoff, Karl [I]:* 1897 in Nehmbach geboren, SS-Hauptsturmführer (F), von Oktober bis November 1941 Bauleiter. Bis 1914 arbeitet er auf den Baustellen der Reichsbahn. Zu Beginn des Ersten Weltkriegs in der Infanterie, wechselt 1917 zur Luftwaffe über, die er 1919 als »Flugzeugführer« verläßt. Wie Prüfer setzt er nach Kriegsende sein Studium in Hoch- und Tiefbau fort. Arbeitet anschließend als unabhängiger Sachverständiger. Gleich nach Einrichtung der Luftwaffe im März 1935 wird er dort als Zivilangestellter im Bausektor eingestellt. Von 1936 bis 1941 steht er regelmäßig in Verbindung mit Baudirektor Hans Kammler, dem Verantwortlichen für das Bauwesen im Luftfahrtministerium in Berlin. Ab 1941 wird Bischoff, der Kammler treu ergeben ist, als Hauptsturmführer des SS-HHB und Bauleiter die Einrichtung des Kriegsgefangenenlagers Birkenau übertragen. Plant mit Ingenieur Prüfer ein Krematorium mit fünfzehn Einäscherungsmuffeln. Schafft im Dezember 1941 die Zentralbauleitung Auschwitz, indem er die erste Bauleitung des KL der seinen angliedert.

## 3. *Zentralbauleitung der Waffen-SS und Polizei Auschwitz O/S:*

*Bischoff, Karl [II]*, ab Februar 1943 SS-Sturmbannführer, Bauleiter von Dezember 1941 bis September 1943. Vervierfacht ab Sommer 1942 unter dem Druck der Fleckfieber-Epidemie und angesichts der geplanten 200 000 Kriegsgefangenen, die im KLG interniert werden sollen, die Krematorien von Auschwitz. Auf Befehl Kammlers (also Pohls und Himmlers) richtet er im letzten Quartal 1942 Gaskammern in den Bauten ein. *»B(ischoff) hat darüber hinaus die technischen Voraussetzungen für die Durchführung der Sonderak-*

*tion des Reichsführers SS in Tag- und Nachtarbeit geschaffen,«* führte Kammler am 24. Dezember 1942 als Grund für Bischoffs Beförderung an (BDC).

*Dejaco, Walter [II],* Untersturmführer (F). Kehrt im Oktober 1941 mit Bischoff nach Auschwitz zurück und wird im November zum Unterscharführer ernannt. Kurz vor seiner Beförderung, die er mit seinen Freunden Ertl und Janisch in Kattowitz »reichlich« begießt, gerät er wegen einer Tür, die er im Zug offengelassen hat, um frische Luft zu bekommen, mit einem Reichsbahnschaffner aneinander. Die Sache eskaliert. Von einem SS-Gericht wird Dejaco zu drei Monaten Gefängnis verurteilt, doch auf Betreiben Bischoffs schwächt Himmler die Strafe auf zwei Monate strengen Arrest ab. Trotz dieses Zwischenfalls wird er im Dezember 1941 von Bischoff zum Untersturmführer (Sonderführer) ernannt. Zeichnet die ersten Entwürfe für das neue Krematorium des Stammlagers und leitet später als Chef der Planungsabteilung die endgültige Ausarbeitung der Pläne durch Ulmer. Überwacht die Pläne für den Bau aller vier Krematorien sowie ihre Umgestaltung für die kommenden Verbrechen. Absolviert im Mai 1944 in Arolsen eine Ausbildung zum aktiven SS-Offizier. Wird im August von Kammler nach Frankreich geschickt, um am Bau der Abschußrampen der V1 an der Somme mitzuarbeiten. Kommt dort Ende August an, reist jedoch angesichts der politischen Lage sofort wieder ab.

*Ulmer,* SS-Unterscharführer. Architekt und hervorragender Zeichner. Als Rottenführer Ende 1941 zur Bauleitung Auschwitz versetzt. Wird Anfang 1942 zum Unterscharführer ernannt. Arbeitet zu dieser Zeit unter der Leitung von Dejaco die Pläne für das neue Krematorium des Stammlagers aus, das später zum Krematorium Nr. II von Birkenau und zum Modell für Nr. III wird. Scheint die spätere verbrecherische Bestimmung seiner Entwürfe, die ab Sommer 1942 deutlich wurde, nicht gebilligt zu haben. Wird wahrscheinlich Ende 1942, vermutlich in Folge von Unstimmigkeiten mit seinen Vorgesetzten über die Entwicklung des Lagers, in eine Kampfeinheit versetzt.

*Pollok,* 1908 geboren, SS-Untersturmführer (F). Hochbauingenieur. Wird 1942 als SS-Adjutant der Bauleitung Auschwitz zugeteilt und dort verantwortlich für den Bereich Baupolizei. Wird schnell zum Untersturmführer (Fachführer) ernannt. Von Bischoff wird er zur »Schlüsselkraft für die durchzuführende Sonderaktion« ernannt (ZAM, 502-1-46 Brief von Bischoff vom 29. 1. 43). Nimmt aufgrund seiner Kontrollverpflichtung im Sektor »Baupolizei« an allen Krematoriumsinspektionen teil.

*Ertl, Fritz [II],* Untersturmführer (F). Im November 1941 zum Unterscharführer, und im Januar 1942 von Bischoff, dessen Stellvertreter er wird, zum Untersturmführer (Fachführer) ernannt. Unterhält seit Winter 1942 eine Beziehung zu einer hübschen Polin, die jünger ist als er und von der er einen unehelichen Sohn bekommt. Von seinen Kameraden wird diese Beziehung nicht gebilligt. Ist an der Ausarbeitung der neuen Krematorien des Stammlagers beteiligt und Vorsitzender der vielzitierten Versammlung vom 19. August 1942. Wird von Bischoff mit dem Bau von vier Krematorien in Birkenau beauftragt, will jedoch mit dem, was sich dort abzeichnet, nichts zu tun haben. Beantragt infolgedessen Ende 1943 seine Versetzung in eine kämpfende Einheit zugunsten der Aktion »Unruh« (eine gewisse Anzahl von Soldaten, die im Verwaltungsdienst hinter der Front eingesetzt waren, konnten sich im Austausch gegen eine gleiche Anzahl von Frontsoldaten als Freiwillige an die Front melden, daher auch der Name der Operation). Verläßt Auschwitz Ende Januar 1943 und nimmt, jetzt wieder als Unterscharführer, an einer Ausbildung zum Pionier-Offizier in Radischko (Böhmen) teil. Nachdem das Rassenamt seine Geliebte, obwohl deren Vater bei der polnischen Polizei gewesen war, als »Volksdeutsche« eingestuft hat, heiratet er sie im August. Angesichts der militärischen Lage wird er, ohne seine Ausbildung abgeschlossen zu haben, Ende Dezember zur Waffen-SS-Reiterdivision »Florian Geyer« versetzt. Kämpft in Rußland und Kroatien gegen die Partisanen und ist an der Besetzung Ungarns im März 1944 beteiligt. Im Mai wird er wieder dem SS-WVHA zugeteilt und in Ungarn zum SS-Wirtschafter und ab August zum Oberscharführer ernannt.

*Janisch, Josef,* 1909 geboren, SS-Untersturmführer (F). Diplomingenieur. Wird 1941 als SS-Mann der Bauleitung Auschwitz zugeteilt. Anfang 1942 zum Sturmmann und im Herbst zum Untersturmführer (Fachführer) ernannt. Von Bischoff zur »Schlüsselkraft für die durchzuführende Sonderaktion« ernannt. Zum Bauleiter des KGL Birkenau ernannt, ist er für die Ausführung des Krematoriums II und später auch der drei anderen Krematorien verantwortlich.

*Kirschneck, Hans,* 1909 in Eger geboren, SS-Obersturmführer (F). Diplomingenieur der Technischen Hochschule Prag. Tritt gleich nach der Gründung im Jahr 1933 der Partei von Konrad Henlein bei (Patriotische Front der Sudetendeutschen). Überzeugter und aktiver Nazi. Flieht nach Deutschland und tritt dort im Oktober 1938 in die SS ein. Sein Schwachpunkt ist jedoch seine Ehe, denn unter den Vorfahren seiner Frau, geb. Goldmann, gibt es mehrere gravierende Fälle von Geisteskrankheit. Diese Verbindung wird vom Rassenamt erst *a posteriori* und unter Vorbehalt genehmigt und zwar nur in Anbetracht Kirschnecks eigener ›vorbildlicher‹ Abstammung. Nimmt am Rußlandfeldzug teil. Der SS-Untersturmführer der Reserve wird im Mai 1942 der Bauleitung Auschwitz zugeteilt. Ist für den Neubau des Schornsteins am Krematorium I zuständig. Wird zum Untersturmführer (Fachführer) und zur »Schlüsselkraft für die durchzuführende Sonderaktion« ernannt. Nach Ertls Versetzung im Januar 1943 wird er von Bischoff beauftragt, in Zusammenarbeit mit Janisch den Bau der vier Krematorien zu übernehmen. Wird im November 1943 zu Jothanns Stellvertreter ernannt.

*Wolter,* SS-Untersturmführer (F). Bauingenieur. Wird 1941 als Sturmmann zur Bauleitung Auschwitz versetzt und 1942 zum Untersturmführer (Fachführer) ernannt. Verläßt Auschwitz zur selben Zeit wie Ertl, vermutlich auch aus denselben Gründen (die sich abzeichnenden Verbrechen im Lager) und läßt sich zu einer kämpfenden Einheit versetzen. Nimmt zusammen mit Ertl an der Ausbildung zum Pionier-Offizier in Radischko (Böhmen) teil.

178

*Jothann, Werner,* geboren 1907 in Eldenburg (Mecklenburg), SS-Obersturmführer (F) und von Oktober 1943 bis Januar 1945 Bauleiter. Hochbauingenieur, wird Anfang 1941 als einfacher SS-Schütze der Bauleitung Auschwitz zugeteilt. Im März 1942 zum SS-Sturmmann befördert, wird er von Bischoff trotz seines niedrigen Dienstgrades zur»Schlüsselkraft für die durchzuführende Sonderaktion« ernannt. Ist vor allem für den Bau der Rüstungsfabrik Krupp AG und das Fernheizwerk verantwortlich. Im März 1943 wird er direkt zum SS-Obersturmführer (F) ernannt. Übernimmt als Nachfolger von Bischoff im Oktober 1943 die Bauleitung, bleibt aber seinem ehemaligen Chef eng verbunden und unterstellt. Läßt die Öfen der Krematorien von Birkenau überholen und beim Eintreffen der ungarischen Juden im Mai 1944 die Entlüftung in die Gaskammer des Krematoriums V einbauen.

*Jähring, Rudolf,* 1844 in Schkeuditz (Leipzig) geboren, Zivilangestellter. Heizungstechniker, der sich als Ingenieur ausgibt. Verantwortlich für technische Fragen in der Bauleitung. Ist zuständig für die Korrespondenz mit den Firmen, die am Bau der Krematorien beteiligt sind, wobei ihm zahlreiche Rechenfehler unterlaufen.

*Teichmann, Heinrich,* 1902 in Baranowitz (Oberschlesien) geboren, Zivilangestellter. Bauleiter. Ist Ende 1942 für den Bau des Häftlingsaufnahmegebäudes zuständig (BW 160), sowie für die geplanten 19 Zyklon-B-Entwesungskammern. Aufgrund seiner bis dahin erworbenen Kenntnisse, und da Bischoff ihn zur»Schlüsselkraft für die durchzuführende Sonderaktion« ernannt hat, wird er mit der Einrichtung der Gaskammern in den Krematorien von Birkenau beauftragt.

4. *Bauinspektion der Waffen-SS und Polizei »Schlesien«:*
*Krakauer Straße 50, Kattowitz, später:*
*Kochlowitzerstraße, Kattowitz*

*Bischoff, Karl* [III], SS-Obersturmbannführer. Ab Oktober 1943 bis Januar 1945 Bauinspektor. Stirbt in den fünfziger Jahren, ohne je von der Justiz behelligt worden zu sein.

*Dejaco, Walter [III],* SS-Untersturmführer (F). Begibt sich nach seiner Rückkehr aus Frankreich nach Berlin, dann im Oktober 1944 nach Auschwitz. Wird von Bischoff zum Bauleiter des Konzentrationslagers Groß-Rosen ernannt und tritt im September Ertls Nachfolge als Bauleiter von Breslau an, wo er bis zur Kapitulation bleibt. Wird von den Sowjets gefangengenommen und verbringt fünf Jahre in Gefangenschaft. Anfang 1972 in Wien erneut als ›Architekt der Krematorien‹ angeklagt und freigesprochen. Zeigt keine Reue angesichts seiner Vergangenheit, da er der Meinung ist, seine ›Jugendsünden‹ ausreichend durch die fünf Jahre harter Gefangenschaft bei den ›Roten‹ bezahlt zu haben.

*Ertl, Fritz [III],* SS-Untersturmführer (F). Wird 1944 wieder von Bischoff in die Bauinspektion »Schlesien« versetzt und erhält dort im Oktober erneut

179

den Rang eines Untersturmführers (Fachführer). Wird Bauleiter von Breslau und dann für den Bau eines Hauptquartiers vorübergehend nach Arnstadt (Thüringen) versetzt. In Linz als Kriegsgefangener von den Amerikanern festgenommen, jedoch schnell wieder freigelassen. 1972 in Wien als ›Architekt der Krematorien‹ angeklagt und freigesprochen. Im Gegensatz zu Dejaco zeigt er während seines Prozesses eine gewisse Reue, die sicherlich auf seine frühe Erkenntnis der tödlichen Vorhaben von Auschwitz zurückzuführen ist, mit denen er nichts zu tun haben wollte, sowie auf die polnische Abstammung seiner Frau.

### SS-Bauleitung Mauthausen/Oberdonau

*Büchner,* SS-Obersturmführer und Bauleiter von November 1940 bis Mai 1941. Verhandelt mit Prüfer über den Kauf eines mobilen, auf Koksbefeuerung umgestellten Doppelmuffelofens für das Außenlager Gusen, sowie über zwei weitere stationäre Doppelmuffelofen mit Koksbeheizung, Typ »Auschwitz«, der eine für Gusen, der andere für das künftige Häftlingsreviergebäude in Mauthausen.

*Naumann,* SS-Obersturmführer und ab Ende Mai 1941 Bauleiter. Im Dezember 1941 zum Hauptsturmführer ernannt. Storniert im August 1941 den von seinem Vorgänger abgeschlossenen Vertrag über zwei Öfen Typ »Auschwitz«. Nach Verhandlungen mit der Firma Topf erklärt er sich zu Abnahme eines Ofens bereit. Wird von Oberscharführer Heider von der Abteilung II des SS-HHB zum Kauf des zweiten gezwungen. Sabotiert den Befehl und verweigert nach Anlieferung der Teile im Januar 1943 den Aufbau der Öfen. Anfang 1945 wird schließlich einer von beiden aufgestellt.

### SS-Bauinspektion der Waffen-SS und Polizei Reich-Ost
*An der Paulikirche 7, Posen (Wartheland).*
### Abwicklungsstelle der Baugruppe der Waffen-SS und Polizei Rußland-Mitte
*Litzmann-Allee 30, Posen (Wartheland).*
### SS-Sonderkommando 4a (Einsatzgruppe C)

*Bobel, Paul,* geboren 1896, SS-Standartenführer. Vor dem Krieg selbständiger Architekt. Wird, nachdem er durch die Wirtschaftskrise ruiniert wurde, NSDAP-Mitglied. Tritt sehr früh in die SS ein. Erhält im Juni 1942 den Auftrag, die Massengräber in der Ukraine zu leeren und die Leichen zu beseitigen. Probiert verschiedene Methoden aus, ehe er zu einem ›überzeugenden‹ Ergebnis kommt. Gibt Ende 1942 Kommandant Höß Ratschläge zur Beseitigung der Massengräber im Birkenwald. Wird im Nürnberger Prozeß zum Tode verurteilt und im Juni 1951 gehängt.

# Firmen, die den KL Einäscherungsöfen angeboten oder geliefert haben:

*Walter Müller, Ingenieurbüro*
*Industrieofenbau*
*Allach bei München*
Bietet 1937 einen koksbeheizten Einmuffelofen für das Lager Dachau an, der jedoch nicht gebaut wird.

*J. A. Topf und Söhne*
*Maschinenfabrik und feuertechnisches Baugeschäft*
*Dreyerstraße 7/9, Erfurt*
(heute: Erfurter Mälzerei und Speicherbau [EMS], Sorbenweg 7/9, Erfurt 5010)

*Führung und Betriebsleitung:*
*Topf, Ludwig junior,* um 1900 in Erfurt geboren. Tritt Ende 1933 in die NSDAP ein. Seit 1935 Mitinhaber der Firma Topf in Erfurt. Begeht am 30. Mai 1945 in seinem Haus in Hirnzigenberg/Erfurt Selbstmord.
*Topf, Ernst-Wolfgang,* 1902 in Erfurt geboren. Tritt Ende April 1933 in die NSDAP ein. Seit 1935 ebenfalls Inhaber der Firma Topf in Erfurt. Setzt sich Ende Juni 1945 in den Westen ab. Ab 1951 Inhaber der Firma J. A. Topf & Söhne in Wiesbaden, die 1963 aufgelöst wird.
*Braun, Gustav,* geboren 1889 in Geilenbrunn. Wurde 1936 von Ludwig Topf als Betriebsleiter der Firma Topf in Erfurt eingestellt. Spricht infolge seiner Geschäftsreisen (1926–1934) fließend Amerikanisch, Französisch und Spanisch. Um seine Position innerhalb der Firma zu festigen, spielt er die beiden Topf-Brüder gegeneinander aus und nutzt ihre Unterschiede bei den Geschäftsinteressen und in der familiären Situation aus. Ab Ende Februar 1946 einstweiliger Direktor. Wird Anfang März 1946 von der Sowjetischen Militär-Administration (SMA) verhaftet und im April 1948 in Moskau zu 25 Jahren Zwangsarbeit verurteilt, jedoch, seinen Haftunterlagen entsprechend, die sich in den Archiven des KGB befinden, 1955 freigelassen.

*Ingenieure der Abteilung D (Öfen und Industrie-Heizungen), die aus drei, ab Februar 1941 aus vier Abteilungen besteht: D I, D II, D III und D IV (Krematoriumsbau):*
*Erdmann, Paul,* geboren 1881 in Arnstadt (Thüringen). Seit 1898 als technischer Zeichner bei der Topf, ab 1921 Oberingenieur, ab 1928 Leiter und Prokurist der Abteilung D. Tritt im Juli 1945 in den FDGB (Freier Deutscher Gewerkschaftsbund) ein und wird nicht von der SMA behelligt. Ab 1948 Prokurist der NAGEMA (*Na*hrungsmittel und *Ge*nußmittel*ma*schienenbau), so nennt sich das Dresdener Kombinat, dem die – jetzt verstaatlichten –

Topfwerke Erfurt VEB (Volkseigener Betrieb) angegliedert werden. Tritt 1950 oder 1951 in den Ruhestand.

*Sander, Fritz,* Oberingenieur der Sektion D und Handlungsbevollmächtigter der Firma Topf, Erfurt. Urheber des im Oktober/November 1942 angemeldeten Patents für einen kontinuierlich arbeitenden Leichen-Verbrennungsofen. Im März 1946 von der SMA verhaftet. Erlitt vor oder während eines Verhörs des Smersh (Sowjetische Spionageabwehr) einen Koronarinfarkt. Wurde in das Militärkrankenhaus Karlshorst eingeliefert und starb trotz neunstündiger Intensivbehandlung am nächsten Tag. Die Akte über seine Verhaftung und die Verhöre durch den Smersh befinden sich im ›Geheimarchiv des KGB‹.

*Prüfer, Kurt,* 1891 in Erfurt geboren. Beginnt 1911 als technischer Zeichner und Bauleiter in der Konstruktionsabteilung für Mälzereianlagen. 1912 Militärdienst im 71. Infanterieregiment von Erfurt. 1918 als Vizefeldwebel der Reserve entlassen. Nimmt sein Studium wieder auf und macht seinen Diplomabschluß als Bauingenieur im Jahr 1920. Wird als Ingenieur der Abteilung D, Sektion »Krematoriumsbau«, deren bekanntester Fachmann er später wird, wieder bei der Topf eingestellt. Ist 1933 aufgrund der wirtschaftlichen Situation von Entlassung bedroht, der er dank des wirtschaftlichen Aufschwungs nach Hitlers Einzug ins Kanzleramt entgeht. Vermutlich vor 1933 NSDAP-Mitglied. 1935 zum Oberingenieur ernannt. Ehrenamtlicher Obmann bis 1937/38 und Betriebsratsmitglied. Erster Geschäftsabschluß für einen Einäscherungsofen im KL Dachau. Setzt sich in Buchenwald, Gusen (Mauthausen) und Auschwitz durch. Im Februar 1941 übernimmt er die Leitung der Sektion D IV und wird somit unabhängig, bleibt aber, da er keine Prokura hat, den Verantwortlichen der Sektion D, Sander und Erdmann, unterstellt. Errichtet nach und nach in allen fünf Krematorien von Auschwitz-Birkenau von ihm selbst entworfene Topf-Einäscherungsöfen. Überträgt seinem Kollegen Schultze die Lüftungsanlagen der Krematorien. Richtet eine Entwesungsanlage mit vier Heißluft-Kammern in der »Zentralsauna« ein. Zwischen November 1940 und Mai 1944 elf Besuche in Auschwitz. Aufgrund seiner Verhaftung am 30. Mai 1945 durch die Amerikaner nimmt sich Ludwig Topf das Leben. Nach seiner Entlassung am 13. Juni nimmt Prüfer seine Arbeit bei der Topf wieder auf und bereinigt mit Hilfe von Ernst-Wolfgang Topf die Firmenakten von den mit dem KL Auschwitz abgeschlossenen Verträgen. Anfang März 1946 wird er zusammen mit Gustav Braun, Fritz Sander und Karl Schultze erneut verhaftet, diesmal von den Sowjets. Der Tod seines Direktors Ludwig Topf und seines Vorgesetzten, des Prokuristen Fritz Sander, erleichtert ihm die Verteidigung und gibt ihm die Möglichkeit, die Verantwortung für die Ausführung der SS-Bestellungen auf letztere abzuschieben. Wird im April 1948 lediglich zu 25 Jahren Zwangsarbeit verurteilt. Hätte entsprechend seinen Haftunterlagen, die sich im ›Geheimarchiv des KGB (Smersh)‹ befinden, im Oktober 1955 freigelassen werden können. Verstarb jedoch am 24. Oktober 1952 in der Krankenbaracke Nr. 23 des Spezialstraflagers des Innenministeriums an einer Hirnblutung mit Teillähmung.

*Klettner, Martin,* Ingenieur der Abteilung D der Firma Topf in Erfurt, Sektion »Krematoriumsbau«. 1947 Oberingenieur der Nagema in Dresden. Setzte sich in den Westen ab und geht zu Ernst-Wolfgang Topf nach Wiesbaden. Verantwortlich für die Reparaturwerkstatt und Ofenproduktion der Topf in Recklinghausen. Meldet im Juni 1950 für die Topf in Wiesbaden ein Patent für einen Einäscherungsofen an. Stirbt in den siebziger Jahren.

*Ingenieure der Abteilung B (Ventilation):*
  *Schultze, Karl,* Oberingenieur der Abteilung D III der Topf in Erfurt, Spezialist für Lüftungsanlagen. Wird im Februar 1941, als er die Leitung der neuen Abteilung B der Topf übernimmt, unabhängig, untersteht jedoch, da er keine Prokura hat, Sander und Erdmann. Entwirft die Entlüftung des Krematoriums I von Auschwitz (die nie eingebaut wird) und später die Lüftungen der Krematorien II, III, IV (ebenfalls nicht eingebaut) und V für Birkenau. Hat sich zwischen März 1943 und Mai 1944 dreimal in Auschwitz aufgehalten. Anfang März 1946 von der SMA verhaftet. Der für die Lüftung der Gaskammern in drei Krematorien von Birkenau verantwortliche Ingenieur wird als erster von den Russen verhört. Im Februar/März 1948 in Moskau erneut verhört und am 3. April zu 25 Jahren Zwangsarbeit verurteilt. Wurde jedoch, wie Gustav Braun, bereits im Oktober 1955 entlassen. Die sowjetischen Verhöre und Haftunterlagen befinden sich in den ›Geheimarchiven des KGB (Smersh)‹.

*Poliere und Facharbeiter der Abteilungen D, D IV und B:*

*Aufenthalt in Dachau und in Gusen (Mauthausen):*
  *Willing, August,* Monteur der Abteilung D IV (Prüfer). Stellt im Dezember 1940 den mobilen Doppelmuffelofen von Dachau auf Koksbeheizung um, indem er seitlich zwei Generatoren anbaut. Baut vom 26. Dezember 1940 bis 2. Februar 1941 im Außenlager Gusen einen mobilen Ofen mit zwei seitlichen Koksgeneratoren auf. Repariert diesen Ofen in der Zeit vom 11. Oktober bis zum 10. November 1941.

  *Holik, Martin [I],* Monteur der Abteilung D IV (Prüfer). Stellt ab Mai 1942 die beiden Dreimuffelöfen im Krematorium von Dachau auf, die am 23. August bzw. am 3. Oktober 1942 in Betrieb genommen werden.

*Aufenthalt in Auschwitz-Birkenau:*
  *Koch, Wilhelm (Willi),* Monteur der Abteilung D IV (Prüfer). Stellt vom 5. bis zum 25. Juli 1940 zusammen mit einem anderen Monteur der Topf den ersten Doppelmuffelofen im Krematorium I im Stammlager auf. Reist im September 1941 seinem Kollegen Martin Holik nach, um mit den Maurern der Firma Huta die fünf Dreimuffelöfen im Krematorium II aufzubauen. Kommt zu Weihnachten nach Erfurt zurück. Fährt im Januar 1943 erneut nach Birkenau, um den Müllverbrennungsofen des Krematoriums II aufzubauen. Stellt

183

anschließend unter Mithilfe der Maurer der Firma Josef Kluge die Achtmuffelöfen der Krematorien IV und V auf und überprüft, ob der Rauchabzug einwandfrei funktioniert. Verläßt Auschwitz Anfang Juli 1943. Gehört zu den Vorarbeitern der Topf die sich am längsten in Auschwitz aufgehalten haben, d. h. mindestens neun Monate.

*Mähr, Albert,* Monteur der Abteilung D IV (Prüfer). Arbeitet am Fundament des dritten Doppelmuffelofens im Krematorium I des Stammlagers. Beginnt zwischen dem 20. November und 4. Dezember mit der Montage des Ofens.

*Holik, Martin [II],* Monteur der Abteilung D IV (Prüfer). Führt Anfang September 1942 mit Willi Koch die Vorarbeiten für die Montage der fünf Dreimuffelöfen im Krematorium II von Birkenau durch, beginnt dann mit dem Aufbau, der Anfang Februar 1943 beendet ist. Verbringt Weihnachten in Erfurt und kehrt Anfang Februar 1943 nach Auschwitz zurück, um die Montage zu Ende zu führen. Befindet sich Ende Juli noch in Auschwitz und arbeitet am Bau der vier Heißluft-Entwesungskammern in der »Zentralsauna«. Soll, nachdem er etwa ein Jahr im Lager verbracht hatte, im September oder Oktober nach Erfurt zurückgekehrt sein. War wahrscheinlich direkter Zeuge der Vernichtung der »arbeitsunfähigen« Juden in den vier Krematorien von Birkenau.

*Messing, Heinrich,* Bauschlosser der Abteilung B (Schultze). Kommmt am 4. Januar 1943 in Auschwitz an. Montiert dort: den Saugzug in den Sammelschornstein des Krematoriums II, Druckluftgebläse und Motoren der zehn Dreimuffelöfen, die Lüftung der Krematorien II und III, den provisorischen Aufzug im Krematorium III. Repariert auch den von der Huta eingebauten Aufzug im Krematorium II. Kehrt am 11. Juni 1943 nach Erfurt zurück. Hat fünf Monate im Lager verbracht.

*Seyffarth, Arnold,* Monteur der Abteilung D IV (Prüfer). Wird Anfang Februar 1943 nach Birkenau geschickt, um Martin Holik und Willi Koch zu helfen. Arbeitet an den Öfen im Krematorium III. Anwesenheit in Birkenau Ende April sicher. Soll im Mai oder Juni nach Erfurt zurückgekehrt sein. Hat mindestens drei Monate in Birkenau verbracht.


*Heinrich Kori GmbH*
*Technisches Büro und Fabrik für Zentralheizungs- und Lüftungsanlagen,*
*Kirchen- und Großraumheizungen*
*Eiserne Öfen/Kalorifere/Luftheizöfen*
*Abfall-Verbrennungsöfen und Feuerungsanlagen*
*Kesseleinmauerungen-Schornsteinbau, Einäscherungsöfen für Krematorien*
*Dennewitzstraße 35, Berlin W 35.*
Direkter Konkurrent der Topf. Baut in verschiedenen Lagern vier registrierte Einmuffelöfen auf: mobiles Modell, ölbeheizt; mobiles Modell, koksbeheizt; stationäres Modell, koksbeheizt, Typ eins (TI); stationäres Modell,

koksbeheizt, Typ zwei (TII), genannt »Reform«, Einzelpreis 4500 RM pro Stück. Es folgt eine (wahrscheinlich unvollständige) nach Modellen geordnete Liste der erfolgten Lieferungen:

1. *Mobiler Einmuffelofen, ölbeheizt:* 2 nach Sachsenhausen, 1 nach Ravensbrück, 2 nach Majdanek, 1 nach Stutthof (Danzig), 1 nach Groß-Rosen, 1 nach Vugt (Holland), 1 ins AL Trzebinia, 1 ins AL Blechhammer (insgesamt 10).

2. *Mobiler Einmuffelofen, umgestellt auf Koksbefeuerung:* 1 nach Bergen-Belsen, 1 nach Natzweiler-Struthof (Frankreich), 2 nach Neuengamme [die letzten 3 Öfen waren für die Warmwasserproduktion eingerichtet] (insgesamt 4).

3. *Stationäre Einmuffelöfen, koksbeheizt, TI:* 1 nach Mauthausen, 1 nach Flossenbürg (insgesamt 2).

4. *Stationäre Öfen, koksbeheizt, TII:* 4 nach Sachsenhausen, 2 nach Ravensbrück, 2 nach Stutthof (Danzig), 4 nach Dachau, 5 nach Majdanek (für die Warmwasserproduktion, in einem Block aufgestellt), 1 nach Vugt (insgesamt 18).

*Didier-Werke AG*
*Ofenbau*
*Westfälische Straße 90, Berlin-Wilmersdorf*
Bietet Ende August 1943 zwei stationäre, koksbeheizte Einmuffel-Einäscherungsöfen an, die zum Einbau in Krematorien der SS in Belgrad (Serbien) bestimmt sind. Man weiß nicht, ob diese Krematorien gebaut wurden.

## Firmen, die sanitäre Anlagen und Materialen (Entlausung und anderes) geliefert haben:

*Friedrich Boos (VDI)*
*Gesundheitstechnische Anlagen*
*Spezialfabrik für Heizungs-, Lüftungs- und sanitäre Anlagen*
*Helmholzstraße 61–67, Köln-Bickendorf*
Baut vom 30. Januar bis 22. Februar 1941 eine provisorische Lüftung in Krematorium I ein. Ist gleich nach Einrichtung des KL Auschwitz an der Installation der Sammelheizung in den Gebäuden des Stammlagers beteiligt, sowie an der Einrichtung verschiedener Entlausungs- und Sanitäranlagen.

*Degesch (Deutsche Gesellschaft für Schädlingsbekämpfung mbH)*
*Weismüllerstraße 32–40, Frankfurt am Main 1*
Hersteller von Zyklon B. Heute wird das Zyklon in Dosen zu 500 g, 1 kg und 1,5 kg Cyanwasserstoff verkauft, der beigemengte Warnstoff befindet

sich in einer Trägersubstanz aus Pappscheiben (ähnlich Bierdeckeln). Cyano-sil ist ein anderer Handelsname für dasselbe Aktivprodukt, das sich in einer Trägersubstanz aus kleinen porösen Plastikkügelchen befindet.

*Heerdt-Lingler GmbH (»Heli«)*
*Hermann-Göring-Ufer 3, Frankfurt am Main*
   Großhändler, der das Zyklon B der Firma Degesch westlich der Elbe vertreibt.

*Tesch und Stabenow (»TESTA«)*
*Internationale Gesellschaft für Schädlingsbekämpfung mbH*
*Messberghof, Hamburg 1*
Direktor: *Bruno Tesch*
   Großhändler, der das Zyklon B der Firma Degesch östlich der Elbe vertreibt.

*Umluft Apparatbau-Gesellschaft mbH*
*Hindenburgstraße 21, Lehnin (Mark [Brandenburg]) und Bismarckstraße*
*100, Berlin-Charlottenburg 4*
   Stattet im Zigeunerlager Birkenau acht Entwesungskammern mit elektrisch beheizter Heißluft aus.

*Ewald Berninghaus*
*Dampfkesselfabriken in Duisburg und Herne i. W.*
*Schiffswerften mit Maschinenfabriken und Gießereien in Duisburg u. Köln-*
*Deutz, Stahlbau in Duisburg*
*Postfach 112, Duisburg*
   Macht Angebote für die Herstellung von gasdichten Türen für die 19, später 11 Kammern der Blausäure-Entwesungsanlage des Häftlingsaufnahmegebäudes im Stammlager (wurde nie realisiert).

*Siemens-Schuckertwerke Aktiengesellschaft*
*Abteilung Industrie*
*Berlin-Siemensstadt*
Firmeningenieur: *Franke*, Diplomingenieur
   Lieferte die stationäre Kurzwellen-Entlausungsanlage zu Versuchszwecken für das Stammlager.

Firmen, die am Bau der Krematorien
II, III, IV und V in Birkenau mitgearbeitet haben
(die Öfen ausgenommen):

Robert Köhler, Bauingenieur
Hoch-, Tief-, Beton-, und Eisenbetonbau, Schornsteinbau, Kesseleinmauerungen
Industrieller Ofenbau / Ausführung von Bleilöt-Arbeiten
Leo-Schlageter-Straße 13, Myslowitz (Oberschlesien)
Baut die sechs Schornsteine der vier Krematorien von Birkenau.

Huta (Hoch- und Tiefbau-Aktiengesellschaft)
Beton- u. Eisenbeton-Brücken u. Tunnelbau, Industriebau, Wasserkraftanlagen, Hafenanlagen, künstl. Fundierungen, Eisenbahnbau, neuzeitlicher Straßenbau
Berlin / Breslau / Halle a. S. / Hannover / Kattowitz / Nürnberg / Stettin
Niederlassung Kattowitz
Friedrichstraße 19, Kattowitz
Erstellt die Rohbauten der Krematorien II und III. Beginnt die Rohbauten für Nr. IV und Nr. V. Mitwirkung beim Aufbau der Öfen des Krematoriums II.

VEDAG (Vereinigte Dachpappenfabriken Aktiengesellschaft)
Fachabteilung für Grundwasserabdichtungen, Isolierungen u. Asphaltierungen, Betriebe Schlesien
Elferplatz 1a, Breslau 1
Dichtet die Keller der Krematorien II und III gegen Wasser ab.

Continentale Wasserwerks-Gesellschaft mbH (»CWG«)
Wasserwerks- und Kanalisationsanlagen / Neuzeitl. Kiesschüttungsbrunnen / Rohrverlegungen
Hardenbergstraße 1, Berlin Charlottenburg 2
Beginnt mit den Drainagearbeiten für das Krematorium II.

Karl Falck
Tiefbau- und Installationsgeschäft
Gustav-Freytag-Allee 13, Gleiwitz (Oberschlesien)
Setzt zusammen mit der Triton die Drainagearbeiten für das Krematorium II fort und übernimmt die für die drei anderen Krematorien.

Triton
Tiefbauunternehmen
Bodenuntersuchungen / Bohrungen nach Wasser und Mineralien

187

*Königshüterstraße 87, Kattowitz*
Inhaber: Bauingenieur *Roman Walczuch*
Führt mit der Firma Karl Falck die Drainagearbeiten für die vier Krematorien von Birkenau durch.

*Konrad Segnitz – Baugeschäft*
*Eisenbeton und Hochbau, Holz- und Eisen-Sparade »Vollmar«-Bauweise*
*Bohlen – Lamellen – Decken und Bohlen – Dachbinder – Konstruktionen*
*Lindenstraße 38, Beuthen (Oberschlesien)*
Inhaber: *Carl Pluta*, Baumeister
Entwirft die Pläne für die vier Dächer der Krematorien von Birkenau und führt die Dachstuhlarbeiten durch.

*Albert Bsdok, Dipl.-Ing. Baurat*
*Lindenstraße 46, Beuthen (Oberschlesien)*
Überprüft die statistischen Berechnungen für die Dächer der vier Krematorien von Birkenau, die von der Firma Konrad Segnitz angefertigt werden.

*Industrie-Bau-AG*
*Beton- und Eisenbetonbau / Brücken-, Hoch- und Tiefbau / Straßenbau /*
*Dampfsägewerk (5 Gatter) / Bautischlerei / Bauschlosserei*
*Breslauerstr. 63 (Sägewerk)* und *Elisabeth-Straße 21, Bielitz (Oberschlesien)*
Deckt die Dächer der vier Krematorien Birkenau ein.

*Riedel u. Sohn*
*Eisenbeton und Hochbau, Hoch- und Tiefbau, Industriebau, Wohnungs- und*
*Siedlungsbau, Silo- und Bunkerbauten im Gleitbauverfahren, Straßen- und*
*Brückenbauten*
*Brückenstraße 1, Bielitz (Oberschlesien)*
Beendet den Rohbau der Krematorien IV und V.

*Josef Kluge*
*Baugeschäft – Dampfziegelei – Sägewerk*
*Hoch-, Tief- und Eisenbetonbau*
*Alt-Gleiwitz (Oberschlesien)*
Aufbau der Topf-Achtmuffelöfen in den Krematorien IV und V.

*Hermann Hirt Nachflg.*
*Hoch-, Tief- und Eisenbetonbau*
*Ludendorffstraße 16, Beuthen (Oberschlesien)*
Hilft bei den Feinarbeiten: setzt die Löcher für die natürliche Entlüftung in das Dach des Krematoriums IV (wahrscheinlich auch V).

# Liste der Abkürzungen

| | |
|---|---|
| AL: | Arbeitslager |
| BW: | Bauwerk |
| DAW: | Deutsche Ausrüstungswerke |
| (F): | Fachführer (nach SS Dienstgradbezeichnungen) |
| KG: | Kriegsgefangener |
| KGL: | Kriegsgefangenenlager |
| KL: | Konzentrationslager (offizielle Bezeichnung) |
| KZ: | Konzentrationslager (gängige Bezeichnung) |
| RSHA: | Reichssicherheitshauptamt |
| (S): | Sonderführer (nach SS-Dienstgradbezeichnungen) |
| SA: | Sturmabteilung |
| SMA: | Sowjetische Militär-Administration |
| SS: | Schutzstaffel |
| SS-HHB: | SS-Hauptamt Haushalt und Bauten |
| SS-HVW: | SS-Hauptamt Verwaltung und Wirtschaft |
| SS-WVHA: | SS-Wirtschaftsverwaltungshauptamt |
| ZA: | Zivilarbeiter |
| ZBL: | Zentralbauleitung |

# Dienstgrade in Waffen-SS und Heer

| *Waffen-SS* | *Heer* |
|---|---|
| *(1942–45)* | |
| Oberst-Gruppenführer | Generaloberst |
| Obergruppenführer | – |
| Gruppenführer | Generalleutnant |
| Brigadeführer | Generalmajor |
| Oberführer | – |
| Standartenführer | Oberst |
| Obersturmbannführer | Oberstleutnant |
| Sturmbannführer | Major |
| Hauptsturmführer | Hauptmann |
| Obersturmführer | Oberleutnant |
| Untersturmführer | Leutnant |
| Sturmscharführer | Stabsfeldwebel |
| Hauptscharführer | Oberfeldwebel |
| Oberscharführer | Feldwebel |
| Scharführer | Unterfeldwebel |
| Unterscharführer | Unteroffizier |
| Rottenführer | Obergefreiter |
| Sturmmann | Gefreiter |
| Oberschütze | Oberschütze |
| Schütze | Schütze |

(Zu Appendix 1:)

Längs- und Querschnitt durch das Modell eines Einäscherungsofens mit Koks-feuerung und Rekuperator, wie es in den Jahren 1930 bis 1935 üblich war (siehe z. B. das Krematorium in Zürich, Schweiz).

190

# Appendix 1

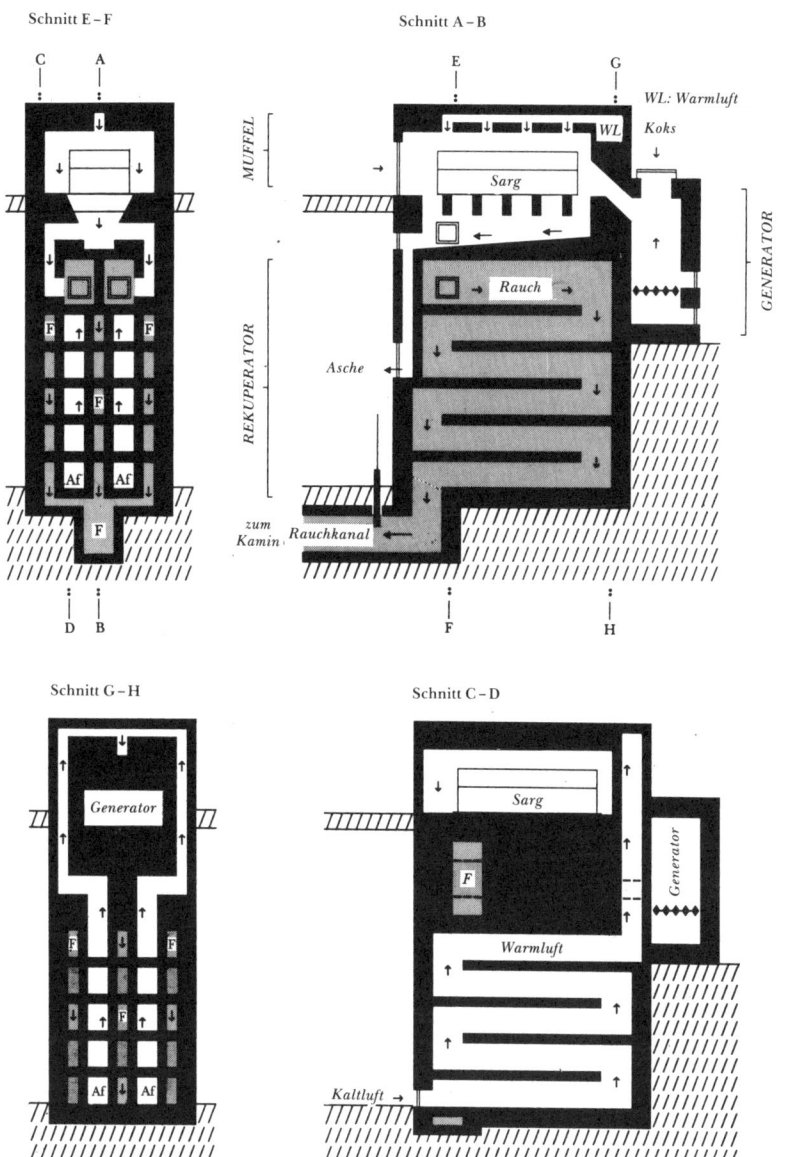

Schnitt E – F

C  A

MUFFEL

F  F

F

Af  Af

F

D  B

REKUPERATOR

Schnitt A – B

E  G

WL: Warmluft

Koks

WL

Sarg

GENERATOR

Rauch

Asche

zum
Kamin  Rauchkanal

F  H

Schnitt G – H

Generator

F  F

F

Af  Af

Schnitt C – D

Sarg

F

Generator

Warmluft

Kaltluft

191

# Appendix 2
# Die Zahl der Toten im KL Auschwitz-Birkenau:

Die letzte Studie, die zu diesem Thema erschienen ist, ist die eines Historikers vom staatlichen Museum in Auschwitz, Franciszek Piper: *Die Zahl der Opfer von Auschwitz (aufgrund der Quellen und der Erträge der Forschung 1945 bis 1990)*, Staatl. Museum Oswiecim 1993. Es handelt sich dabei um eine sehr sorgfältige Arbeit, die ihr Augenmerk auf den chronologischen Aspekt dieser Frage richtet, auf die Autoren, die sich bereits mit diesem Thema beschäftigt haben und den daraus resultierenden Ergebnissen, die sich aus dem Wissensstand von 1991 ergeben. Piper schätzt die Zahl der Opfer unter den registrierten Häftlingen und denen, die nicht registriert waren, auf 1 100 000.

Seine Studie enthält drei Punkte, die es zu korrigieren gilt:

A. Die Zahl der Todesfälle unter den registrierten Häftlingen,

B. die Zahl der polnischen Juden, die nach Auschwitz kamen, und ihre Sterblichkeitsrate,

C. die Zahl der ungarischen Juden, die nach Auschwitz kamen, und ihre Sterblichkeitsrate.

## A. Die Zahl der Todesfälle unter den registrierten Häftlingen

Wenn Piper wußte, daß in der ehemaligen Sowjetunion ungefähr 70 000 Sterbeurkunden von registrierten Häftlingen, in mehreren Bänden gesammelt, aufbewahrt wurden, so kannte er 1991 jedoch noch keine Einzelheiten

Unter den Nummern 502-4-2 bis 502-4-47 werden im Moskauer Zentralarchiv 46 (sechsundvierzig) »Sterbebücher«, die die Sterbeurkunden – pro Seite ein Todesfall – von 67 223 eingetragenen Häftlingen aus Auschwitz enthalten, aufbewahrt. Der erste Band beginnt am 4. August 1941, der letzte endet am 31. Dezember 1943. Die Sammlung ist nicht vollständig, denn die Bände wurden im Laufe eines Jahrgangs von 1 bis x durchnumeriert, und es fehlen Nummern. Ursprünglich umfaßten die drei Jahrgänge 59 (neunundfünfzig) Bände: vier von 1941, dreißig von 1942 und fünfundzwanzig von 1943. Ein Band umfaßt maximal 1500 Seiten, das entspricht 1500 Sterbeurkunden. Gegen Ende eines Jahres ist die Zahl der Seiten manchmal geringer. Hier nun die komplette Aufstellung (die Bände in eckigen Klammern sind die fehlenden):

| Jahr | Band | Zeitraum | Zahl der Todesfälle | tägliche Rate |
|------|------|----------|---------------------|---------------|
| 1941 | 1 | (4. August – 10. September) | 1498 | 39 |
| [1941 | 2 | (11. September – 20. Oktober) | 1500] | 38 |
| 1941 | 3 | (21. Oktober – 22. November) | 1490 | 45 |
| [1941 | 4 | (23. November – 31. Dezember) | 1500] | 38 |
| | | | 5988 | |
| 1942 | 1 | (3. Januar – 24. Februar) | 1500 | 29 |
| 1942 | 2 | (24. Februar – 22. März) | 1496 | 56 |
| 1942 | 3 | (21. März – 8. April) | 1490 | 80 |
| 1942 | 4 | (8. April – 30. April) | 1420 | 63 |
| [1942 | 5 | (1. Mai – 15. Mai) | 1500] | 100 |
| 1942 | 6 | (16. Mai – 30. Mai) | 1478 | 102 |
| 1942 | 7 | (30. Mai – 13. Juni) | 1500 | 103 |
| [1942 | 8 | (14. Juni – 25. Juni) | 1500] | 125 |
| 1942 | 9 | (26. Juni – 7. Juli) | 1499 | 130 |
| 1942 | 10 | (7. Juli – 16. Juli) | 1498 | 166 |
| 1942 | 11 | (16. Juli – 28. Juli) | 1460 | 122 |
| 1942 | 12 | (28. Juli – 6. August) | 1498 | 166 |
| 1942 | 13 | (6. August – 16. August) | 1472 | 140 |
| 1942 | 14 | (17. August – 22. August) | 1489 | 272 |
| 1942 | 15 | (22. August – 28. August) | 1498 | 250 |
| 1942 | 16 | (28. August – 2. September) | 1492 | 298 |
| 1942 | 17 | (2. September – 7. September) | 1498 | 300 |
| 1942 | 18 | (7. September – 11. September) | 1498* | 375 |
| 1942 | 19 | (11. September – 16. September) | 1492 | 298 |
| 1942 | 20 | (16. September – 22. September) | 1404 | 234 |
| 1942 | 21 | (22. September – 28. September) | 1488 | 248 |
| 1942 | 22 | (28. September – 2. Oktober) | 1442 | 288 |
| 1942 | 23 | (2. Oktober – 12. Oktober) | 1438 | 160 |
| 1942 | 24 | (12. Oktober – 22. Oktober) | 1482 | 148 |
| 1942 | 25 | (22. Oktober – 2. November) | 1484 | 129 |
| 1942 | 26 | (3. November – 12. November) | 1490 | 149 |
| [1942 | 27 | (13. November – Datum unbek.) | 1500] | 136 |
| [1942 | 28 | (Datum unbek. – 4. Dezember) | 1500] | 136 |
| 1942 | 29 | (5. Dezember – 14. Dezember) | 1230 | 123 |
| [1942 | 30 | (15. Dezember – Datum unbek.) | 1440]** | – |
| [1942 | 31 | (Datum unbek. – 31. Dezember) | 1440]** | – |
| | | | 45616 | |

| Jahr | Band | Zeitraum | Zahl der Todesfälle | tägliche Rate |
|---|---|---|---|---|
| 1943 | 1 | (2. Januar – 15. Januar) | 1492 | 107 |
| 1943 | 2 | (16. Januar – 28. Januar, 2. März) | 1484 | 110 |
| 1943 | 3 | (28. Januar – 7. Februar) | 1486 | 142 |
| [1943 | 4 | (8. Februar – 15. Februar) | 1500] | 188 |
| 1943 | 5 | (16. Februar – 23. Februar) | 1442 | 192 |
| 1943 | 6 | (23. Februar – 2. März) | 1442 | 206 |
| 1943 | 7 | (2. März – 7. März) | 1488 | 298 |
| 1943 | 8 | (7. März – 13. März) | 1498* | 250 |
| 1943 | 9 | (13. März – 18. März) | 1492 | 298 |
| 1943 | 10 | (18. März – 24. März) | 1460 | 243 |
| 1943 | 11 | (24. März – 1. April) | 1428 | 179 |
| [1943 | 12 | (2. April – 13. April) | 1500] | 125 |
| 1943 | 13 | (14. April – 13. Mai) | 1480 | 49 |
| [1943 | 14 | (14. Mai – Datum unbek.) | 1500] | 88 |
| [1943 | 15 | (Datum unbek. – 16. Juni) | 1500] | 88 |
| 1943 | 16 | (17. Juni – 2. Juli) | 1465 | 95 |
| 1943 | 17 | (2. Juli – 29. Juli) | 1480 | 55 |
| 1943 | 18 | (29. Juli – 29. August) | 1494 | 47 |
| [1943 | 19 | (30. August – Datum unbek.) | 1500] | 68 |
| [1943 | 20 | (Datum unbek. – 12. Oktober) | 1500] | 68 |
| 1943 | 21 | (13. Oktober – 12. November) | 1490 | 49 |
| 1943 | 22 | (12. November – 11. Dezember) | 1414 | 48 |
| 1943 | 23 | (11. Dezember – 29. Dezember) | 1500*** | – |
| 1943 | 24 | (29. Dezember – 31. Dezember) | 1494*** | – |
| 1943 | 25 | (31. Dezember) | 970 (1462)**** | – |
| | | | 36 991 | |

* Höhepunkte der Fleckfieber-Epidemie: der erste um den 9. September 1942 und der zweite um den 10. März 1943 herum. Ein dritter fällt in den Zeitraum von Mai/Juni 1943. Die Krankheit grassiert aber nur im Zigeunerlager, was die niedrige Sterblichkeitsrate erklärt.

** Laut Band 31, der im Archiv des Museums in Auschwitz aufbewahrt wird, ist die letzte Sterbeurkunde für das Jahr 1942 am 21. Dezember ausgestellt worden und trägt die Nummer 45 616. Willkürlich und aufgrund von Ungenauigkeiten, die aus den fehlenden Bänden von 1942 (Nr. 5, 8, 27, 28 und 30) herrühren, sind 2880 Sterbeurkunden unter Band 30 und 31 aufgeteilt worden.

*** Wahrscheinlich Korrekturzahlen, die sich auf die Todesfälle in den Nebenlagern des KL beziehen.

**** Die letzte Sterbeurkunde, die am 31. Dezember 1943 ausgestellt wurde, wird im Museum von Auschwitz aufbewahrt. Sie trägt die Nummer 36 991 und ist auf den 18. Dezember datiert. Es ist vermerkt, daß sie aus Band 25 des Jahrgangs 1943 stammt, der 1462 Sterbeurkunden umfassen soll. Doch Band 25 im Moskauer Archiv enthält lediglich 970. Es scheint, daß ein gesonderter Ergänzungsband mit 492 Sterbeurkunden angelegt wurde (Ende des Jahres 1943 vorgenommene Korrektur), der aber Bestandteil von Band 25 ist.

Insgesamt ergibt das vom 4. 8. 41 bis zum 31. 12. 43:
5988 + 45616 + 36991 = 88595 (durchschnittliche tägliche Rate: 101)

## Zusammenfassung der Todesfälle unter den eingetragenen Häftlingen von Mai 1940 bis Januar 1945:
### (sowjetische KG nicht mitgerechnet)

| | | |
|---|---|---|
| von Mai bis Dezember 1940: | keine Angaben, aber ungefähr | 2000 |
| von Januar bis Juli 1941: | keine Angaben, aber ungefähr | 4000 |

*(Diese Schätzungen basieren auf folgenden Daten: Anzahl der am 19. 1. 42 eingetragenen Häftlingen [25876], abzüglich des tatsächlichen Häftlingsbestands an diesem Datum [10193], der Verlegungen [3000] und der Entlassungen [einige hundert] in der Zeit von Mai 1940 bis Ende 1941 und der bekannten Todesfälle [6550] bis zum 19. 1. 42)*

| | | |
|---|---|---|
| von August bis Dezember 1941: | (1200 Todesfälle / Monat) | 5988 |
| von Januar bis Dezember 1942: | (3700 Todesfälle / Monat) | 45618 |
| von Januar bis Dezember 1943: | (3000 Todesfälle / Monat) | 36991 |
| von Januar bis Dezember 1944: | keine Angaben, aber ungefähr | 30000 |
| vom 1. bis 18. Januar 1945: | keine Angaben, aber ungefähr | 1500 |

*(Die geschätzte Zahl der Todesfälle in den Jahren 1944 und 1945 basiert auf: 1. einer täglichen Sterberate von 100, dem tatsächlichen Durchschnitt von 1944 ebenso wie im zweiten Halbjahr 1943. 2. Der Beseitigung der wichtigsten Ursache für die natürliche Sterblichkeit im gesamten Gebiet des Konzentrationslagers: des Fleckfiebers; und zwar durch den Einsatz von leistungsfähigen Entlausungs- und Hygieneanlagen von Ende 1943 bis Anfang 1944, das Eintreffen einer mobilen Ultrakurzwellen-Entlausungsanlage Ende Mai 1944 und die Installation einer ähnlichen stationären Anlage Ende Juni 1944. Auf diese Weise kommt man zu der Zahl von 37800 Todesfällen (36000 und 1800).*
*Aber im Museum Auschwitz schätzt man aufgrund aller noch vorhandenen Dokumente die Zahl der Toten unter den registrierten Häftlingen in den Jahren 1944 und 1945 auf 31500.*
*Und diese Zahl ist im Gedächtnis haften geblieben.)*

| | |
|---|---|
| Gesamtsumme, abgerundet: | 126000 |

195

Die »Sterbebücher« aus Moskau gestatten die Behauptung, daß von den zwischen Mai 1940 und Januar 1945 registrierten 400000 Häftlingen 130000 *intra muros* gestorben sind und 270000 ›theoretisch‹ überlebt haben (da sie entweder in andere Lager überstellt wurden oder zum Zeitpunkt ihrer Evakuierung ins Innere des Reiches noch am Leben waren).

## B. Die Zahl der polnischen Juden, die nach Auschwitz kamen, und ihre Sterblichkeitsrate

George Wellers hat in seinem Aufsatz »Essai de détermination du nombre de morts au camp d'Auschwitz«, in *Le Monde Juif,* Nr. 112, Oktober/Dezember 1983, darauf hingewiesen, daß 622935 polnische und russische Juden nach Auschwitz deportiert, daß davon 49110 registriert und 573825, also 92,1%, dort vergast wurden. Wellers bezieht sich dabei auf die erste Ausgabe des *Kalendariums der Ereignisse* . . . von Danuta Czech, in der er 119 Transporte polnischer und russischer Juden gezählt hat und pro Transport von 5000 Menschen ausgegangen ist. Raul Hilberg nahm an, daß diese Zahl zu hoch sei und daß ein Transport dieser Art durchschnittlich nicht mehr als 2000 Personen hatte befördern können.

Piper verwendet vier verschiedene Ansätze, um zu der endgültigen Summe von 300000 zu kommen, was den Zufallscharakter solcher Ergebnisse, mangels genauer Daten, deutlich macht:

1. Wenn man von dem Ende 1939 in deutschen Gebieten lebenden polnischen Juden diejenigen abzieht, die den Krieg überlebt haben, die in die Sowjetunion gegangen oder geflüchtet sind, die erschossen wurden, die in den Ghettos starben, und die, die in den sogenannten reinen Vernichtungs- und anderen Lagern getötet worden sind, so bleiben nur noch 300000 polnische Juden für Auschwitz übrig.

2. Wenn er all die Transporte polnischer Juden des zweiten *Kalendariums* D. Czechs mit dazurechnet – deren Liste er *in extenso* zur größeren Sicherheit veröffentlicht –, und die Juden aus Lodz hinzurechnet, so kommt er auf eine Gesamtsumme von 280000 bis 290000.

3. Wenn er sich auf das Ergebnis von Hilberg bezieht und einige kleinere Transporte hinzurechnet, kommt er auf 265935.

4. Durch Zählung der Juden in den ehemals polnischen Gebieten unter deutscher Besatzung und bei der Untersuchung der Transporte nach Auschwitz kommt er auf eine Gesamtsumme von 277000 bis 287000 deportierter Juden.

Zu diesen Berechnungsmethoden sind folgende Anmerkungen zu machen:

1. Die durch Substraktion entstandene Zahl ergibt sich vor allem aus der Zahl der in den reinen Vernichtungslagern getöteten Juden. Eine Verringerung dieser Zahl, die erwiesen ist, würde die Zahl der polnischen Juden in Ausch-

witz deutlich erhöhen, was nicht mit dem aktuellen historischen Wissensstand in Einklang steht.

2. Im *Kalendarium* von D. Czech ergibt sich aus der Deportation von Juden aus Bendsburg und Sosnowitz Anfang August 1943, plus je einem belgischen und einem französischen Transport, eine Gesamtzahl von 23 714 »Arbeitsunfähigen«, die in 6 Tagen hätten vergast und eingeäschert werden müssen, das macht also ungefähr 4000 pro Tag. Aber der Zustand der Krematorien erlaubt es nicht, so viele Leichen zu verbrennen. Krematorium II wird gerade repariert und Nr. IV ist nicht in Betrieb. Die Einäscherungskapazität des Lagers in den Krematorien I, III und V kann die Zahl von 1750 pro Tag nicht überstiegen haben. Da das Krematorium I Ende Juli 1943 auf Befehl des SS-Mannes Grabner nicht mehr in Betrieb war, kann es sogar sein, daß diese Zahl auf 1500 abgefallen ist. Es hat den Anschein, als wurde die – von den Augenzeugen ohnehin schlecht geschätzte – Zahl der Juden pro Transport (2000 bis 3000) verdoppelt.

3. Die durchschnittlich 2000 pro Transport bei Hilberg können auf 1000 bis 1500 gesenkt werden, was eher der Zahl der bei diesen Transporten Registrierten, also »Arbeitsfähigen«, entspricht.

Tatsächlich ist der Anteil der Juden, die als arbeitsfähig bzw. arbeitsunfähig eingestuft wurden, wohlbekannt: 30% bis 35% gehörten zur ersten, 65% bis 70% zur zweiten Kategorie (Kommandant Höß kommt auf 25% bis 30% »Arbeitsfähige«. Der Durchschnitt der »Arbeitsunfähigen«, die vergast wurden, liegt nach Wellers' Berechnungen – ausgenommen die polnischen und ungarischen Juden – bei 65%. Behält man Wellers' Prozentsatz bei, der durch die Aussagen Höß' berichtigt wird, so ergibt sich ein Verhältnis von einem Drittel zu zwei Dritteln). Mit ungefähr 50 000 registrierten polnischen Juden konnten es nur ungefähr 150 000 sein (das macht also hundert Transporte zu je 1500 Menschen).

## C. Die Zahl der ungarischen Juden, die nach Auschwitz kamen, und ihre Sterblichkeitsrate

Zwei Gründe werden für die Deportation der ungarischen Juden nach Deutschland angegeben. Zunächst einmal sollte die Sicherheit hinter der Front gewährleistet bleiben (die Juden galten als Defätisten, Saboteure und Spione), und außerdem benötigte man Arbeitskräfte (100000, dann 200000 Arbeiter), um sechs große unterirdische Fabriken von 100000 m² zu errichten, in denen Jagdflugzeuge mit Strahlantrieb (Me 262) gebaut werden sollten. Das ausführende Organ für die Beschaffung der Arbeitskräfte war das SS-WVHA und der Arbeitgeber die Organisation Todt (OT). Das Zusammentreiben der Juden wurde von der ungarischen Gendarmerie unter Leitung des Sondereinsatzkommandos von Adolf Eichmann besorgt.

Die Berichte von Laszlo Ferenczy, einem Oberstleutnant der ungarischen Gendarmerie, belegen, daß im Zeitraum vom 15. Mai bis 8. Juli 1944 148 Transporte mit insgesamt 438 000 Juden aus Ungarn kamen, also pro Transport durchschnittlich 3000 Menschen. In einem Telegramm vom 24. April nennt der deutsche Diplomat Edmund Veesenmayer als geplanten Bestimmungsort: Auschwitz. Später wurden als Bestimmungsorte für die ungarischen Juden noch andere angegeben: Arbeitslager im Gebiet des Reiches, die dem Reichsführer SS unterstanden (laut Ritter), Oberschlesien und das Generalgouvernement (laut Eberhard von Thadden).

Da die jüdischen Familien jeweils zusammen deportiert wurden, kam so nur eine geringe Zahl von Männern zusammen, zumal die kräftigsten in Ungarn zurückgehalten und gezwungen wurden, an Ort und Stelle für Firmen zu arbeiten, die jüdische Arbeitskräfte vermittelten. So setzten sich die ersten Transporte, die in Auschwitz eintrafen, aus Kindern, Frauen und alten Menschen zusammen, die zu Arbeiten auf einer Baustelle nicht eingesetzt werden konnten. Dies wurde den zivilen Verantwortlichen und der SS in Berlin am 26. Mai gemeldet. Pohl hatte Himmler schon am 24. Mai signalisiert, daß die Hälfte der »Arbeitsfähigen« aus jüdischen Frauen bestünde (die andere Hälfte seien Männer), daß aber trotz dieses Umstandes die OT bereit sei, sie einzusetzen. Um den Männermangel auszugleichen, wurden auch Juden aus dem ungarischen Arbeitsdienst nach Deutschland geschickt.

In der ersten Ausgabe des *Kalendariums...* von Danuta Czech, die 1964 erschien, sind 91 Transporte aus Ungarn erfaßt, die zwischen dem 2. Mai und dem 18. Oktober 1944 in Auschwitz eintrafen. Man ging daraufhin davon aus, daß die 438 000 Deportierten, die Ferenczy angegeben hatte, in Auschwitz angekommen waren, daß aber die Zahl der Transporte geringer, die Zahl der Beförderten aber höher gewesen war (4800 pro Zug). Was nun die bestehende Abweichung bezüglich der Deportationsdauer betraf – laut Ferenczy ungefähr zwei Monate, wohingegen man im Museum von Auschwitz von vier ausgeht –, so hielt man es für besser, nicht weiter darauf einzugehen. Da lediglich ungefähr 28 000 Juden und Jüdinnen in Auschwitz registriert wurden, nahm man an, daß die übrigen 410 000 vergast worden waren, was bedeuten würde, daß 94% der Deportierten bei ihrer Ankunft liquidiert und lediglich 6% als arbeitsfähig eingestuft worden wären (Prozentzahlen, die G. Wellers 1983 ermittelte). Fünfundzwanzig Jahre lang wurden diese Zahlen in der Welt verbreitet und als gegeben akzeptiert.

Aber im zweiten *Kalendarium...* D. Czechs, das 1989 bei Rowohlt erschien, sind es nur noch 53 ungarische Transporte, die zwischen dem 2. Mai und dem 11. Juli 1944 in Auschwitz eintreffen. Fast vierzig Transporte sind verschwunden. Dieses ›sich in Luft auflösen‹ erklärt sich aus der Unkenntnis des ›Selektionsverfahrens‹, dem sich die ungarischen Juden in Auschwitz unterziehen mußten und das durch im Stadtarchiv von Arolsen wiedergefundene Dokumente aufgedeckt wird.

Wenn ein Transport in Birkenau eintraf, spielte sich folgendes ab: Die

Ankömmlinge stiegen an der »Rampe« aus und wurden in zwei Reihen eingeteilt. In der einen standen Frauen und Kinder, in der anderen die Männer. Dann wurde von ein oder zwei SS-Ärzten, die zu diesem Zweck in der Mitte der Rampe standen, die Aussonderung vorgenommen. Sie teilten die zwei Reihen in vier ein, zwei mit Frauen und Kindern und zwei mit Männern. Die »Arbeitsunfähigen« wurden, je nach Verfügbarkeit, zu den Krematorien II, III oder V dirigiert und liquidiert. Die arbeitsfähigen Männer und Frauen wurden entweder sofort registriert und in Auschwitz interniert (vor allem die Männer) oder sobald als möglich in andere Lager des Reiches überstellt, ohne vorher registriert zu werden, oder schließlich – das galt für Frauen und Jugendliche – in Lagerabschnitten von Birkenau untergebracht, in B III (Durchgangslager) und in B IIc (das Lager der ungarischen Juden), ebenfalls ohne registriert zu werden. Sobald die Abteilung Arbeitseinsatz in Auschwitz Arbeitskräfte benötigte oder von außerhalb eine Anfrage bekam, wurden Juden aus B III und B IIc ausgewählt, registriert und den Arbeitskommandos des Lagers oder anderer Lager zugeteilt. Diese internen und externen Überstellungen, die seit dem 11. Juli stattfanden (Ende der Deportation von Ungarn nach Auschwitz), führten aufgrund der Häftlingsregistrierung fälschlicherweise zu der Annahme, daß es sich um weitere aus Ungarn eingetroffene Transporte handelte.

Das *Kalendarium* ... führt die Dokumente an, die die Überstellung von circa 25000 (zum Großteil nicht registrierten) ungarischen Juden und Jüdinnen nach Buchenwald, Mauthausen, Dachau, Groß-Rosen und Monowitz belegen. Aber unerwähnt bleibt die Überstellung von 20000 bis 30000 oder mehr ungarischer Jüdinnen – die in Auschwitz nicht registriert wurden, da es nur Durchgangsstation war – nach Stutthof (in der Nähe von Danzig), von wo aus sie auf verschiedene Lager zur Zwangsarbeit verteilt wurden. In Yad Vashem existiert über diese Frauen eine (bisher noch nicht untersuchte) Kartei. Im *Kalendarium* ... sind ebenfalls die Transporte jüdischer Männer nicht aufgeführt, die direkt – ohne Auschwitz Halt zu machen – in Lager des Reiches geschickt wurden (zum Beispiel nach Dora), ebenso fehlen die Transporte jüdischer Frauen in bestimmte Lager des Generalgouvernements (Krakau-Plaszow).

Zusammenfassend kann man sagen, daß die einzigen gesicherten, aber unvollständigen Daten bezüglich arbeitsfähiger ungarischer Juden und Jüdinnen folgende sind:
1. die Zahl der in Auschwitz registrierten Häftlinge: 28000;
2. die Zahl der ungarischen Juden, die in andere Lager des Reiches überstellt wurden: ca. 25000 (unvollständige Daten);
3. die Zahl der ungarischen Jüdinnen, die nach Stutthof überstellt wurden: 20000 bis 30000 (die über sie existierende Kartei in Yad Vashem ist noch nicht ausgewertet).

Man kommt insgesamt also auf ungefähr 80000 Menschen (was 240000 Ankömmlingen entsprechen würde).

Bei Kriegsende fand man, der *Encyclopaedia Judaica* zufolge, in 386

Konzentrations- und Arbeitslagern und Arbeitskommandos ungarische Juden und Jüdinnen, die dort ein wahres Martyrium überlebt hatten. Man sah sie überall, von einigen hundert in den Arbeitskommandos bis hin zu Zehntausenden in den »großen« Lagern. Fast alle nichtjüdischen Deportierten bezeugen ihre Omnipräsenz, die besonders harte Behandlung, die sie erleiden mußten, und die erhöhte Sterblichkeitsrate, von der sie betroffen waren. Man kann davon ausgehen, daß vier Anfragen der OT und der Luftwaffe bezüglich dieser Arbeitskräfte stattgegeben wurde, denn in Nürnberg sagte später Ministerialdirektor Schmelter aus, daß man sehr wohl 100000 ungarische Juden im Rahmen der »Aktion Eichmann« zum Bau unterirdischer Flugzeugfabriken geschickt hätte (was 300000 Ankömmlingen entspräche).

Im übrigen beweisen die 189 Fotos des *L'Album d'Auschwitz* (das von Serge Klarsfeld wiedergefunden wurde und für dessen französische Ausgabe bei der Éditions du Seuil der Autor verantwortlich ist) über die Deportation ungarischer Juden ganz eindeutig, daß weit mehr als sechs von hundert Juden bei ihrer Ankunft arbeitsfähig waren. Folglich können nicht 410000 ungarische Juden in Birkenau den Tod gefunden haben, weil 146000 von den 438000 Ankömmlingen arbeitsfähig waren und weil ein nicht unbeträchtlicher Teil der von Ferenczy erwähnten Deportierten Auschwitz gar nicht durchlaufen hat. Dennoch nimmt Franciszek Piper vom Museum in Auschwitz weiterhin bei seiner Berechnung der Zahl der Opfer an, daß alle 438000 in Auschwitz angekommen seien. Seit fünfundzwanzig Jahren wird diese Zahl vom dortigen Museum verbreitet, und da kein Forscher dies bisher angezweifelt hat, gelten diese Zahl und der Bestimmungsort als korrekt. Darüber hinaus sagt Piper nichts darüber, wie 438000 Menschen in 53 Transporten dorthin gelangen konnten, wenn die maximale Kapazität pro Transport bei 3000 lag. Dann hätten ja mehr als 8000 Menschen in jedem Zug sein müssen.

Eine Gegenüberstellung der Daten des Museums von Auschwitz mit der fotografischen Abbildung der Realität ist für den 31. Mai und den 26. Juni 1944 möglich. An diesen Tagen wurde Birkenau von den Alliierten aus der Luft fotografiert (Negativ RG 373 Can D 1508, exp. 3055 und 3056 für das erste Datum und Can C 1172, exp. 5022 für das zweite, die Angaben stammen aus der *National Archives Air Photo Library*, Washington, D.C.). Zu jener Zeit stellte sich die Einäscherungskapazität in Birkenau wie folgt dar:

| | | |
|---|---|---|
| Krematorium II: | 1000 pro Tag | ein einziger Vergasungsdurchlauf pro Tag möglich |
| Krematorium III: | 1000 pro Tag | |
| Krematorium V: | 1000 bis 2000 pro Tag | zwei Vergasungsdurchläufe pro Tag sind möglich, denn der Block der drei Gaskammern ist belüftet und die Einäscherung wird in 3 Gruben vorgenommen |
| Bunker 2: | 300 pro Tag | unbelüftete Gaskammer und Einäscherung in 2 Gruben (30 m$^2$ und 20 m$^2$) |

200

Verbrennungskapazität insgesamt: 3300 pro Tag, mit der Möglichkeit zur Erhöhung auf 4300. Im *Kalendarium* . . . wird angegeben, daß am 20. Mai ein Transport (im Durchschnitt 3000 Menschen, von denen 1000 arbeitsfähig und 2000 arbeitsunfähig sind) und am 21. Mai zwei Transporte (6000 Menschen, von denen 2000 arbeitsfähig und 4000 arbeitsunfähig sind) eintrafen. Das Foto, das am 21. Mai zwischen 9 und 10 Uhr morgens aufgenommen wurde, zeigt lediglich sechs oder sieben Waggons an der »Rampe«, woraus man schließen kann, daß keiner der beiden Transporte (zweimal circa vierzig Waggons) angekommen ist. Aus den Krematorien II und III steigt kein Rauch auf und in einem der drei Gräben (3,5 m auf 15 m) neben Krematorium V wird gerade eingeäschert, was auf das Ende der Einäscherung der »Arbeitsunfähigen« vom Vortage schließen läßt. Im *Kalendarium* . . . heißt es ganz richtig, daß 2100 Arbeitsfähige aus den zwei Transporten vom 21. Mai ausgesondert wurden. 3900 Menschen im Laufe eines Tages zu vernichten entspricht der Liquidierungskapazität von Birkenau. Am 25. und 26. Juni trifft, dem *Kalendarium* . . . zufolge, in Auschwitz kein Transport ein. Die Luftaufnahme vom 26. Juni zeigt keinerlei Aktivität der Krematorien von Birkenau. Somit scheint die Zahl der Transporte (53), die das Lager laut Aussage des Museums von Auschwitz erreicht haben sollen, relativ verläßlich zu sein.

## D. Gesamtsumme der nach Auschwitz deportierten Juden und Gesamtzahl der Toten

Wenn man sich in bezug auf die Transporte ungarischer Juden ausschließlich auf die aktuellen Daten des *Kalendariums* . . . D. Czechs stützt, dabei eine durchschnittliche Selektionsrate hinsichtlich der Einteilung in »Arbeitsfähige« und »Arbeitsunfähige« von 1/3 zu 2/3 zugrunde legt, ihre Zahl in Hinblick auf die polnischen Juden berichtigt und die Resultate, die sich auf Grund der Moskauer »Sterbebücher« ergeben haben, berücksichtigt, kommt man zu folgendem Ergebnis (die Zahlen von Piper wurden übernommen, mit Ausnahme der für die polnischen und ungarischen Juden):

| | | |
|---|---|---|
| Ungarn | 160 000–240 000 | |
| [53 Transporte à 3000 Menschen | | [entsprechend den 80 000 be- |
| = aufgerundet 160 000] | | kannten »Arbeitsfähigen«] |
| Polen | 150 000 | |
| Frankreich | 69 000 | |
| Holland | 60 000 | |
| Griechenland | 55 000 | |
| Böhmen-Mähren (Theresienstadt) | 46 000 | |
| Slowakei | 27 000 | |
| Belgien | 25 000 | |
| Deutschland und Österreich | 23 000 | |

| | |
|---|---|
| Jugoslawien | 10000 |
| Italien | 7500 |
| Norwegen | 700 |
| verschiedene Lager u. a. | 34000 |
| | Gesamt: 667200–747200 |

Von den 667200 bis 747200 (aufgerundet also 670000 bis 750000) Juden in Auschwitz wurden ungefähr 200000 registriert (sie stellen damit etwa die Hälfte der 400000 Registrierten) und 470000 bis 550000 in den Gaskammern ermordet.

Also beläuft sich die Gesamtzahl der Opfer auf:

| | |
|---|---|
| Nichtregistrierte, in den Gaskammern umgekommene Juden | 470000–550000 |
| Todesfälle registrierter Häftlinge (Juden und Nichtjuden) | 126000 |
| Sowjetische Kriegsgefangene | 15000 |
| Verschiedene (Zigeuner, usw.) | 20000 |
| Gesamtzahl der Toten: | 631000–711000 |

Diese Berechnungsmethode, die den Vorteil hat, »en gros« zu zählen, ohne sich in den verschiedenen Häftlingskategorien des Lagers zu verlieren, ist wahrscheinlich genau genug, kann aber durchaus noch Lücken aufweisen. Es ist ganz offensichtlich von äußerster Wichtigkeit, möglichst genau die Zahlen der nach Auschwitz deportierten und dort ermordeten ungarischen Juden zu ermitteln, denn von diesem Wissen hängt die annähernd definitive Kenntnis der Gesamtzahl der Opfer von Auschwitz-Birkenau ab. Diese Studie stellt ein enormes Unterfangen dar, denn zuvor müßten die Dokumente der ungarischen Eisenbahn gesichtet (sie existieren, sind aber noch nicht ausgewertet worden), die Karteien der Listen der Juden, die in fast allen Lagern des Reiches 1944 bis 1945 geführt wurden, gefunden und die Zahl der jüdischen Toten in diesen Lagern ermittelt werden. Diese Studie ist bis jetzt noch nicht durchgeführt worden und würde auch den Rahmen dieses Buches sprengen.

Wenn man die Zahl der Opfer, die in Auschwitz durch Zwangsarbeit, mangelnde Ernährung, Epidemien, schlechte Behandlung oder durch Gas (Frauen, Kinder und alte Menschen) zu Tode gekommen sind, auf 630000 bis 710000 schätzt, mag man das im Vergleich zu der emotionalen Zahl von 4000000 für niedrig halten, aber sie entspricht dem gegenwärtigen historischen Wissensstand. Sie beinhaltet nur die *intra muros* Verstorbenen und berücksichtigt weder die Opfer, die die »Todesmärsche« nach der Evakuierung des Konzentrationslagerkomplexes von Auschwitz zur Folge hatten, noch die Zahl derer, die später in anderen Lagern des Reiches oder kurz nach der Befreiung der Lager verstarben. Kurzum, es ist ein Minimal-Wert, der aufgrund neuer Dokumente durchaus korrigiert werden kann. Dieses Ergebnis, wenn es auch unsere quantitative Vorstellung von Auschwitz radikal verändert, beeinflußt jedoch in keiner Weise seine aktuelle Symbolik: Auschwitz steht weiterhin für die *Massenvernichtung* unschuldiger Menschen durch Gas.

# Liste der Pläne

Modell eines Einäscherungsofens mit Koksfeuerung und Rekupera-
tor . . . . . . . . . . . . . . . . . . . . . . . . . . . . . . . . . . . . . . . . . . S. 6
Stationärer Topf-Doppelmuffelofen mit Ölfeuerung, in Buchenwald
installiert . . . . . . . . . . . . . . . . . . . . . . . . . . . . . . . . . . . . . . . S. 9
Topf-Doppelmuffelofen in Buchenwald, umgerüstet auf Koksbe-
feuerung. . . . . . . . . . . . . . . . . . . . . . . . . . . . . . . . . . . . . . . . S. 14
Stationärer Topf-Doppelmuffelofen, Koksfeuerung, Typ Auschwitz . S. 15
Topf-Doppelmuffelofen, ölbetrieben. In Dachau aufgestellt, und
später auf Koksbefeuerung umgerüstet. In Gusen (Mauthausen) di-
rekt mit Koksbefeuerung aufgestellt. . . . . . . . . . . . . . . . . . . . . S. 17
Anordnung des Krematoriums I, voraussichtliche Anordnung der
Entlüftung (1. Entwurf). . . . . . . . . . . . . . . . . . . . . . . . . . . . . . S. 20
Voraussichtliche Anordnung der Entlüftung des Krematoriums I
(2. Entwurf) . . . . . . . . . . . . . . . . . . . . . . . . . . . . . . . . . . . . . S. 23
Anordnung der Entlüftung des Krematoriums I (3. Entwurf) . . . . . S. 24
Voraussichtliche Anordnung der endgültigen Entlüftung für das Kre-
matorium I . . . . . . . . . . . . . . . . . . . . . . . . . . . . . . . . . . . . . . S. 29
Topf-Dreimuffelofen, in Buchenwald und in Birkenau installiert . . . S. 33
Plan eines doppelten Topf-Viermuffelofens . . . . . . . . . . . . . . . S. 40
Auszug aus dem Plan Nr. 932 der Bauleitung vom 23. Januar 1942,
»Entwurf für ein Krematorium«, »Grundriß des Untergeschosses«. . S. 44
Vereinfachter Topf-Dreimuffelofen für die Einäscherungs-Einrich-
tung im KGL . . . . . . . . . . . . . . . . . . . . . . . . . . . . . . . . . . . . . S. 46
Das KGL Birkenau . . . . . . . . . . . . . . . . . . . . . . . . . . . . . . . . S. 60
Voraussichtliche Anordnung des Krematoriums mit zwei vereinfach-
ten Dreimuffelöfen. . . . . . . . . . . . . . . . . . . . . . . . . . . . . . . . . S. 63
Einäscherungsanlage mit Doppel-Viermuffelofen . . . . . . . . . . . S. 64
Rost für die Einäscherung unter freiem Himmel . . . . . . . . . . . . . S. 73
Plan Nr. 2003 der Bauleitung vom 19. Dezember 1942, »Kremato-
rium des KGL«, »Verlegung des Kellereingangs an die Straßenseite« S. 82
Funktionsprinzip von Bunker 1 und 2; Funktionsprinzip, auf die
Krematorien übertragen. . . . . . . . . . . . . . . . . . . . . . . . . . . . . . S. 84
Plan für das Krematorium IV (und V) (vereinfachte Darstellung) . . . S. 86
Plan für das Krematorium IV (und V) (Darstellung der ›industriellen‹
Dimension) . . . . . . . . . . . . . . . . . . . . . . . . . . . . . . . . . . . . . . S. 86
Vereinfachtes Funktionsprinzip des neuen Krematoriums in Dachau . S. 87
Basiselement des Achtmuffelofens, ursprüngliches Modell . . . . . . S. 99
Basiselement des Achtmuffelofens, verstärktes Modell . . . . . . . . S. 99
Entlüftung der Gaskammern in Krematorium V . . . . . . . . . . . . . S. 116

# Danksagungen

Herzlich danke ich *Robert-Jan Van Pelt,* Professor für Architektur an der Universität Waterloo (Ontario, Kanada), der mir seine ersten Ergebnisse über die »Siedlung Auschwitz« übermittelt und netterweise über frühere Mitglieder der Bauleitung Auschwitz im Document Center Berlin Recherchen angestellt hat.

Ganz besonderen Dank schulde ich: *Viviane Dahan,* Dokumentarin und Produktionsassistentin des Films *Premier convoi,* der von Pierre Oscar Lévy gedreht und von La Sept ausgestrahlt wurde. Sie bot mir an, sich beratend an der Recherche für den Film in Oświęcim zu beteiligen und machte es auf diese Weise möglich, herauszufinden, daß die Archive des KGB in Moskau für Ausländer zugänglich sind, außerdem für ihre weitere Hilfe bei der Suche nach maßgeblichen Dukumenten in Moskau; *Barbara Jarosz, Jan Parcer* und *Henryk Swiebocki* vom Museum in Oświęcim, die mir ihre Notizen über die Nomenklatur und ihre früheren grundlegenden Studien zur »Bauleitung von Auschwitz« aus den Moskauer Archiven zur Verfügung stellten; *Stanislawa Iwaszko* und *Dorota Ryszka* vom Museum in Oświęcim für ihre beständige freundschaftliche Hilfe, *Serge Klarsfeld* – sowie der Beate Klarsfeld Foundation – der, weil er verstanden hatte, von welcher historischen Bedeutsamkeit die Archive des KGB sind, meine Reise nach Moskau unterstützt und organisiert hat; *Georgette Klarsfeld,* die unentgeltlich die grundlegende russische Nomenklatur der »Bauleitung von Auschwitz« ins Französische übersetzt hat; *Victor Nikolajewitsch Bondarew,* Direktor des Zentralarchivs Moskau, der mich mit den Worten begrüßte, ich sei »der erste Franzose, der kommt, um in den Archiven des KGB zu arbeiten«, für seinen herzlichen Empfang, die gewährten Genehmigungen und die außerordentliche Hilfe, die mir zuteil wurde; *Ubanovna Modove,* Dolmetscherin für Französisch und Dokumentarin im Moskauer Archiv für ihre Liebenswürdigkeit und Hilfsbereitschaft.

Ebenso danke ich *Dr. L. Nestler,* dem früheren Leiter des Dokumentationszentrums der Verwaltung der Archive der ehemaligen DDR, der mir als erster gestattete, die verbliebenen Akten der Firma Topf und Söhne aus Erfurt einzusehen; *Günther Michel-Triller,* Konservator des Archivs in Weimar, der eine eingehende Untersuchung der Akten der Firma Topf und Söhne aus Erfurt genehmigte und mir von sich aus die Akten zur Konkursverwaltung der besagten

Firma besorgte; *Barbara Distel,* Leiterin der Gedenkstätte Dachau für die Übermittlung der Akten über die Firma Walter Müller aus Allach; *Hellmuth Auerbach,* Leiter des Instituts für Zeitgeschichte in München, für die Weiterleitung der Akten der Firma Topf aus Wiesbaden; *Eugène Lecardinal,* Experte für deutsche Patente beim Institut national de la propriété industrielle in Compiègne, für seine Auskünfte und *Jean-Pierre Niochau* für seine erhellenden Ratschläge zur Datenverarbeitung und seine beständige Unterstützung.

Die Übersetzerinnen danken besonders Dr. Bertrand Perz vom Institut für Zeitgeschichte der Universität Wien, Dr. Hellmuth Auerbach und Dr. Hermann Weiß vom Institut für Zeitgeschichte, München, sowie Barbara Distel, Leiterin der Gedenkstätte Dachau, für ihre freundliche Unterstützung.

# Register

(Auf nähere Angaben bzw. Kurzbiographien zu Personen, Firmen und Organisationen im Anhang wird mit *(A)* verwiesen.)

Albrecht, Ursula 82f.
Aumeier, Hans 108

Bach, von der 25
*Berninghaus, Ewald* 114, 144, 186 (A)
Betzinger 145
Bischoff, Karl 1, 31f., 34, 36f., 38, 43, 45, 48f., 51f., 56, 59, 62–65, 67, 69ff., 75f., 80, 87–90, 94, 106ff., 110, 113, 115, 117, 123, 128, 132, 139ff., 143, 152ff., 156f., 159f., 162, 165, 167, 172, 176f. (A), 177f., 179 (A)
Blobel, Paul 72f., 157, 180 (A)
Boos, Friedrich 114, 144
*Boos, Friedrich* (VDI) 21, 52, 105, 107, 137, 144, 151, 166, 175, 185 (A)
Bormann, Martin 12
Brandt, Karl XV
Braun, Gustav 122f., 146, 169f., 181 (A), 182f.
Broad, Perry 22, 130, 174 (A)
Brück, August 161, 165, 167
Bsdok, Albert 188 (A)
Büchner 16f., 149f., 151, 180 (A)

Clauberg 110
Christophersen, Thies IX
*Collmener Schamottewerke* 41

*Continentale Wasserwerks-Gesellschaft mbH* 70, 139, 187 (A)
Czech, Danuta 134, 141, 145, 196ff., 201

*Degesch* (Deutsche Gesellschaft für Schädlingsbekämpfung) 19, 51f., 130, 136f., 151, 155, 161, 185f. (A)
Dejaco, Walter 34ff., 43, 47, 52, 72f., 81, 113, 123, 132, 139, 152, 157, 159, 170, 174, 175f. (A), 177 (A), 177, 179 (A), 180
*Deutsche Ausrüstungswerke* (DAW) 25, 55, 75, 91, 104, 109, 119
*Didier-Werke AG* 81, 185 (A)

Eichmann, Adolf XIVf., 51
Erdmann, Paul 15, 91, 146, 181f. (A), 182f.
Ertl, Fritz 65ff., 80, 123, 139, 156, 159, 170, 176 (A), 177 (A), 178, 179f. (A)

*Falck, Karl* 70, 78, 187 (A), 188
Faurisson, Robert XI
Ferenczy, Laszlo 198, 200
Fleming, Gerald 146
Frank, Hans 10
Franke 106, 113, 165
Führerschule (SS) 5

Gauweiler, Helmut 133
Gestapo 27, 42, 80, 152 f., 158
Gierisch 172
Glücks, Richard 92
*Goedecker* 166
Göring, Hermann XIV
Grabner, Maximilian 27 f., 34,
    45, 50, 107, 131, 134 f., 154,
    165, 174 (A), 175
Grawitz, Ernst 74, 158

Haagen 133
Halder, Franz von 133
Handloser, Siegfried 133
Hauptamt Haushalt und Bauten
    (SS-HHB) 7 ff., 10, 15 f., 26,
    30, 31, 34 f., 38, 45 f., 132 f.,
    148 f., 151, 154, 171 f. (A),
    176, 180
Hauptamt Verwaltung und Wirt-
    schaft (SS-HVW) 7, 46, 154,
    171 (A)
*Heerdt-Linger GmbH* 136, 151,
    186 (A)
Heider 30, 152, 172 (A), 180
Henlein, Konrad 178
Heydrich, Reinhard XIV f., XX
Hilberg, Raul 196 f.
Himmler, Heinrich XVI ff.,
    XXIV, 7, 12, 25 f., 32, 51,
    54 f., 56 f., 59, 62, 88, 108,
    118, 120, 131, 136 f., 151,
    155 f., 167, 171, 173, 176 f.,
    198
Hindenburg, Paul von 3
*Hirt, Hermann, Nachflg.* 71, 188
    (A)
Hitler, Adolf XII ff., XXIV, 81,
    182
Holik, Martin 48, 65, 72 f., 81,
    90, 154, 157, 160, 166, 183
    (A), 184 (A)
Höß, Rudolf XVIII, XX, XXIV,
    XXVI, 11 f., 19, 31, 42, 48 f.,

51, 54 f., 56 ff., 61 f., 72 f., 88,
    95, 103, 108 f., 117 f., 128,
    136 f., 148, 155 ff., 159 f.,
    164 f., 173 f. (A), 180, 187
Hößler, Franz 72 f., 157, 174 (A)
*Huta* (Hoch- und Tiefbau AG) 53,
    59, 70 f., 79, 89, 100, 139,
    155–158, 162, 183, 187 (A)
Hygieneinstitut der SS (Raïsko)
    53, 96, 109, 119, 158

*I. G. Farben* 25 f., 54, 117, 156,
    173
*Industrie-Bau AG* 70, 73, 188 (A)

Jährling, Rudolf 77, 106, 113 f.,
    120, 140, 143 ff., 162, 167, 179
    (A)
Janisch, Josef 66, 76, 88, 143,
    157, 164, 177, 178 (A)
Jaspers, Karl X
Jothann, Werner 1, 113 ff., 117,
    144 f., 178, 179 (A)

Kadow, Walter 12, 129
Kaiser, M. 151
Kaltenbrunner, Ernst 173
Kammler, Hans 31, 35, 45 f., 49,
    54, 59, 62, 80, 87 f., 90, 115,
    123, 135, 140 f., 144, 151,
    154 f., 159 f., 166, 171 f. (A),
    176 f.
KGB 2, 143, 146, 181 ff.
Kirschneck, Hans 65 f., 70, 88,
    106, 135, 139, 141, 143 f.,
    156 f., 159 f., 162, 178 (A)
KL/KGL-Orte (Konzentrations-/
    Kriegsgefangenenlager u. ä.)
    Auschwitz-Birkenau *pas-
    sim,* 173–180 (A)
Belzec XX, 136
Bergen-Belsen 173 f.
Blechhammer 185
Buchenwald 3, 8 f., 13 f., 16,

19f., 48, 65, 81, 122,
147ff., 154, 158, 161, 168,
182, 199
Budy 109f.
Chelmno XX
Dachau 3, 5, 7, 8f., 10, 12f.,
16, 18, 129, 147f., 150,
175, 182f., 185, 199
Dora 199
Flossenbürg 3, 10, 13, 16,
148f., 185
Groß-Rosen 173, 179, 185,
199
Gusen 16ff., 28ff., 67, 149f.,
152f., 159, 180, 182f.
Krakau-Plaszow 199
Lodz (Litzmannstadt) 72f.,
157, 174
Lublin 151
Majdanek 185
Mauthausen 3, 13, 16f., 28ff.,
45, 66f., 129, 131f., 148–
152, 154, 159, 167f., 180
(A), 182f., 185, 199
Mogilew 38, 40f., 64f., 67,
69, 75, 120, 152f., 156f.,
172
Monowitz 156, 167, 173, 199
Natzweiler-Struthof 185
Neuengamme 175, 185
Ravensbrück 13, 173, 185
Sachsenhausen 3, 11ff., 16,
147f., 173, 185
Sobibor XX, 136
Stutthof 185, 199
Treblinka XX, 136
Trzebinia 185
Vugt 185
Klarsfeld, Serge 200
Klein, Otto 145
Klettner, Martin 123, 170, 183
(A)
*Kluge, Josef* 71, 160, 184, 188
(A)

Koch, Wilhelm 45, 72f., 81, 83,
90, 98, 100, 104, 149, 157,
159f., 183f. (A), 184
Kocinski, Heinrich 137
Köhler, Robert 49f., 60f., 65ff.,
101, 104, 135f., 156f., 165
*Köhler, Robert* 70, 73, 101,
103f., 138, 155, 163f., 187 (A)
*Kori, Heinrich, GmbH* XXIII, 8,
11, 13, 16, 83, 141, 148, 184f.
(A)
Kramer, Josef 128, 173
*Krupp AG* 25, 179

Leer, Wim van 123
Leisse, J. F. B. 127
*Lenz & Co.* 53, 59, 79, 155, 158
Liebehenschel 161
*Linse, Gustav* 90, 101
Luczko, Stanislaw 134
Ludwig, Karl 4f., 147

Machemehl 146
Mähr, Albert 41, 153, 184 (A)
Mengele, Josef 145
Messing, Heinrich 76, 83, 90, 92,
94ff., 100ff., 140, 159–162,
184 (A)
Morgen, Konrad 174f.
Mrugowsky 154
Mulka, Robert 128, 141, 159
*Müller, Walter* (Ingenieurbüro) 5,
7f., 128, 147, 181 (A)

*Nagema* 170, 181, 183
Nationalsozialistische Deutsche
Arbeiterpartei (NSDAP) 5,
36, 171f., 175, 180ff.
Naumann 28ff., 65, 151f., 180
(A)

Organisation Todt (OT) 197f.,
200

Pambor, Erich 106, 113, 144, 172 (A)
Patton, George S. 122, 168
Peters, Gerhard 51, 136, 151
Pétain, Philippe XVI
Piper, Franciszek 145, 192, 196, 200f.
Pluta, Carl 188
Pohl, Oswald 7, 11f., 46, 58, 74, 108ff., 117f., 128, 131, 136, 148, 154, 158, 165, 167, 171 (A), 176, 198
Pollock 49, 135, 141, 143, 177 (A)
Pressac, Jean-Claude XIf., XXIV, XXVI
Prüfer, Kurt *passim,* 182 (A)

Rauff, Walter XXVI
Reichsforschungsrat 39
Reichsleitung d. NSDAP 5
Reichsluftfahrtministerium 31, 151, 172, 176
Reichsministerium für Rüstung und Kriegsproduktion 115
Reichssicherheitshauptamt (SS-RSHA) XIV, XIX, 63, 74
*Riedel und Sohn* 70, 96, 97, 161, 188 (A)
Ritter 197
Rose, Gerhard 133

Sander, Fritz 15, 69, 91f., 122f., 139, 158, 169, 182 (A), 183
Saur, Karl-Otto 131
Schlachter 12, 15, 19, 21, 26, 123ff., 148, 153, 175 (A)
Schlageter, Leo 11f.
Schnabel, Reimund 129
*Schriever & Co.* 72
Schropa, Stefan 137
Schultze, Karl XXIII, 21f., 29, 35f., 91, 93f., 98f., 122f.,

132, 150, 152, 154, 161f., 166, 169f., 182, 183 (A)
Schwarzhuber 143
*Segnitz, Konrad* (Bauge-schäft) 70, 85, 188 (A)
Sehn, Jan 134, 173
Seyffarth, Arnold 90, 160, 184 (A)
*Siemens-Schuckertwerke AG* 106f., 113, 115, 118f., 143, 164f., 167, 172, 175, 186 (A)
Smersh 169, 182f.
Smolen, Kazimierz 134
Sofsky, Wolfgang XXIV
Sowjetische Militär-Administration (SMA) 181ff.
Stanclick, Peter 137
Stosberg, Hans 26
Swoboda 144

Tauber, Henryk 93, 140f.
Teichmann, Heinrich 52, 144, 179 (A)
Tesch, Bruno 174
*Tesch und Stabenow* (Testa) 19, 114, 130, 144, 167, 186 (A)
Thadden, Eberhard von 198
Topf, Ernst-Wolfgang 17, 35f., 82f., 122f., 146, 162, 168ff., 181 (A), 182f.
Topf, Ludwig 17f., 36f., 66, 82f., 122, 163, 168, 181 (A), 182
*Topf und Söhne, passim,* 181–184 (A)
*Triton* 70, 187f. (A)

Ulmer 43, 153, 177 (A)
*Umluft Apparatebau-Gesellschaft mbH* 186 (A)
Urbanczyk, Walter 19f., 24, 29f., 32, 34, 37, 130, 175 (A)

Vedag 70 f., 139, 187 (A)
Veesenmayer, Edmund 198
Volckmann, Hans 4 f., 147

Walczuch, Roman 188
Weber 71, 172 (A)
Wegener 144
Weichsel-Union-Metallwerke 26
Wellers, George 196 ff.
Werkmann 26, 35, 43, 80 f., 152, 172 (A)
Willing 106, 118, 172 (A)
Willing, August 18, 30, 129, 150, 152 f., 183 (A)
Wirths, Eduard 78 f., 96, 105 f.,
108, 114, 117 ff., 140, 144 f., 157 f., 175 (A)
Wirtschaftsverwaltungshaupt-amt (SS-WVHA) 46, 49, 56–59, 61, 63, 65 ff., 69, 71, 74, 102 f., 105 f., 108, 115, 136, 138, 142 f., 154, 156 f., 161, 166, 171 f. (A), 172, 178, 197
Wirtz 38, 40, 133 f., 152, 172 (A)
Wittwer 38, 41, 172 (A)
Wolter 76, 140, 158, 178 (A)
Wüstinger, E. 136, 151

Zerban-Jähnert 144

## Bildnachweise

Dokument 2: Institut national de la propriété industrielle (INPI), antenne documentaire de Compiègne (Frankreich), Abteilung Deutsche Patente
Dokument 3: Staats-Archiv Weimar, Akte 2/555a
Dokument 4: Archiv der Gedenkstätte Dachau, Akte 943
Dokument 5: APMO, Neg. Nr. 6671
Dokument 6: Bundesarchiv Koblenz, Akte NS 4 Ma/54 (der Plan befindet sich augenblicklich nicht mehr in der Akte)
Dokument 7: Persönliches Archiv
Dokument 8: ZAM, Akte 502-1-312
Dokument 9: Plan des Erdgeschosses: ZAM, Akte 502-2-146. Plan der Ansicht: ZAM, Akte 502-1-285
Dokument 10–11: Für beide Pläne: ZAM, Akte 502-2-146
Dokument 12: APMO Neg. Nr. 422
Dokument 15: ZAM, Akte 502-1-312
Dokument 16: ZAM, 502-1-332
Dokument 17: ZAM, 502-1-332
Dokument 18: APMO
Dokument 20: APMO, Akte BW 2/10
Dokument 21: ZAM, Akte 502-1-88
Dokument 22: APMO, Neg. Nr. 20 574
Dokument 23: APMO, Neg. Nr. 20 995/480
Dokument 24: APMO, Neg. Nr. 20 995/476
Dokument 25: APMO, Akte BW 37/4, Inventar-Nr. 723
Dokument 26: Foto Nr. 409 auf der Seite 388 des Buches »Ventilatoren« von Bruno Eck, Springer-Verlag, Berlin/Göttingen/Heidelberg, 3. Auflage von 1957 (1. Auflage 1937)
Dokument 27: APMO, Neg. Nr. 20 995/506
Dokument 28: ZAM, Akte 502-1-313
Dokument 29: APMO, Neg. Nr. 291

*Dokument 30:* APMO, Neg. Nr. 1193
*Dokument 31:* Abdruck mit Genehmigung von Alexandre Oler, Archiv Serge Klarsfeld
*Dokument 32:* Abdruck mit Genehmigung von Alexandre Oler; Original im Kibbuz der Kämpfer der Ghettos, Israel
*Dokument 33:* Abdruck mit Genehmigung von Alexandre Oler; Original im Kibbuz der Kämpfer der Ghettos, Israel
*Dokument 34:* APMO, Akte BW 30/41, S. 28
*Dokument 35:* Abdruck mit Genehmigung von Alexandre Oler; Original im Kibbuz der Kämpfer der Ghettos, Israel
*Dokument 36:* APMO, Neg. Nr. 20 995/509
*Dokument 37:* ZAM, Akte 502-2-54
*Dokument 38:* APMO, Neg. Nr. 20 995/508
*Dokument 39:* APMO, Neg. Nr. 20 995/507
*Dokument 40:* APMO, Neg. Nr. 20 995/402
*Dokument 41-42:* ZAM, 502-2-148
*Dokument 43-44:* APMO, Neg. Nr. 20995/18 und Nr. 20 995/26
*Dokument 45:* APMO, Neg. Nr. 20 995/181
*Dokument 46:* APMO, Neg. Nr. 20 995/186
*Dokument 47-48:* APMO, Neg. Nr. 20 995/210/204 und 205
*Dokument 49:* APMO, Neg. Nr. 20 995/114 und -/115
*Dokument 50:* APMO, Neg. Nr. 20 995/263
*Dokument 51:* APMO, Neg. Nr. 20 995/165
*Dokument 52:* APMO, Neg. Nr. 20 995/176
*Dokument 53:* APMO, Neg. Nr. 20 995/385
*Dokument 54:* APMO, Neg. Nr. 20 995/409
*Dokument 55:* APMO, Neg. Nr. 20 995/70
*Dokument 56:* ZAM, 502-2-149
*Dokument 57:* APMO, Neg. Nr. 280
*Dokument 58:* APMO, Neg. Nr. 888
*Dokument 59:* APMO, Neg. Nr. 4797
*Dokument 60:* Letztes Foto aus dem »Album d'Auschwitz«, wahrscheinlich aus amerikanischer Quelle